JÓSKÖNYV
nem csak felnőtteknek

Julie Tallard Johnson

JÓSKÖNYV
nem csak felnőtteknek

Irányítsd a sorsod
a Ji csing segítségével!

BESTLINE

A fordítás az alábbi kiadás alapján készült:
Julie Tallard Johnson / I Ching for Teens
Bindu Books, Rochester, Vermont
Minden jog fenntartva

Fordította Csáky Ida

Szerkesztette Balázs Éva

ÉDESVÍZ KIADÓ, BUDAPEST, 2003
Felelős kiadó a Kiadó igazgatója
Tipográfia: TypoStúdió Kkt.
Borítót készítette El Greco Kft.
Nyomta Alföldi Nyomda Rt., Debrecen
Felelős vezető György Géza vezérigazgató

ISBN 963 528 601 5

Ezt a könyvet belső tanácsadódnak, a mindig veled tartó Bölcsnek ajánlom, vagyis neked.

Köszönetnyilvánítás

Legtöbb hálával legnagyobb mestereimnek – a megpróbáltatásoknak tartozom. Nélkülük örökké gyámoltalan maradtam volna. Ugyanekkora hálával gondolok a bölcsesség őrzőire, akik nemzedékről nemzedékre megőrizték és továbbadták bölcsességüket és szeretetüket, melyet a *Ji csing* lapjain foglaltak össze. Végezetül hálával gondolok a könyvem elkészítésekor a papír alapanyagaként felhasznált fákra.

Tartalom

Tartalom 7

Bevezető
A világ a Ji csing szerint

Orákulum: A hely, ahol és a médium, akin keresztül tanácskozhatunk az istenekkel.
– Webster's New World Dictionary (Webster-szótár), **2. kiadás**

Az orákulum szó tartalma összetett, jelenthet: tanácsadó központot, szent helyet; jósdát, jövendőmondót, jóst, véleményformálót; jósok és látnokok, vagyis próféták iskoláját, egészségügyi szolgáltatót, politikai tanácsadást, valamint az emberiség és az istenek kapcsolatfelvételére szolgáló pontot.
– Barbara Walker: *The Women's Dictionary of Symbols and Sacred Objects* (Nők szótára a szimbólumokhoz és szent tárgyakhoz)
(Az orákulum a latin orare *szó származéka, eredeti jelentése imádkozni; beszélni – a ford.)*

Örülök, hogy rátaláltál erre a könyvre, és a Ji csing bölcsességére. Örülök, mert a Ji csing mindmáig óriási segítséget jelent nekem, és biztosra veszem, számodra szintén értékes tanácsokat tartogat. Rendkívül előnyös fordulatot vehet a sorsod, ha rendszeresen kikéred és megszíveled e jóskönyv tanácsait. Ez a könyv olyan előremutató jóslatok és javaslatok gyűjteménye, amelyekre egész életedben számíthatsz. A *Ji csing*, magyarul a *Változások könyve* mindenre megtanít, de elsősorban arra, hogy a megjelenési formájától függetlenül mindenben – a nehézségekben és a kellemes dolgokban egyaránt –, benne rejlik a siker lehetőségéhez vezető aranyfonál, vagyis az eshetőség, amivel jóra fordíthatunk bármilyen, rossz irányba tartó folyamatot. A Ji csing megtanít az örökös változás törvényszerűségére. Minden változik, semmi sem marad ugyanolyan, mint volt. Az igazi boldogság feltétele örökké változó mivoltunk és helyzetünk elfogadása, miközben a jelenben létezünk.

A Ji csing válaszait olvasva bepillantást nyerhetsz a sajátos helyzetek megoldási lehetőségeibe, a változó vonalak révén pedig fényt deríthetsz rá, mivé fejlődhetnek az adott helyzetben rejlő *lehetőségek*. Bármelyik negatívnak (rossznak, nyomasztónak, kilátástalannak, nehéznek) látszó helyzetet kedvező alkalommá alakíthatsz, ha pozitív módon értelmezed és használod fel a Ji csing tanácsait! Minél elmélyültebben foglalkozol a Ji csing értelmezésével, s minél gyakrabban fogadod meg a tanácsait, annál többet érthetsz meg az üzeneteiből.

Legfontosabb komolyan és elfogulatlanul közelíteni a Ji csinghez. Az érthető tanács a komoly hozzáállás jutalma, mert az elfogulatlanul gondolkodó ember fogékonyabb a pozitív, és érzékenyebben reagál a negatív energiákra a kötött észjárásúaknál. A *Változások könyvétől* útmutatást kérni annyit jelent, hogy egy ősi tapasztalatok alapján írott jóskönyvet lapozol fel, amely segít rátalálni a lehető legjobb útra. A könyv közelebb visz önmagadhoz, a tanácsok tükrében alaposabban megismerheted lelkivilágodat, a lelked mélyén pedig rálelhetsz az igaz válaszokra. A Ji csing fejlődésre késztet, hozzásegít az emberséges élethez, s rábír, hogy valamennyi helyzetben felismerd a rád váró lehetőségeket. Mindezt tapasztalatból állítom.

A Ji csing története

A Ji csing ősi módja a jóslásnak, Kínában legalább háromezer esztendeje ismerik. Pontos eredete azonban ismeretlen, a múlt titokzatos homályába vész. Számos tudós szerint a Ji csing első, kész változatát Fu-hszien, a legendás kínai uralkodó dolgozta ki. Őt a kínai kultúra és társadalmi élet ősatyjának tekinthetjük. Fu-hszien tanította meg népét halászni, vadászni, állatokat tenyészteni – minderre a jóskönyv eredeti szövegében található utalásokból és példázatokból következtethetünk. A legenda szerint a hatalmas Fu-hsziennek köszönhetjük a Ji csing alapjául szolgáló hatvannégy hexagramot (a 64 darab, egyenként hat vonalból álló piktogramot, azaz jelképet), tehát a kétféle jel alapuló jóslási módszert.

A *Változások könyvének* ránk maradt, mindmáig közkedvelt változatát Ven királynak és fiának, Csou hercegnek tulajdonítják. Az írásos összefoglaló a Csou-dinasztia uralkodásának idejében, a Kr. e. 1150–249 évek táján készült. Konfuciusz, a híres kínai filozófus és tudós (Kr. e. 551–479) szintén foglalkozott a hexagramok értékelésével, és magyarázatokat fűzött hozzájuk. Carl Gustav Jung svájci pszichológus sokat tett azért, hogy az 1900-as években a Ji csing ismertté váljon nyugaton.

A Ji csinghez számtalan magyarázat készült. Thomas Cleary, az elismert Kelet-Ázsia és Ji csing kutató szerint „a Ji csing azért nem évül el, mert tartalmát sosem lehetett szűk keretek közé szorítani, s ezért egyetemes érvényű. Nem egyetlen szűk réteg, nem egyetlen vallás vagy társaság kizárólagos kulturális értéke, és nem egyetlen, kivételezett szellemi iskola híveihez szól". A Ji csing mindazok számára elérhető, akik keresik a benne rejlő bölcsességet.

A Ji csing általam megfogalmazott változata elsőként kínál önismereti és életvezetési tanácsokat a felnőttkor és az önállóság felé haladó tizenéveseknek. Az ősi múltra visszatekintő társadalmakban a kamaszkor néhány éve alatt ismertették meg a fiatalokkal az élet dolgaiban eligazítást kínáló jóslási módszereket, ahogy a Ji csinget is. A tizenévesek számára a jóslatok az örökérvényű útmutatások értékes forrásai, a jövendőre vonatkozó tanácsok segítségével te is könnyebben keveredhetsz ki a kamaszkor útvesztőjéből, és biztosabb léptekkel érheted el a sóvárogva várt független, felnőtt életet. A Ji csing hexagramjai felelnek valamennyi kérdésre, s megoldást kínálnak a felnőttkor küszöbén a tizenéveseket foglalkoztató összes gondra. Remélem, hasznát veszed e könyvnek. Ahányszor tanácsra, segítségre van szükséged, jósolj a Ji csing segítségével, olvasd el figyelmesen a kapott hexagramhoz tartozó szöveget. Lapozd fel útmutatásért, ahányszor csak világosabban szeretnél látni egy kérdésben, vagy minél jobban szeretnéd megismerni önmagad. Kérd útmutatását bármikor, ha bizonyos helyzetekben kíváncsi vagy a lehetőségeidre.

Forgasd bátran, a *Változások könyve* több ezer éve hasznos útmutató, minden helyzetben segít eligazodni az embereknek. (Sose feledd elemezni a választ!)

Hogyan találtam rá a Ji csingre?

Tizenhat évesen kezdtem komolyan venni a *Változások könyvében* olvasható „jóslatokat" és tanácsokat. Most, jó harminc év múltán visszatekintve a történtekre úgy tűnik: inkább a Ji csing talált rám, bár tény, én is szorgalmasan kerestem a semleges útmutatások forrásait. Úgy alakult, hogy tizenkét éves koromtól dohányoztam, alig valamivel később rászoktam a marihuánás cigarettákra. Másodikos gimnazista voltam, amikor eldöntöttem, felhagyok mindkét káros szenvedélyemmel, ugyanis elborzasztott, hogyan robbannak le a barátaim, családtagjaim és ismerőseim a kábítószerek és a mértéktelen italozás miatt. Addigra volt már némi fogalmam a meditációs gyakorlatok előnyös hatásairól. Elhatároztam, hogy megkeresem a magam ösvényét, és nem sajnálom az időt a keresésre. Úgy döntöttem, lemondok a drogokról és a szeszről, s ezután a Szellem ösvényén haladok. Döntésem megmentette az életemet. Útkereső voltam, vadul kerestem *valamit*. Valamit, ami túlmutat a magam kis egyéni gondjain. Szerettem volna megtalálni önmagam, és a helyemet a világban. Tehát meg kellett találnom azt a komoly, elmélyült módszert, amely képes a helyes mederbe terelni a tévelygéseimben és kérdéseimben is ott feszülő belső energiáimat.

> „A jóga azt tanítja, ne aggódjunk a holnap miatt. Nos, rajtam nem múlik! Belemerülök a témába, de ez is csak boldogtalanná tesz, s kibillent az egyensúlyomból. Mert mi van, amikor a holnapból ma lesz, és jelenként üt arcon? Kénytelen vagyok a holnapra gondolni. Kedves énem, tudom, másokhoz képest túl sokat várok el önmagamtól. A belső nyugalmamért fohászkodom. Bízom önmagamban és Istenben, de önbizalmam változékony, akár a Hold, hol növekszik, hol fogy. Hogyan élhetnék tisztán a jelen pillanatban és tervezhetném egyszersmind a jövőmet? Mert az jön és elér, akár felkészülök rá, akár nem!"
>
> **– részlet a szerző 16 éves kori naplójából, kelt 1972. május 29.**

Útkeresőben sokféle élmény ért, különös, mesébe illő helyeken fordultam meg – többek között egy floridai baptista egyházi közösségnél. Szinte faltam Aldous Huxley könyveit. Igye-

Egy őrült diák naplója

Kedves Én!

A vekkerem kiállhatatlanul éles, fülsértő harsogása ébresztett. Mennem kell! Az álmaimat a csörgés pánikszerű menekülésre készteti. Elhallgattatom az órát. Próbálnék újra elaludni, de felébreszt a lelkiismeret. Készülnöm kell a holnapi vizsgáimra! Tanulni kell, tanulni, tanulni. A kávé valamennyire feléleszt. Elvégzek egy rövid meditációs gyakorlatot, utána a ruháim közt válogatok. Olyat szeretnék felvenni, ami kifejezi a mai hangulatomat, esetleg hangulatot csinál – aztán indulok az óráimra. Táncóra lesz. Micsoda megkönnyebbülés! Tehát elég táncolni, tudok is. Táncolok, és megszerzem az érdemjegyet. Az algebrát persze elrontottam, de kit érdekel! A feladataimat általában elhibázom, és nem vagyok a megfelelő helyen a megfelelő időben a megfelelő emberek között. A matek tanársegéd megértő. A francia tanársegéd ki nem állhat, mert nem emlékeztem rá, mit jelent az „eső" franciául. A módszertani órára be se mentem, akkora csalódást okoztam magamnak a hétfői szóbeli vizsgán nyújtott teljesítményemmel.

Vajon észreveszi-e egyáltalán a tanárunk, hogy ott se vagyok? Egy barátommal ebédelek. Egyetértünk abban, túl komolyan vesszük a tanulmányainkat. Még nevetgéltünk is egy keveset, de a nap végén mégis hülyén éreztem magam. Otthon sírva fakadtam, majd sietve a Ji csinghez fordultam tanácsért. Megkérdeztem tőle, mi kell ahhoz, hogy függetleníthessem magam a tanulmányaimtól, a fiúktól, és ifjúságom egyéb kapcsolataiban is önálló lehessek?

Íme, a válasz:

Ez a 35-ös hexagram, amely a változó vonalak révén 64-esre változik. A 35. hexagram a fejlődés ábrája, amit az eredeti piktogramon a Föld felett magasan járó Nap képével jelenítenek meg. A kiváló ember kifényesíti, ápolja ragyogóan értékes tulajdonságait. A változó vonal: kétségtelen fejlődés és szomorúság. Légy határozott és szabatos, s akkor hozzád pártol a jószerencse (ne mondj le önmagadról). Nagy áldások a nagymamától.

A 64-es hexagram a befejezés előtti állapot jelképe: és a tűz képe a víz fölött. Haladás és siker (tehát nem szabad feladnom – sem abbahagynom a megkezdett és csaknem befejezett szemesztert). A nagy emberek alaposan megfontolják a dolgokat és azok sorrendiségét.

— 1977. májusi naplórészlet; tanácskérés a Változások könyvétől

keztem mindenütt ott lenni. Transzcendentális meditációs kurzusokra, jógatanfolyamokra, a kvéker baráti kör összejöveteleire jártam, hittanórákat látogattam, amellett magányos sétákat tettem a szabadban. Hozzá előadásokat hallgattam a csodatételekről, önkéntes munkát vállaltam egy művelődési központban és az északi tavak partvidékén lévő Wisconsinban. Rengeteg időt töltöttem könyvtárakban, könyvesboltokban. Búvárkodásom nem volt eredménytelen, végül ráakadtam egy érdekes kis könyvre, amelynek címe *Essential Changes: The Essence of the I Ching* (Alapvető Változások: A Ji csing lényege). E könyv miatt kezdtem intézni ügyes-bajos dolgaimat a Ji csing tanácsai alapján. Közben tovább végeztem a jógagyakorlatokat és meditáltam. E három módszer együtt végre hatékonynak bizonyult, és lassacskán pozitív változásokat észleltem magamon. Kevesebbet aggódtam, többet meditáltam. Önállóbb lettem, egyre kevésbé adtam arra, mit gondolnak rólam mások. Egyszerűen átiratkoztam egy alternatív gimnáziumba, és ott fejeztem be középiskolás tanulmányaimat. Apránként mind határozottabban érzékeltem, hogy van valamilyen értelmes célja és iránya a létezésemnek. Ahányszor sikerült megtörnöm a megpróbáltatásaim láncolatát, annyiszor észlelhettem, hogy megvan bennem a cselekvéshez szükséges belső erő és bölcsesség.

Ma is elmondhatom: nagyon sokat köszönhetek a Ji csingnek, amely kamaszkoromtól fogva mindig képes feltámasztani a belső erőmet, a boldogság iránti fogékonyságomat, és ma is hozzásegít a sikeres létezéshez. A Ji csing lett a legkedvesebb, legmegbízhatóbb tanácsadóm, bölcs útmutatásai kivétel nélkül, valamennyi nehézségen képesek átsegíteni. A Ji csing tanácsai az önismerethez nélkülözhetetlen éleslátás kiapadhatatlan forrásai. A könyv a szeretetreméltó, pártatlan tanácsadó.

Mi a Ji csing értelme?

A Ji csinget érdemes komolyan venni. Megbízható, hiteles jóskönyv, minden téren számíthatsz rá. A legkisebb gondjaidtól a legnagyobbakig, az összes kérdésedre megadja a választ, akár arra vagy kíváncsi, mit hoz az előtted álló nap, hét; akár arra szeretnél jobban rálátni, mit várhatsz egy bizonyos helyzettől. Választ kínál a közvetlen kérdéseidre, az ilyenekre például: Mit tegyek, menjek a nyugati országrészbe vagy maradjak idehaza a nyáron? Ám ennél jóval többre is számíthatsz. A Ji csing az aktuális, elvontabb kérdésekben szintén eligazít. Megtudhatod, mi a helyzet az önbizalmaddal, az iskolai szerepeddel, a családoddal, a barátaiddal. Választ kaphatsz érzelmi és szellemi természetű kérdéseidre, például arra, mit jelent valójában a bizalom és az elfogadás fogalma. Sorai nyomán ráébredhetsz a türelem fontosságára, és megtanulhatod elfogadni, hogy a dolgok megvalósításához idő kell.

A Ji csing avagy a Változások könyve mindenkinek segít hozzáférni a legjobb emberi tulajdonságaihoz.

Amikor a Ji csinghez fordulsz tanácsért, tulajdonképpen a könyvben megőrzött életbölcsességhez, egyúttal a saját belső bölcsességedhez folyamodsz. A Ji csing elvezet a belső világodhoz, valamennyi érzésedhez, érzelmedhez, gondolatodhoz, vélekedésedhez, hiedelmedhez, az igazi hozzáállásodhoz, továbbá a külvilági eseményekhez és összefüggésekhez. E jóskönyv előnye, hogy tetszésed szerinti alkalmakkor és időben kérheted ki tanácsait. Jósolhatsz magadnak naponta, hetente, havonta, illetőleg alkalomszerűen, amikor valamilyen nyomasztó esetleg ígéretesnek látszó üggyel találkozol. A naponta és hetente feltett kérdésekre rövid távú válaszokat kapsz. Amennyiben egyetlen dologban kérsz jóslatot, a Ji csing hexagramjából a kérdéses ügyre vonatkozó választ kapod meg. Előfordulhat azonban, hogy nem tetszik a válasz, esetleg nem érted, illetve csak nagyjából tudod értelmezni. Kérlek, ettől függetlenül maradj nyitott a Ji csing soraiból kiolvasható útmutatásra. Ugyanis néha előfordul, hogy amire hallgatnunk kell, az egyáltalán nem egyezik azzal, amit *szívesen* hallanánk! Akármilyen érzéseket kelt benned, igyekezz megfogadni a Ji csing javaslatait.

A lelki atyákhoz, az idősebb tanácsadókhoz és a mentorokhoz hasonlóan, a Ji csing jóslataiért is kizárólag őszintén, bizalommal ajánlott folyamodni. Ugyanúgy van ez, mint bármi mással kapcsolatban: amit és amennyit beleadsz valamibe, olyan és akkora eredményt hozhatsz ki belőle. A Ji csing tanácsaiból kiolvashatod, mit kezdj magaddal és másokkal abban a helyzetben, aminek okán az útmutatását kéred. Rámutat, mik a legjobb kilátásaid, mit hozhatsz ki abból, ami jelenleg (bármilyen értelemben) nyugtalanít, foglalkoztat. Aki rendszeresen igénybe veszi a Ji csing tanácsait, őszintén, nyíltan közelít hozzá, és megfogadja a javaslatait, az jutalmul az éleslátást, a boldogságot, az egészségesebb kapcsolatokat, és az elméje nyugalmát kapja. A lelki béke jutalma pedig az értékes hajtóerő, mely képes az embert kamaszkorán átsegíteni, s azon túl is éltetni.

A hexagramok története

A kínaiak világképe két ellentétes energia, a nőies és a férfias tulajdonságú ellentétes erő egymásra hatásából születő egység elvén alapul. E két ellentétes energia hatásának elemzése alapján készült a Ji csing. A nőies erőt eredetileg sötétségnek, a férfiasat világosságnak tartották, jelenleg *jin* és *jang* a nevük. A világon minden értelmezhető a sötét és a világos, a jin és jang energiák egymásra hatásának pillanatnyi állapotaként.

 A jang tehát a férfias, világos energiákat képviseli (akár a Nap), vagyis a teremtő alapelvet. A hat folyamatos (jang tulajdonságú) vonal adja ki az 1. hexagramot.

A jin energiák nőies, sötét energiák, akár a termékeny talaj és az anyaméh. A Föld a befogadó, tétlen alkotóelem. A hat megszakított vonal a 2. hexagram jelképe. A Ji csing jóskönyvben szereplő valamennyi hexagram jin és jang jel-

Bevezető

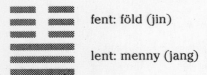 legű vonalakból épül fel, mert ennek a kétfajta ősenergiának a tulajdonságait hordozza.

A jin és a jang erők összege állandó, de a két végpont közötti kölcsönösen ide-oda áramló mozgásuk folytonos, és ez az áramlás a változások oka. A Ji csing lapjait böngészve kiderül, hogy a világon minden dolog, helyzet és jelenség a jin és a jang valamilyen erőviszonyából keletkezik. A jin és a jang mozgását szokás a tao megnyilvánulásának (haladásának, önkifejezésének) tekinteni. A tao a láthatatlan, egyesített vezérelv és energia, amely minden létezőt érint (bővebben *lásd a 29. hexagramnál*). A tao, az életünkhöz hasonlóan, folytonosan változik. A Ji csing pedig eligazít a változások rengetegében, minthogy a várható változásokat „jósolja" meg (a jin és a jang egyensúlyi állapotának elmozdulásai alapján jósol, nem a bizonyosságokat, hanem a lehetséges mozgásirányokat jelzi – *a ford.*). Amennyiben nyitottan és rugalmas léptekkel járjuk az élet útját, és megvan bennük a beilleszkedésre való hajlam, boldog életre számíthatunk.

Mindegyik hexagram (kua) a jin és a jang egyenrangú energiáiból eredeztethető! A Ji csing jóslatai és tanácsai arra a feltételezésre épülnek, mely szerint minden helyzetet és jelenséget e két erő kombinációja határoz meg, mint a sötétség és a fény, a férfias és a nőies, a lágy és a kemény – vagyis a tulajdonságok kettőssége. S mivel a folytonos változás állapotában létezik minden – a nehéz helyzetekben is ott rejlik a pozitív fordulat eshetősége, de ugyanígy, a kedvező helyzet is rosszra fordulhat. Az egyes hexagramok segítenek a tao felszíni megnyilvánulásai mögé látni, és talán hozzásegítenek ahhoz, hogy a lehető legjobb választ adjuk az aktuális kihívásokra. Mindegyik hexagram két trigramból tevődik össze; s a hexagramon belül a 3-3 vonalból álló trigramoknak is megvan a maguk önálló jin-jang állapota, amely fontos szempont a kiértékelésnél (a trigramok táblázatát a könyv végén találod).

fent: föld (jin)

lent: menny (jang)

Ez a két trigram így, amikor fent a jin és lent a jang a 11. hexagramot alkotja, ami „A lelki nyugalom" címet viseli, s a „menny és a föld" ideális kapcsolatát ábrázolja. A hexagramok és bennük a vonalak helyzete az egyik állapotból a másik felé tartó mozgást ábrázolja. Mindegyik vonalnak megvan a külön értelme és jelentősége (bővebben *lásd a könyvben, valamint a táblázatban, és más Ji csingről szóló könyvekben*).

Hogyan kérj tanácsot a Ji csingtől?

Előkészületek: Teremts félórányi, zavartalan szabad időt a jósláshoz! Végy három egyforma fémpénzt, illetőleg Ji csing érmét, ez utóbbiakhoz ezoterikus kellékeket árusító üzletekben juthatsz. Jóllehet, korunkban érméket, pálcikákat, illetve kártyákat használunk, eredetileg csontok segítségével jósoltak a Változások könyvéből. Egyedi jóseszközöket is készíthetsz a „Készítsd el magadnak a jóslás kellékeit!" című magyarázat alapján. Mielőtt nekifognál, nézd át a könyv végén látható táblázatot (a trigramokról szóló ismertetőt), hogy a későbbiekben tévedhetetlenül azonosíthasd a trigramokat és a belőlük kialakítható hexagramokat. Mielőtt feltennéd az első, igazi kérdésed, gyakorold egy kicsit a dobást! Jegyezd meg melyik jel, mit jelent és mennyi a pontértéke, mert a jelek ismeretében gyorsabban kiszámolhatod a dobások eredményét, és hamarabb juthatsz hozzá a hat dobás alapján öszszeálló hexagramhoz, s ami a lényeg: egyszerűbben megy majd az értelmezésük. Mire néhányszor elpróbáltad az egészet (a dobást és a hexagramok összerakását), már meg is jegyezted a módszert, és az írásos útmutatás állandó böngészése nélkül is helyesen építheted fel a hexagramokat.

Első lépés: Fogalmazd meg a kérdést, illetve határozd meg, miben igényled a segítséget. Témád lehet a téged akkor és ott foglalkoztató ügy, megoldásra váró nehézség, eldöntendő kérdés, tennivaló, esetleg olyasféle változtatás, amire rászántad magad, de a végrehajtása előtt még tanácsra volna szükséged. Vezess naplót, írd bele a kérdéseidet, az aggályaidat, a remélt eredményt, valamint a kapott válaszok hexagramját, és rövid tartalmi összefoglalóját. Naplót vezetni igen hasznos, mert hetek, hónapok, évek múlva is átnézheted, mire mentél a kérdéseiddel, a jóskönyvvel, sőt megállapíthatod, hogyan fejlődik a gondolkodásod az útmutatások hatására.

Második lépés: Dobd fel az érméket, közben a figyelmed összpontosítsd a kérdésedre/ügyedre! Ugyanakkor jegyezd meg, ha az eredeti kérdésen kívül más dologra vagy személyre gondoltál, miközben a kérdést feltetted. A Ji csing válasza ugyanis valószínűleg rájuk és szerepükre ugyancsak utalni fog.

Hatszor dobd fel a három, közepes méretű érmét! A fej oldal értéke 3 (jang/férfias energiák); az írásos oldal értéke 2 (jin/nőies energiák). Természetesen a Ji csing érméknek is van fej és írás oldala. A vonalak lehetnek folyamatos fekvő (jang) vonalak, illetve megszakított fekvő (jin) vonalak.

A hexagram hat vonalból áll, s a dobások pontértékei alapján, alulról felfelé építjük fel. Tehát: az első dobás eredménye adja ki a legalsó vonalat, a második, alulról a másodikat stb. Sose feledkezz meg arról, hogy a hexagramot alulról felfelé haladva kell összerakni!

Tegyük fel, hogy az alábbiak szerint így néz ki a hat dobásból álló sorozat eredménye:

hatodik vonal (2 fej, egy írás)	= 8
ötödik vonal (3 fej)	= 9
negyedik vonal (1 fej, 2 írás)	= 7
harmadik vonal (3 írás)	= 6
második vonal (1 fej, 2 írás)	= 7
első vonal (2 fej, 1 írás)	= 8

Ha tévednél a pontérték kiszámításakor, ne aggódj, ne javítsd ki, hanem folytasd a jóslást azokkal a számértékekkel és hexagrammal, amihez a tévedés révén jutottál. Miért? Mert a téves számolás hátterében valószínűleg az ösztönös megérzés vezet.

Harmadik lépés: Rajzold oda a számok mellé az értéküknek megfelelő vonalakat! A páros számokhoz megszakított (Jin) vonal tartozik — —; A páratlan számokhoz egybefüggő (Jang) vonal tartozik ———. Az előbbi példához tartozó ábra tehát ez lesz:

```
  8 — —
* 9 ———
  7 ———
* 6 — —
  7 ———
  8 — —
```

Negyedik lépés: Határozd meg a változó vonalakat, melyeket itt csillaggal jelöltem. Mindig, mindegyik 9-es és 6-os számértékű vonal változó jellegű, vagyis eredeti jelentése az ellenkezőjére fordul – az összefüggő (jang) vonalból szaggatott (jin) vonal lesz; a szaggatott (jin vonalból) összefüggő (jang) vonal lesz. Ahányszor a 9-es és a 6-os jön ki dobásnál, össze kell rakni egy második hexagramot is! Amelyhez a változó vonalak átváltozása miatt, más magyarázat tartozik. E második hexagram, az eredeti hexagram fejlődési lehetőségének irányát mutatja.

```
  8 — —              8 — —
* 9 ———            * 9 — —
  7 ———              7 ———
* 6 — —            * 6 ———
  7 ———              7 ———
  8 — —              8 — —
```

ELSŐ HEXAGRAM (a 47-es)   MÁSODIK HEXAGRAM (a 32-es)

Ötödik lépés: Most, miután megvan mindkét hexagram, keresd ki a trigramok táblázatából a fölső és alsó trigramokhoz tartozó számot, ez jelzi (esetünkben a 47-es és a 32-es), hogy hányas sorszámú jóslat/tanács ad választ a kérdésedre. Hatvannégy lehetőség van. (Amennyiben a hexagram egyik vonala sem 6-os vagy 9-es, csupán egyetlen számot kell kikeresni, mert egyetlen hexagram tartalmazza a tanácsot! – *a szerk.*).

Hatodik lépés: Keresd ki a könyvből az első jóslatot, és olvasd el a fő hexagramhoz írt ismertetőt. Amikor változó vonal is van, a változó vonalakhoz fűzött magyarázatokat külön is olvasd el. A példánkban a 3. és az ötödik vonal is változó, tehát a 47-es hexagram 3. és 5. vonalához írottakat kell behatóan tanulmányozni. Ezután keresd ki a második hexagramot (ezúttal a 32-est), olvasd el a törzsszöveget, itt már ne olvasd el az egyes vonalak magyarázatait, kizárólag az általános ismertetőt!

A változó vonalak és a második hexagram

A változó vonalak, más néven mozgó vonalak jelentősége különleges, mert sajátos bepillantást engednek a kérdésed vagy ügyed lényegébe. Tehát olvasd el a fő hexagramhoz tartozó ismertetést, valamint a hat pontot és a kilenc pontot érő, vagyis a változó vonalakhoz írott szövegeket. Valahányszor változó vonalakhoz jutsz, a hozzájuk fűzött magyarázatokat mindannyiszor csakis az első hexagramnál nézd meg, a másodiknál, ne!

A második hexagram mélyebb betekintést enged kérdésed lényegébe, és vélhetően tükrözi a helyzetben rejlő lehetőségeket. A helyzetben rejlő lehetőség az, amivé fejlődhetnek a dolgok; s hogy mivé fejlődnek, azon múlik, miként reagálsz a Ji csing tanácsaira, és ennek hatására milyen döntésekre szánod rá magad, a téged foglalkoztató esetben. Ha a szöveg erőteljesen figyelmeztet valamilyen veszélyre, vedd fontolóra, a kérdéshez/témához való viszonyodat, és változtass a hozzáállásodon. Ha a válasz reménykeltő, figyelj oda azokra a tanácsokra, amelyekből kiderül, hogy s mint hozhatod ki a legtöbbet a helyzetből.

Készítsd el magadnak a jóslás kellékeit

Kellékek:
64 db sima/simára csiszolt, egyforma méretű kő vagy 64 db üres kártyalap (7,6 cm × 7,6 cm-es kartonlapok); vízben nem oldódó festékkel töltött vastagabb filctollak, illetve vízálló festék és ecset a kövekhez; vékonyabb vízálló filctollak a kártyalapokhoz; 1 db dobókocka.

Rajzold fel a kövekre és a kártyalapokra a 64 hexagramot, amennyiben ehhez nincs kedved, írd fel rájuk a számokat egytől hatvannégyig. Szívesen festenél valami igazán egyedit? Díszítsd tovább a köveket vagy a lapokat az ízlésed szerint, de úgy is jó, ha mindössze a számokat írod fel.

Tedd a köveket egy zsákba, keverd meg, vagy rázd fel alaposan, azután húzz ki egy követ. Előtte és a jóslás alatt természetesen figyelj nagyon a gondosan megfogalmazott kérdésedre/ügyedre, hiszen tanácsra szorulsz! A kapott hexagramnak megfelelő számnál üsd föl a könyvet, és olvasd el a jóslatot. Hasonlóképp, keverd össze a kártyalapokat, közben koncentrálj a kérdésedre/ügyedre, majd húzz egy lapot. A többit már tudod.

Ha kíváncsi vagy rá, vannak-e változó vonalak a hexagramban, mely vonalak megléte egy második hexagramot ad ki, vedd elő a dobókockát. A kockát egymás után hatszor rázd meg a tenyeredben, majd dobd fel. Az első dobás az eredeti hexagram legalsó (1.) vonalára, a második dobás alulról a második vonalra érvényes, és így tovább, tehát a kockadobásnál kapott számokat szintén alulról fölfelé kell a vonalak mellé rendelni. És most jön a lényeg: amennyiben 3-as pontértéket dobsz, az a vonal, amelyhez a 3-as tartozik, ellenkező értelműre változik!

Mind a hat kockavetés után egyenként rajzold meg a második hexagram vonalait, természetesen lentről fölfelé haladva, első dobáshoz a legalsó vonal, a hatodikhoz a legfelső tartozik. Kizárólag a 3-as pontértékű dobásokhoz rendelt vonal értelme változik, a többi nem!

Ne feledd: A második hexagram esetén mindössze az általános részt olvasd el, az egyes vonalakhoz írott ismertetőket ne!

Miután jobban eligazodsz majd a jóskönyvben, és járatosabb leszel a jóslásban, talán másféle eszközöket szeretnél használni a jövendőmondáshoz. Nyugodtan tervezd meg, és készítsd el önállóan az eszközeidet. Az ősi kultúrák népei a kezdetek kezdetétől fogva maguk készítik a jóslás kellékeit, illetve a családjuktól, a törzsüktől, s a társadalmuktól örökölték e tárgyakat.

VEDD FONTOLÓRA!

Vedd fontolóra a hexagramokról szóló leírások után látható jegyzeteket! Ezekből olyan gyakorlati és önismereti módszerekkel ismerkedhetsz meg, amelyek közelebb vihetnek a problémád megértéséhez, illetve új/más megvilágításból engednek rálátást arra a kérdésre, amelyben a Ji csing tanácsát, útmutatását kérted.

A Ji csing Szelleme

A felsőbb erőt számtalan néven ismerik az emberek: a szellem, az isten, a teremtő, a nagy ismeretlen, Krisztus, Buddha, a csi, a tao, a misztérium, Jahve, az anyatermészet, az univerzum, Allah, valamint a bölcs – mind a felsőbb erő megnevezésére szolgálnak. Valamennyiüket (az itt fel nem soroltakat is) elérheted a Ji csingen keresztül. Ebben a könyvben mint szellemet és felsőbb erőt említem őket, mert e két név vallási tartalomtól függetlenül utal arra a spirituális tényezőre, és erőre, amely kétségtelenül nagyobb a bennünk rejlő személyes erőnél és szellemiségnél, de a Ji csingen keresztül elérhető. Más művek szerzői legalább ilyen gyakran említik ezt az univerzális Szellemet Bölcsként, ám valamennyien ugyanúgy a Ji csing szellemi forrásaira gondolnak, mint én. Az imént felsorolt neveket nyugodtan helyettesítsd be azzal a névvel, ami a saját hitednek legjobban megfelel.

Mialatt folyamatosan forgatod ezt a jóskönyvet, észrevehetően elmélyül, és személyes jellegűvé válik majd a kapcsolatod a Ji csing szellemével. Azt is észreveheted, hogy egyre nyíltabban tudsz magadra tekinteni, s egyre több erőt meríthetsz a saját lelkivilágodból. Őszintébben élsz, s ennek eredményeként képes leszel az élet bármilyen természetű változását megfelelően fogadni. Eljutsz majd a felismeréshez, miszerint a taót önmagadban kell keresned. Az alábbi fohász érted, s az életed minőségéért szól, mindazért, amit keresel, mert az út szépséges, és ami beletartozik, az mind te vagy.

Az ő életük

Az álmaim mostanában olyanok, akár a lovak: féktelenül, verejtékben tajtékozva, teljes erőből vágtatnak, mielőtt utolérném őket; átvágnak a hegygerincen, mielőtt elmondhatnám, milyenek. Élik a maguk életét. Lehet, hogy nem is az én lovaim, talán az egyik szomszédos farmról szöktek, talán vadlovak. Vadlovak, kik sokáig rejtőzködtek hegyen-völgyön, mielőtt álmaim fennsíkjára berobogva szabadon átnyargaltak volna rajta. Kitértek előlem, és ez nem is baj. Elvesztettem lasszómat és kötőfékemet, zabolátlan kerülgetem vad magam, terhek nélkül (egy szál magam), haladok keresztül ismeretlen birtokomon, nem vágyom zsákmányra, és már csupán a láthatatlan mozgás, az isteni hajtóerő vezet.

– **részlet Karen Holden, költő *Book of Changes: Poems***
(Változások könyve: versek) című kötetéből

Vánkos a fejed alá
Csak ülj ide most
ne tégy semmit
csak pihenj
Elzárkózásod Istentől
és a szeretettől
a legkeményebb
munkád e világban

Hadd hozzak egy tálca ételt
és valami
kedvedre való italt
Lágy szavaimat
pedig
vánkosul tedd a fejed alá

– **Háfiz, szúfi mester verséből**

fent: ég

lent: ég

1

Beavatás (Az alkotó)

A legátszellemültebb élet kiált a mélyreható beavatással és az átkelés szertartásaival keltett, hirtelen bekövetkező, alapvető változásokért. Korunk fiatalembereinek és nőinek kétségbeejtően nagy szüksége volna erre. Akit nem avatnak be, és anélkül lép a felnőttek világába, hogy meghozná ezért a maga személyes áldozatait, olyan lesz, mintha jogosítvány nélkül, kába fejjel akarna vezetni a közforgalomban egy állig felfegyverzett, igen gyors járművet.
– részlet Jack Cornfeld, meditációt oktató mester, a *Path with Heart* (A szív útja) című könyv szerzőjének egy buddhista szerzetesi beavatáson elhangzott beszédéből

A beavatás hexagramja a mindent átható, alapvető alkotóerő és energia jelképe. Ez az energia mozgatja a felhőket, ez lobbantja fel képzeletünket, ez az erő kelt gondolatokat az elménkben. Ugyanebből a forrásból táplálkozik az ihlet, ugyanez adja a festőművész kezébe az ecsetet. Ez a teremtő erő: tevékeny, mozgékony és folyton változik, s mint ősenergia ott van minden beavatás hátterében.

Tizenévesen sokféle beavatáson mégy keresztül. E beavatások közül alighanem legjelentősebb az a legtermészetesebb folyamat, amit átkelésnek nevezünk, amelynek során a kamaszkorból eljutsz a felnőttkorba.

Beavatás (Az alkotó)

Az alkotóerő máris munkálkodik benned, s a változások alkotó jelleggel, lendületesen mennek végbe. Alkotóerőd és tettrekészséged kirobbanó formában van. A hat folyamatos (jang) vonalból álló hexagram jelzi, hogy az életed minden pillanatában kreatív vagy, és jelenleg jó úton jársz, kiegyensúlyozottan, pozitívan állsz a dolgokhoz.

A beavatás hexagramja gyakran azt tudatja: valamiben teljes kört írtál le, s a jól végzett munkád jutalmát boldogan élvezheted. Elégedett lehetsz. Úgy érezheted, teli vagy ötletekkel, lelkesedéssel. Az is előfordulhat, hogy ihletett ötletek és gondolatok zsongnak a fejedben, s rajtad keresztül igyekeznek eljutni a megvalósulásig. Életednek ezen a pontján a felsőbb erő bőségesen árasztja feléd a támogatást. Amennyiben nyitott vagy rá, és felelősséged tudatában kezeled, ez a jelentős alkotóerő hozzáférhető marad a számodra; amennyiben viszont helytelenül bánsz vele, illetve semmibe veszed, akkor elakad! Tehát bánj következetesen az energiáddal, maradj nyitott rá, bánj vele okosan, s mélyreható változásokra számíthatsz.

Tárulkozz fel a felsőbb erő előtt, és bármit teszel, bízd rá magad az útmutatásaira! A többiekkel bánj szelíden és méltányosan, minthogy őket valószínűleg nem most árasztja el az alkotó készség hulláma, és nem érzik azt a lendítőerőt, ami téged a szárnyára kapott. Részvéttel, tapintatosan osztozz velük örömödben, és igyekezz átérezni a helyzetüket, érzéseiket. Ez az időszak természetesen nem kedvez a tétlenkedésnek. Nem most kell hátradőlni a széken és várni, hogy mások vegyék fel veled a kapcsolatot! Tekints előre, és tedd meg te a kezdő lépést (anélkül, hogy örökre magadhoz akarnád ragadni a kezdeményezését).

Sok esetben ez a hexagram jelzi: ideje valamilyen szent beavatási szertartást rendezned a magad számára, melyen az életed jelen időszaka iránt érzett megbecsülésednek adsz hangot. Az ilyen ceremónia lehet egyszerű és eszköztelen, illetőleg többrétegű és eszközigényes.

az első vonal: ——— (a hexagram legalsó vonala)

Az alkotó energia már jelen van, de ez még a várakozás ideje. Várd ki türelmesen a cselekvésre legalkalmasabb időt. Ügyelj, nehogy közbeszóljon bármilyen negatív gondolat. Ne kételkedj, ne tarts attól, hogy a dolgok megvalósulatlanul maradnak; mert mindenképpen végbemennek! Az első vonal jelzi továbbá, hogy valószínűleg elérkezett a tervek megfogalmazásának ideje... egy beavatási ceremóniára, esetleg alkotómunka terveire gondolj.

a második vonal: ———

Az alkotó energia kezd felszínre kerülni. Amikor az életünkbe köszöntenek a jó dolgok, legjobb szerényen viselkedni, és nem hetvenkedni, nem kérkedni. Az alkotókészséged így is nyilvánvaló mások számára. Alkotóerőd növekedését ne arra használd, hogy mások véleményét a magadéhoz alakítsd! Ehelyett összpontosíts a teremtőkészségedre! Az emberek véleménye idővel jobb lesz rólad, hála a viselkedésednek.

Beavatási szertartások

Az önazonosság igazi keresése a kamaszkorban veszi kezdetét. A világ természeti népei az önazonosság tisztázása érdekében rendeznek különféle avatási szertartásokat a tizenévesek részére. Ezt a hagyományt őrzi, többek között, az ausztrál bennszülött kamaszok vándorútja, és az amerikai indián tizenévesek látomáskereső útja a rengetegbe. A beavatás feljogosít arra, hogy hátrahagyd a gyermekkort, és belépj a felnőttek világába, ahol az avatás után elismertetheted és kiélvezheted felnőtt képességeidet. Mi tudná ezt érzékletesen kifejezni a számodra? Mi segít magad mögött hagyni a gyermekkort és elkezdeni a felnőtt életet? Mivel tudnád kimutatni a többieknek, hogy a felnőtt életre alkalmas, érett személyiség vagy?

Választékos műgonddal kidolgozott vagy az egyszerűbb szertartás előkészítéséhez kérd a mentorod, illetőleg más felnőttek segítségét. Összeállíthatsz alkalmi versgyűjteményt, részt vehetsz maratoni futáson. Egy a lényeg, tégy olyasmit, ami igazi kihívást jelent, valóban próbára tesz, és a közösség számára egyértelműen bebizonyítja, hogy e teljesítményed révén átléptél a felnőttkorba. Tehát a felnőttek valamilyen részvétele szükséges a beavatáson. Eszményi esetben ők köszöntenek, amikor (egyenrangú félként) belépsz a világukba. Továbbá, a tanúk előtt zajló avatás tudatosítja, hogy életed egyik létfontosságú fordulópontjához értél, s ez az egész közösségre kihathat. A beavatás, akár egyszerű, akár bonyolult, mindenképp a váltás jelképe. A felnőtté avatás próbáit kiállva adod a világ tudtára, hogy kinőttél a gyermekkorból, és felnőtt lettél.

a harmadik vonal: ———

Most nagyszerű lehetőségeid vannak, az alkotóerőd szintén jelentősen fokozódik. Ám ügyelj, ne töltsön el a kétség, a félelem s az aggályoskodás! Ezek a negatív érzelmek általában, sajnos pont olyankor lepik meg előszeretettel az embert, amikor az alkotókészsége kibontakozik és fokozódik, mert túl alaposan megtanultunk kételkedni magunkban/a képességeinkben. Igyekezz kiküszöbölni a félelmeidet, ne hallgass az aggályaidra, helyettük engedd szabadon áramlani az alkotóerőt. Hasznosítsd e kedvező időszak lehetőségeit!

a negyedik vonal: ———

Bizonytalanságot érezhetsz, mintha egyszerre több irányba húznának. Fiatal felnőtt korunkban túl sokan akarnak befolyásolni a döntéseinkben, s meglehetősen sokan igyekeznek elmagyarázni, mi helyes és mi helytelen. Számos ember, a felnőttek és a kortársaid egyaránt, gátlástalanul igyekeznek rábírni, hogy az ő módszerük szerint hasznosítsd az alkotóerőd. Igyekezz kivonni magad a befolyásuk alól, ne akarj az elvárásaiknak megfelelni. A saját kérdéseidre a saját válaszaidat kell megtalálnod! Amennyiben így (önmagadhoz hűen) jársz el, mindenképp a számodra megfelelő megoldásokat választod.

az ötödik vonal: ———

Másokban tiszteletet ébreszt a hozzáállásod. Értékelik a szavaidat és a cselekedeteidet. A kortársaid szívesen fordulnak hozzád tanácsért, a felnőttek méltányolják a döntéseidet. Eleven példája vagy annak, miként képes az ember a fiatal felnőtt éveiben felhasználni az alkotó lendületet.

a hatodik vonal: ———

Néhanapján hajlamosak vagyunk megfeledkezni a cselekvőképességünk határairól. Első felnőtt éveink a határaink kipuhatolásával telik. Ez a vonal a korlátaidra emlékeztet, arra, milyen mértékig tudsz hatni a többiekre. Előfordulhat, hogy bár látod valakinek a vergődését, látod, milyen ártalmas, önveszélyes szokásai vannak, mégsem tehetsz többet értre, minthogy pozitív példáddal igyekszel befolyásolni. Természetesen az is előfordulhat, hogy mások szándékoznak téged befolyásolni, illetve az illetők negatív beállítottsága az erősebb, és ez kihat rád. Mindenesetre, ne hagyd magad! Legcélravezetőbb segítség, úgy bánni másokkal, ahogy önmagaddal bánnál. Ebben az időszakban a saját átkelési rítusodra összpontosíts, s ez által a társaidra is pozitív befolyást gyakorolhatsz.

Érdemes megfontolni!

Miért célszerű a szertartást a közeli barátaid és/vagy egy gyógyító sámán, illetve a szellemi vezetődnek tekintett felnőtt társaságában megtervezni? Olyanokra gondolj, akik szívesen áldoznak rád némi időt, és hajlandók veled közösen megtervezni a beavatási ceremóniád összes részletét. A gyógyító sámánok egész életükben arra készültek, hogy a többiek érdekében és nevében kapcsolatba lépjenek a szellemvilággal, s tanácsokat kérjenek a szellemektől. A gyógyító sámánok képesek segíteni nekünk visszaszerezni a megrázkódtatások következtében elveszített spiritualitásunkat, továbbá képesek segíteni abban, hogy kideríthessük melyik erőállat oltalmába tartozunk (erőállat v. totemállat az a jószág, amely a személyes erőnket jelképezi). A sámánok azt is megtanulták, miként segíthetnek embertársaiknak a beavatási szertartások megszervezésében, lebonyolításában és az átkelés rítusában. Szakavatott sámánok segítségére számíthatsz a Fundation for Shamanic Studies www.shamanism.org és a thunderingyears.com honlapjain, ahol a sámánisztikus életmódról és az avatási szertartásokról angol nyelvű anyagokat találsz.

24 Beavatás (Az alkotó)

乾

Ugyancsak érdemes megfontolni!

Mit érzel az alkotóképességed felől? Milyen tevékenységben leled az örömöd? Milyen tevékenység végzése közben érzel maradéktalan boldogságot? Ki támogatja az alkotói elképzeléseidet? Milyen önálló terved vitted végig mostanában, s fejezed be éppen? Eddig bátortalan voltál, és nem írtál még egyetlen verset vagy novellát, képeket sem festettél? Elérkezett a megfelelő idő, szakíts eddigi hagyományaiddal, fogj hozzá és alkoss valamit!

Ugyanaz az intelligens, tudatos erő amely megteremtette és fenntartja a világmindenséget, jelen van az Univerzumban, s minket is megteremtett és éltet. Ez az intelligens, tudatos erő vég nélkül formál, alakít változtat bennünket, abból a célból, hogy valamennyien elérhessük igaz természetünket, s azután örök időkre megőriz minket a mindenséggel egybecsengő összhang állapotában.

– részlet Wu Wei, Ji csing kutató *Wisdom of the I Ching*
(A Ji csing bölcsessége) című tanulmányából

fent: Föld

lent: Föld

2

Az anyaföld (A befogadó)

Az okos ember kíváncsi az újra. Mi több, azt keresi!
– amerikai közmondás

Remek alkalom! Megtanulhatsz legalább olyan érzékenyen és fogékonyan létezni, mint az anyaföld, ami oly sok mindent elbír a hátán! Ez a hexagram arra kér fel, legyél ugyanolyan befogadó és éltető természetű, mint a Föld, amely önzetlenül táplálja, s képes óriási fákká nevelni a csöppnyi magokat. Gyakorold a fogékonyságot azok személyes példáját követve és közreműködésével, akikben maradéktalanul megbízol. Kész vagy rá, hogy befogadóképesen viszonyulj bármihez, ami körülötted és veled történik? Képes vagy tanulni ezekből az élményekből? Képes vagy megfogadni mások tanácsait?

Ez az időszak kiváló arra, hogy a jó szándékú emberek, illetőleg a felsőbb erő útmutatásait kövessük. Itt az idő, most az anyaföldhöz hasonlóan fogékonnyá válhatsz, – képes vagy megfogadni, elviselni és követni a többiek tanácsait. Fogékonynak lenni egyet jelent a felsőbb erőre való nyitottság fogalmával. Ahelyett, hogy a dolgok megtörténése érdekében erőlködnél, avagy a lejátszódó folyamatok ellen küzdenél, most azt tanulhatod meg, miként lehetsz fogékony a lényegre. Megtanulhatsz „együtt úszni az árral", és elfogadni mindazt,

26 Az anyaföld (A befogadó)

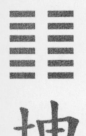

amit az élet hoz, a változatos mélypontokat és a magaslatokat egyaránt. Részben azért képes erre az ember, mert tudomásul veszi, hogy legalább annyira függ a felsőbb erőtől, amennyire a földben lapuló mag növekedése függ a föld tápláló, éltető erejétől. Fölösleges szélsőségessé válni, te sem hiheted komolyan, hogy az élet mindig habos torta, illetőleg rosszízű dolgok sorozata. S, ahogy lehetetlen beskatulyázni az élet dolgait, ugyanúgy lehetetlen egymást beskatulyázni! A sablonos, vagyis veszélyesen szűklátókörű/egysíkú gondolkodás helyett ideje a teljes nyitottságra törekedned. Vedd tudomásul: az életútja során szerzett tapasztalatok és élmények hatására kivétel nélkül mindenki folyamatosan változik.

Itt az ideje annak is, hogy fogékonyabbá válj a jelenre! A figyelmedet a jövő és a múlt aggályos fürkészése helyett összpontosítsd az itt és most adódó helyzetekre (mert igénylik a figyelmet). Amikor szorongunk, aggódunk, elveszítjük a befogadókészségünket, vagyis az anyaföldéhez hasonló tulajdonságainkat.

az első vonal: —— ——

Ez a vonal ad némi támpontot arról, mi várható, jobban mondva megmutatja, milyen irányba érdemes menni. Ezekre a jelekre akkor leszel fogékony, ha nagyon odafigyelsz a körülötted történő eseményekre. Ám a jelek a testeden is feltűnhetnek! Mit üzen a tested a rajta észlelhető jelekkel az egészségi állapotodról? Mire van szükséged? Pihenésre, jobb ételekre, valamilyen étkezési, viselkedési szokás elhagyására? A környezeti és testi jelzésekhez hasonlóan, a kapcsolataidban szintén felfedezhetsz különféle apró, de fontos jeleket. Szíved választottja elkésett az első randevúról? Biztos jelét adta annak, hogy máskor is késni fog. Az étteremben a társad durva hangon beszél a személyzettel? Vigyázz vele, mert ez a szokásos viselkedésére utaló jel! Ne becsüld le az efféle apró jeleket, ne áltasd magad, mert nem jelentéktelen apróságok, hanem a várható fejlemények előjelei. A döntéseid, választásaid előtt vedd fontolóra az „apró", árulkodó jeleket!

Ez a vonal arra is utalhat, hogy olyasmire vagy fogékony, amin nem tudsz változtatni. Értsd zsákutcába jutott kapcsolatra, megvalósulatlan tervekre utaló célzásnak. Néha egyes dolgok egyszerűen nem alakulnak a reményeinknek megfelelően, ilyenkor hiába igyekszünk.

a második vonal: —— ——

Maradj fogékony és nyitott. Ne feledd, minden helyzetben sokféle lehetőség rejlik! Maradj nyugton, ülj le és várj; amikor eljön az ideje, tudni fogod, mi a teendő. Ne reagálj azonnal semmire; most sokkal többet ér a megfontolt tétlenség az elkapkodott cselekvésnél. A kevesebb ezúttal, több.

a harmadik vonal: — —

Fiatalon az egészségi állapotunk (küllemünk, erőnlétünk) kissé csalóka. Ám a túlzásba vitt üres hencegés önteltté tesz, gőgösen pedig nehéz okos döntéseket hozni. Amikor túl sokat foglalkozunk azzal, milyennek tartják mások (illetve egy bizonyos illető) a külsőnket, köny-nyen szem elől téveszthetjük, mi szolgálja valóban a javunkat, mert az ilyen énkép nem fe-di a belső valóságot. Mi az igazság az efféle helyzetekben? Tanulj meg önmagadra hallgatni, hiszen mások véleményére hagyatkozva élni: zsákutca.

a negyedik vonal: — —

Légy óvatos! A viselkedésed negatív visszhangot vált ki másokban, részint a hibás lépése-id miatt, részint mert félreértenek. Ez persze nyugtalanít, aggódsz. A szorongásod teljesen természetes. Ne akarj mindenáron megfizetni emiatt, kerüld a megtorlást. Miután észrevet-ted, mi történik, egyszerűen hagyd magára az illetőt. Ne most tedd próbára magad! Bármit csinálsz, tedd körültekintően és megfontoltan. Ha óvatos maradsz, és nem esel a fölösleges önigazolás csapdájába, a dolgok maguktól megoldódnak.

az ötödik vonal: — —

Tanulj meg jót tenni pusztán a jócselekedet kedvéért, ne áhítozz elismerésre! Az önzetlen cselekvés a valódi szellemi érettség jele, olyan magatartás, amelynek kidolgozásához idő kell, de idővel elmélyül, és alapvető magatartássá válik. Ez a vonal világosan jelzi, hogy meg kell tanulnod érzékenyen, odaadóan közeledni a nyitott érzelmi és szellemi állapotban lé-vőkhöz. S ugyanígy meg kell tanulnod visszahúzódni, amikor elzárkóznak előled. A kettős feladat egyben jelentős szellemi önképzés, szinte művészet – elsajátítani, hogy a tőled el-zárkózókhoz is hű maradj! Meglehetősen időigényes, alkalomadtán pedig igen fájdalmas ta-pasztalat olyan kapcsolatot ápolni, melyben a másik ember alig törődik velünk.

a hatodik vonal: — —

Maradj elővigyázatos! Ne add át magad olyan sötét gondolatoknak és érzelmeknek, mint a bosszúvágy, a kételkedés, a pletykálkodás, a gyűlölet, a félelem, az aggodalmaskodás, illet-ve az ítélkező véleményalkotás s az önbíráskodás! A negatív hozzáállásból eredő cselekvés és gondolkodás végső soron számodra fogja a legnagyobb gondokat okozni, mert minden indulat vezérelte cselekvés veszélyesen elhamarkodott. Ez a vonal arra figyelmeztet, hogy nézz magadba! Előfordulhat, hogy romboló hatású útra tévedtél. Ha most inkább kivársz, és csak azután cselekszel, mikor ismét több pozitív gondolat foglalkoztat, valódi eredmé-nyekre számíthatsz.

Érdemes megfontolni!

Milyen útmutatást/választ remélsz? Miközben a Ji csing jóslatáért folyamodsz, jobban teszed, ha nem összpontosítasz olyan válaszokra, amelyeket üdvösnek tartanál. Amikor túlzottan figyelsz a saját ötleteidre, kizárod az igazi tanácsadás lehetőségét, hiszen nem a kapott tanács bölcsességére, és útmutatásaira, hanem a kívánságaidra figyelsz. Amikor a Ji csing tanácsaira vagy kíváncsi, légy nyitott arra a szövegre, amit kapsz! Időnként örömödet fogod lelni a könyv válaszaiban, időnként nem, de mindig megbízhatsz benne, tehát bizakodó maradhatsz. Miközben tudatában vagy annak, miféle válasz boldogítana, törekedj a *Változások könyvé*nek a valódi tanácsait megszívlelni!

Ugyancsak érdemes megfontolni,

hogy a pozitív viselkedéshez hasonlóan, a negatív hozzáállás, így – a bíráskodás, a kritizálás, a félelem, a gyűlölködés, az aggódás, a kételkedés és a bosszúálló magatartás – is csupán tanult viselkedési formák. Tehát légy türelmes és bocsásd meg magadnak, ha leszoksz a negatív nyomok követéséről, és a nyomasztó indulatoskodás helyett a könyörületességet, megértést, türelmet, bizalmat, szeretetet és a derűlátást részesíted előnyben. Keress a megértő, elfogadó magatartás kialakításához segítséget kínáló könyveket! (Például: Don Miguel Ruiz: *A négy egyezség.* Budapest, 2001, Édesvíz; Uő: *A szeretet iskolája.* Budapest, 2002, Édesvíz.)

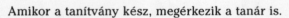

Amikor a tanítvány kész, megérkezik a tanár is.
– keleti közmondás

fent: víz

lent: mennydörgés

3

Kezdeti nehézség

Sokan azt hiszik, hogy csak tavasszal sarjadzanak, bimbóznak a növények, de az ősi Kínában rájött egy ember, hogy az életerő egész télen át ott lappang a magokban... A csöppnyi növényi sarjnak pedig le kell küzdenie a talaj nyomását. Teljes szívből őszintén és önként kell törekedni a fejlődésre.
– részlet Alfred Huang, taoista mester *The Complete I Ching (A teljes Ji csing)* **című művéből**

Ez a hexagram arra figyelmeztet, hogy bármi új dologba fogsz, az esetek többségében eleinte akadályokba ütközöl. Ám, a földből minden nehézség ellenére kibúvó virágokhoz hasonlóan, te is sikeresen túljutsz a kétségtelen erőpróbát jelentő időszakon. Ez a hexagram jelzi továbbá, hogy „a felszín alatt" kezdenek kibontakozni bizonyos dolgok. Még láthatatlanok, mindazonáltal már készülődnek, az első alkalmas pillanatban kifejlődnek, és végbemegy a változás. Amennyiben nem erőlteted a megoldást, túljuthatsz a jelenlegi akadályon. Maradjunk a növények példájánál: a természetes növekedési ütemet lehetetlen erőltetni, gyorsítani. Semmi értelme a palánta szárát fölfele húzni! Maradj türelmes, engedd a dolgokat természetes ütemben kibontakozni, mert csakis ez a hozzáállás eredményes! Hagyd a

Kezdeti nehézség

nehézségeket maguktól elmúlni, és akkor megszűnnek. Kérj segítséget és támogatást azok-
tól, akikben régóta megbízol. Közreműködésükkel könnyebben túljuthatsz az akadályon.

Valószínűleg izgatott vagy. Ez természetes, hiszen annyi minden történik körülötted, s te
érzed, hogy valószínűleg valami jó készülődik a felszín alatt. Gyakran olyankor kapjuk ezt
a hexagramot válaszul, amikor hatalmas feszültséget érzünk, nyugtalankodunk, s elvesztet-
tük a reális nézőpontot, nem látjuk át az ügyet. Ilyenkor a kavargó gondolataink teszik lehe-
tetlenné, hogy meglássuk a nehéz helyzetben lappangó jó lehetőséget; ráadásul a feszült-
ség visszatart a pozitív eredmények elérésétől. E jelenség ideiglenes, és az újdonságok ter-
mészetes velejárója. A nehézségeken átvezető út azonban felbukkan. Emlékezz: a nehéz
helyzetek mindössze az alkotó élet folyamatának részei.

az első vonal: ———

Különös gonddal ügyelj az összes kapcsolatod kezdetére és a többiekkel kötött egyezségek-
re, erre figyelmeztet ez a vonal. A kapcsolatok kezdete az ismeretségek alapja, tehát csak
lassan, megfontoltan! A kezdet mindig némi nehézséggel jár. Maradj türelmes, ne erőltesd
a dolgokat. Ahányszor erőlteted a dolgokat annyiszor veszted el a helyes nézőpontot, mert
a saját akaratodra összpontosítva nem láthatod meg mások igazi arcát. S mivel túlságosan
erőltetni akarsz valamit, a valódi folyamatok helyett a saját akaratod érvényesítésére
figyelsz. Itt az idő, kérj segítséget, támogatást a felsőbb erődtől, valamint a barátaidtól. Gon-
dolkozz, ez az a kapcsolat, amelyikbe szeretnél belevágni?

a második vonal: — —

Közeleg a megoldás. Nagyon fontos időszak, érdemes elmélkedned az igazi érzéseid felől.
Mit érzel egy bizonyos személlyel, helyzettel, önmagaddal és a vágyaiddal kapcsolatban?
Mire jutottál? Napnál világosabb lesz a teendőd, ha először is átgondolod a dolgokat!

a harmadik vonal: — —

Ez a vonal azt sugallja, várd ki a legkedvezőbb alkalmat, ne hamarkodd el érzelmeid kifeje-
zését, ne beszéld ki a gondolataidat! A bölcsesség a fejlettebb szellemiségű emberek saját-
ja – bölcs elhatározás kivárni a legkedvezőbb alkalmat és időt. Nem szabad ötletszerűen,
cselekedni, mert a meggondolatlan viselkedéssel csak bajt zúdíthatsz a fejedre. S most ép-
pen fejjel rohannál a falba, mivel képtelen vagy megfelelően kezelni a kétértelmű/homályos
helyzetet, s ezzel lehetetlenné teszed önmagad számára a valódi állapot felismerését és a
helyes megoldás kibontakozását. Ha sürgeted a dolgokat, valószínűleg rosszabbra fordul-
nak, ahelyett, hogy megoldódnának.

a negyedik vonal: — —

Megtalálod a módját, hogy egyetértésre juss egy másik emberrel, miután kivártad a nehézségek elmúlását. Amikor valami miatt zavarban vagyunk, jobb kivárni, míg tisztábban látjuk a dolgot és visszanyertük lelki békénket. Csakis ezt követően érdemes döntéseket hozni!

az ötödik vonal: ———

Ne erőltesd a dolgokat jobban, mint amilyen lehetőségeket rejt a pillanat. Ne siettess semmit! A nyugtalanságod nem kedvez az elhatározásoknak és a cselekvésnek. A zavaros cselekvés lehetetlenné teszi, hogy elérd a várt eredményt. Igazság szerint az élet tele van titokzatos, kétértelmű jelenségekkel. Ha megtanulod kezelni a sejtelmes, bonyolult helyzeteket, sokkal jobban megy majd a sorod. Sohasem tudhatjuk teljes bizonyossággal, végül miként alakulnak a dolgok. Lassíts a tempón, bízz benne, hogy a bizonytalanság ellenére túljutsz a bonyodalmakon, ha te is akarod.

a hatodik vonal: — —

A negatív érzések, köztük elsősorban a félelem, az aggódás, a kételkedés és a rosszindulat az oka annak, ha nem veszed tudomásul az igazságot, holott tisztában vagy vele. Az eseted végpontjához, áthatolhatatlan „falhoz" érkeztél. Mindennek megvannak a határai, s te most a helyzeted egyik határához érkeztél. Ideje lehiggadni, és csöndben kivárni azt a pillanatot, amikor a falban feltűnik egy ajtó.

Érdemes megfontolni,

miként vezetheted úgy a naplót, hogy szembeötlő legyen, mikor, mire helyezed a hangsúlyt. Lehet az „újdonságok" címszó a vezérmotívum, ez esetben az életedben felbukkanó új jelenségekre kerül a hangsúly. Új kapcsolatot alakítasz ki valakivel? Valamilyen új terven dolgozol? Új helyre, másik városba költözöl? Mit tudnál megemlíteni, mi segít elengedni, magad mögött hagyni a negatív elképzeléseket, rossz érzéseket? Mi segít hagyni, hadd menjen minden a maga rendje szerint? Írd le, mit gondolsz, mi lehetne a következő lépésed annak érdekében, hogy túljuss a kezdeti nehézségen? Mi lehetne a következő lépésed annak érdekében, hogy végigvidd az új kapcsolatot vagy az új tervet?

Vezess Ji csing naplót!

Szerezz be egy vastag füzetet, s írd bele a kérdéseidet, majd a *Változások könyvé-*ből nyert válaszok lényegét, aztán fűzd hozzá saját észrevételeidet! Írd le bátran az összes gondolatodat, érzésedet és az ügyek végeredményét. Figyeld meg, később milyen hatékony segítséget jelent belelapozni és átolvasni. A napló folyamatos hivatkozási forrás, melyből kiolvashatod valamikori lelkiállapotodat, szellemi fejlődésed jeleit. S ahányszor összehasonlítod a régebbi válaszokat a jelenlegiekkel, a hajdani esetek lezajlását a mostaniakkal, mindig valamivel tapasztaltabb leszel. Írd be a naplóba a fentieken kívül a verseidet, töprengéseid eredményeit, rajzolj bele, és ne feledd el bejegyezni, milyen eredményre jutottál e Ji csing könyv segítségével! Minél alaposabbak a jegyzeteid, s minél többször lapozod át, annál alaposabban megismerheted önmagad a Ji csing tükrében. Tisztázhatod, milyen kapcsolat fűz a *Változások könyvé*nek ősi tanácsaihoz. Jómagam az Ji csinghez intézett összes kérdésemet és a könyvből merített valamennyi választ feljegyeztem, s mondhatom, a könyv mellett a hasznavehető tanácsok és az elmélyültebb önismeret elapadhatatlan forrása lett számomra a saját naplóm is.

A verseiddel, novelláiddal és egyéb műveiddel kiegészített napló értékes alkotói támpont lehet a későbbiekben, amint ezt Karen Holden verse is híven igazolja (a bevezető végén olvashattad).

Soha ne add fel!
Nem számít, mi történik,
mindegy, mi zajlik körülötted,
soha ne add fel.
– Őszentsége a 14. dalai láma

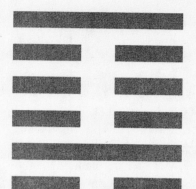

fent: hegy

lent: víz

4
Fiatalos energia (Bolondos ifjúság)

Hagyjuk őt, akinek meg kéne mozdítania a világot, hadd mozduljon előbb ő maga!
– szeneka indián közmondás

A Ji csing közel háromezer éves bölcs tanácsait lejegyző emberekhez viszonyítva, mindany-nyian újoncnak számítunk a szellemi úton. Ez a hexagram az ember tizenéves kori ártatlan-sága előtt tiszteleg, mindamellett emlékeztet rá, mekkora szükségünk van annak a bölcses-ségnek a keresésére, amelyre a Ji csing és más jóskönyvek lapjain lelhetünk.

Amennyiben a kérdésedre ezt a hexagramot kaptad válaszul, tekintsd bátorításnak, hogy érdemes tanácsokat kérni. Adj időt magadnak, töprengj el az üzenet értelmén. Rengeteg fáj-dalomtól és tévedéstől megkímélheted magad, ha megfogadod a Ji csing útmutatásait, vala-mint a többi, régóta ismert és bevált, higgadt tanításokból kiolvasható tanácsokat.

Gyermekből felnőtté válni, azaz átkelni a felnőttek világába, mindannyiunk számára je-lentős előrelépés a szellemiség ösvényén. Itt az ideje, hogy átlépj az egyik életszakaszból a

34 Fiatalos energia (Bolondos ifjúság)

másikba! A legtöbb ember életében varázslatos élményekkel és nehézségekkel teli, komoly időszak a serdülőkor pár éve. Ám többféle szempontból is „sötétben" botorkálunk ez idő tájt, mivel nem tudjuk biztosan, hogy számunkra miként mutatkoznak meg és alakulnak a dolgok. Mit tartogat számomra a jövő? – Kérdezgetjük sokszor fiatal felnőttként. Ahogyan a sötét talaj képes táplálni és életre kelteni a magvakat, ugyanúgy szolgálja ez a sötét időszak nagyszerű céljaink megvalósítását, s gazdagítja ezeknek az éveknek a termékenységét.

Lehetőségeink java még rejtve van előttünk, de legalábbis még egyik sem bontakozott ki teljesen. Itt az ideje hozzálátni, kibontakoztatni a bennünk rejtező bölcsességet és alkotókészséget. Célszerű az úton előttünk haladók segítségét kérni. Ideje színt vallani és elkötelezni magunkat a szellemi út mellett. A feladatod, ahogy mondani szokás nem más, mint megnyílni a szellem különböző megnyilvánulási formái előtt.

Mindenki életében legalább annyi kedvező lehetőség adódik, mint amennyi nehézség. Érdemes megfogadni és okosan felhasználni a Ji csing jóslatait (mert folyamatokat jeleznek, melyek végeredménye rajtad is múlik), ezenfelül kérd ki a szemedben tekintélyesnek tűnő idősebbek konkrét tanácsait, s akkor biztonságosan juthatsz túl a kamaszkor évein. Alighanem itt az ideje, hogy egy mentor vagy szellemi mester után nézz, mert körültekintő útmutatásra van szükséged. Amennyiben egymást követően többször ezt a hexagramot kaptad a kérdéseidre, azonnal kutass fel egy olyan embert, akit mifelénk a bölcsesség őrizőjének nevezünk, vagyis egy elmélyült szellemi életet élő, igaz embert/asszonyt, akiről tudod, hogy szívesen és eredményesen segít a fiatalabbaknak a spirituális útkeresésben.

Ez a hexagram a Ji csingben rejlő általános bölcsességre is utal csakúgy, mint a jóskönyv helyes használatára. Ha okosan és megfontoltan forgatod e könyvet, javadra tudod fordítani a tartalmát. Ne felejts el megnyílni a szellemi segítség felé, olvasd át a meditáció és a Ji csing kapcsolatáról szóló szövegrészt! Bízz a felsőbb erő segítségében, bízd rá magad, engedd be az életedbe. Legyél fogékony, amint ezt a második, vagyis az Anyaföld hexagramja javasolta. Igyekezz az adott kérdésednél szélesebb körben értelmezni a kapott válaszokat, s azok tartalmát a világhoz való viszonyulásod, illetve az elmélyültebb önismeret szempontjából hasznosítani. A teljes körű rálátás a helyzetek „kozmikus nézőpontja".

Olykor ezt a hexagramot kapjuk, ha éretlenül viszonyulunk valamihez, netán olyan negatív viselkedés jellemző ránk, mint a pletykálkodás, gúnyolódás, mások majmolása, elhamarkodott (ítélkező) véleményalkotás. Gördülékenyebben zajlik az élet, ha megszabadulunk a negatív hozzáállástól, s pártatlanul viszonyulunk a jelenségekhez. A negatív hozzáállás ugyanis elzárja az embert a többiektől, s legtöbbször a nehézségek rosszabbra fordulásához vezet.

A meditáció és a Ji csing

Mielőtt a Ji csinghez fordulsz tanácsokért, telepedj le, helyezkedj meditációs pózba (ha a meditáció újdonság, keress hozzá olvasnivalót az Édesvíz könyvajánlatok jegyzékében). Telepedj le. Ülj egy párnára a padlón, törökülésben vagy lótuszülésben, esetleg egy székre, ez utóbbi esetben mindkét talpad érintse a padlót; a hátad tartsd egyenesen, testtartásod se túl laza, se túl feszes ne legyen. Ülj nyugodtan legalább tíz percen át, s lélegezz természetes ritmusban, ez ellazít és pihentet. A figyelmed összpontosítsd a légzésedre. Ne erőltess magadra semmilyen ritmust, csak figyeld, miként szívod be és engeded ki a levegőt. Engedd természetesen áramlani a levegőt. Amikor a figyelmed elkalandozik, akkor is maradj nyugton a meditációs pózban, de a figyelmed lassan és kedvesen tereld vissza a légzésedre. Magadban jegyezd meg, milyen érzéseket kelt benned a légzésed, továbbra is maradj nyugton/csöndben, tudatosan kísérd figyelemmel a lélegzeteidet. Ez a meditációs gyakorlat segít egy pontra irányítani a figyelmed, és jelentősen fokozza a befogadókészséget. Tehát segít jobban odafigyelni arra, amit kérdezel, és a Ji csing válaszának értelmére. Az elmélkedés lecsendesíti az elmét, s amikor megszűnik a gondolatok lármás kavargása, szóhoz jut az ember eredendő belső bölcsessége és lelkiereje.

az első vonal: —— ——

Gyakorold a türelem és a fegyelem erényeit, közben bátran gondold át, milyen üggyel van dolgod. Igazán átgondolni valamit kizárólag részrehajlás nélkül lehet, tehát közben ne alkalmazz önkritikát, ne kárhoztasd magad semmiért, és egyelőre tartózkodj a helyzet elemzésétől! Tartsd észben az ügyet és kérj tanácsot megbízható emberektől. Figyeld meg, melyikük fizet ki üres magyarázatokkal, és ki hoz fel iránymutató példákat. Most új és megszívlelendő tapasztalatokkal gazdagodsz. Ez a lecke fokozza majd belső erődet, és bölcsebb, belátóbb gondolatokhoz vezethet.

a második vonal: ——————

Célszerű minél korábban megtanulni rugalmasan viszonyulni másokhoz. A Ji csing azt tanácsolja, ne rejtőzz előre megszabott, sablonos megoldások mögé (sajnos az orvosok és a tanárok hajlamosak rutinszerűen kezelni a betegeiket és a tanítványaikat), pedig a beskatulyázás nem megoldás, mert mély szakadékot támaszt az érintett felek között. Keresd min-

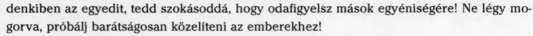

denkiben az egyedit, tedd szokásoddá, hogy odafigyelsz mások egyéniségére! Ne légy mogorva, próbálj barátságosan közelíteni az emberekhez!

Az életben, az emberi kapcsolatainkban számtalanszor viselkedünk éretlenül, amint másokkal is előfordul, amikor rólunk pletykálnak, gátlástalanul, fűnek-fának elmondják a velünk megesett nevetséges dolgokat. Legjobb visszatartani és függetleníteni magad ettől a magatartástól, méltatlan volna a kajánok szintjére süllyedni. Ne törődj azzal, mit beszélnek rólad mások! Tekintsd az ilyen eseteket tanulási lehetőségnek, melyben elmélyítheted az önismereted és fokozhatod a belső erődet.

a harmadik vonal: — —

Kizárólag az ember képes megváltoztatni a véleményét. Azonban, nem árt meggyőződni róla, hogy véleményünk megváltoztatásának oka belső észjárásunkból eredő szándék, és nem pusztán külső ráhatás következménye. Ami kívülről tökéletesnek látszik, belülről nem okvetlenül az! Gondolj például a vonzó küllemű, ámde közelebbről szemlélve kevésbé csodálatos emberekre. Lassíts, vess egy második pillantást arra az illetőre vagy dologra, aki/ami iránt érdeklődsz. A harmadik vonal mindemellett figyelmeztet, hogy nem szabad bedőlni a látszatnak! A csinos külső, a barátságos magatartás nem mindig tekinthető a jószívűség jelének. Akkor tudsz majd helyesen és okosan dönteni, ha kellő időt adsz magadnak, s kiismered az illetőt.

a negyedik vonal: — —

A fiatalos energia, avagy az ifjonti hév veszedelmes kockáztatásra készteti azt, aki nem keresi a nála bölcsebbektől, tapasztaltabbaktól eredő tudást. Ez idő tájt ajánlatos volna okos, értelmes tanácsok után nézni. Senki sem oldhatja meg a gondjait egyedül, elzárkózva –, nyújtsd ki a kezed a segítők felé!

az ötödik vonal: — —

Amikor a Ji csing gondolataira fogékonyan, rugalmas elmeállapotban olvassuk a könyv tanácsait, nagyobb esélyünk van rá, hogy megértsük önmagunkat és ráébredjük, hol a helyünk a világban. Ha elfogulatlanul/őszintén és alázattal közelítesz a tudáshoz, a világmindenség titkai készségesen feltárulnak előtted.

a hatodik vonal: ———

Talán a zsákutcába jutottál. Kijuthatnál, de még túlságosan önfejű vagy ahhoz, hogy beismerd, rossz helyre tévedtél. A további elzárkózás, a döntések ismételt átgondolásától való vonakodás megbosszulja magát, minthogy egyedül a csalódásaid és nehézségeid számát gyarapítja. Igyekezz tapasztalatként felfogni ezt a leckét és okulj belőle! Mindazonáltal légy szelíd és megértő önmagadhoz, miután rájöttél a tévedésedre.

Keress valakit, aki kivezethet a zsákutcából. Önnön csetlés-botlásodat látva, rossz érzések kelnek életre benned, ez tagadhatatlan. Segíthet eloszlatni a negatív érzelmeket, ha arra gondolsz, hogy mások tévedéseit, hibáit, időnként mekkora türelemmel képes kezelni az ember. De azért tudd, a türelmes hozzáállás még nem jelenti azt, hogy bármiben egyet kellene érteni a vétkezőkkel.

Érdemes megfontolni!

Igyekezz, hogy legalább egy álló hétig ne pletykálkodj, vagyis ne mondj semmit olyan személyekről, akik nincsenek jelen a társaságban! Amit nem mernél az illető szemébe mondani, azt másoknak se meséld róla! Ha a többiek pletykáit kellene hallgatnod, próbáld más témára terelni a beszélgetést, illetve egyszerűen mentsd ki magad, és állj odébb. Legjobb, ha semmivel sem járulsz hozzá a kósza hírek terjedéséhez, tehát ne terjeszd és ne hallgasd meg.

Egy heti önmegtartóztatás után gondold végig, hogy érzed magad a pletykák nélkül? Észrevetted, milyen gyakran beszélik ki egymást az emberek? Lett valamennyi rálátásod arra, mások miért érzik szükségét a pletykálkodásnak? Mikor esett nehezedre megállni (és mikor volt lehetetlen), hogy ne beszélj ki valakit?

A folyó vize most szélsebesen, zúgva árad.

Olyan hatalmas és sebes, hogy egyesekben rettegést kelt.

Ők a parton próbálnak fogódzót keresni.

Nemsokára érezhetik, hogyan sodorja el őket az ár, és nagy lesz a szenvedésük.

Mindegyik folyó tart valahová.

Az öregek azt mondják, el kell hagyni a partot, bele kell ugrani a víz kellős közepébe, nyitva kell tartani a szemünket, és a fejünket a víz fölé kell emelni.

– egy bölcs öreg hopi indián mondása

fent: víz

lent: menny

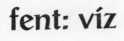

5

Kivárás (Várakozás)

Minden teremtménynek szüksége van az ég eledelére, de az étel ajándékozásának megvan a maga ideje, és ezt ki kell várni.
– Richard Wilhelm és Cary F. Baynes, részlet a *I Ching or Book of Changes* (Ji csing, avagy a Változások könyve) 5. hexagramjának értelmezéséből

Isten az állhatatosakkal tart.
– részlet a *Koránból*

A Ji csing más, hasonlóképpen lényeges spirituális szövegekhez hasonlóan folyamatosan arra emlékeztet: "állhatatosan juthatunk messzebbre". Igazából mit jelent ez? Nem mást, minthogy a lehetőségek kiaknázásához, illetve az áttörésekhez rengeteg bizakodás, türelem és erőfeszítés szükséges. Időnként megvan a kellő elszántság, de hiányzik a bizakodás és a türelem. Amennyiben ez a hexagram a válasz a kérdésedre, tekintsd emlékeztetőnek, amely a kivárás időszerűségére figyelmeztet, amikor a türelmes, következetes kitartással mégy valamire. A felsőbb erő veled van, s megtalálja a módját, miként őrizheted meg a türelmed és a méltányosságod, vagyis miként gyakorolhatod a türelem erényét. Ugye előfordult már, hogy óriási lendülettel vetetted magad bele valamibe, és pont a nagy sietség miatt végződött balul a dolog? Ne feledd a közmondást: „Lassan járj, tovább érsz". Az 5. hexagram mondanivalóját az égből aláhulló eső piktogramja jeleníti meg, az eső mindenkire egyformán esik, minden élőlényt táplál. Te sem maradsz táplálék nélkül.

Az életben adódhat olyan időszak, amikor várnunk kell, nem tehetünk mást. Minél jártasabbá válunk a kivárás mesterfogásaiban, annál jobban fejlődik belső erőnk, és annál boldogabbak lehetünk. A kivárás gyakorlatához tartozik a bizalom és a hit. Hinned és bíznod kell abban, hogy a téged is vezérlő felsőbb erő megtalálja a módját a dolgok kidolgozásának. Jegyezd el magad a Ji csingben és a többi, ősi szövegben feltárulkozó alkotóerővel, alapozz bölcs útmutatásaikra. A *Változások könyve* és Lao-ce *Tao Te King* (Az út és az erény könyve) című szöveggyűjteménye, a Korán nemes olvasmányok, melyek leckéit érdemes gyakorolni.

Lényeges, hogy mostanában, amikor az ügyed végeredményének eshetőségeit latolgatod, kételyeidet és aggályaidat ne vond bele a döntéseidbe. A Ji csing azt is tudtodra adja, mi a várakozási idő célja. Részben az, hogy jártasságra tehess szert a kivárás fortélyaiban. Mégsem tétlen időszak, mert megerősíti benned annak tudatát, hogy fiatalkorod legjobb éveiben kell felépítened valamit (pl. személyiséged masszív alapjait; az alapkövek egyike az állhatatosság). Ha most megtanulsz várakozni, amikor pedig minden hevesnek és sürgetőnek látszik, olyan erősségre teszel szert, amire azután egész életedben támaszkodhatsz. Ennek tudata önmagában nyugodtabbá, elégedettebbé, boldogabbá tesz majd.

az első vonal: ———

A vadászokhoz vagy a természetimádókhoz hasonlóan, várakozz csendben és figyeld, mi közelít. Fölösleges aggódni. Amennyiben túl sokat rágódsz azon „mi lenne, ha...", mindössze a szorongásod fokozódik, s csupán, újabb nehézségeket gördítesz a saját utadba. Ez a vonal erőteljesen figyelmeztet rá: maradj nyugton, és várakozz olyan mozdulatlanul, miként a sólyom várakozik a mezei egér felbukkanására, illetve a mezei egér várja, hogy elmúljon a feje felől a veszedelem, elrepüljön a sólyom. A tanulság nyilvánvaló, aki a kitartóbb, az boldogul.

a második vonal: ———

Valami, esetleg valaki megpróbál kibillenteni az egyensúlyodból. Valaki talán rosszhíredet kelti. Ha nyugton maradsz, és csendben kivárod a végét, magától elmúlik. Te vagy erősebb helyzetben, a bajkeverő van a gyengébb pozícióban. A pletykások és áskálódók a meséikkel önmaguk jelleméről állítanak ki bizonyítványt, nem a tiédről! Az emberek pedig majd megtanulják, hogy ne bízzanak a pletykálkodóban. Idővel pedig kiderül az igazság. A zavar-keltő lelepleződik. Az igazság kiderül anélkül, hogy beleártanád magad a dologba.

a harmadik vonal: ———

Bajba keveredhetsz, ha most óvatlanul viselkedsz! A helyzeted megegyezik a mezei egéré-vel, ki kell várnod, míg elmúlik a veszély, bármi legyen az. Úgy néz ki, mintha örökre így maradnának a dolgok, de ezt pusztán panaszos belső monológjaid miatt érzed így, túlságo-san is szeretnéd tudni, mikor jutsz ki sikeresen a kátyúból. Ne hallgass e nyafogó belső hang-ra! Maradj türelmes, várj, és akkor magától jóra fordul minden.

a negyedik vonal: —— ——

Ez a vonal hatalmas nehézséget, s meglehet, veszedelmes időszakot jelez. Elakadhatsz egy zavaros kapcsolatban vagy a negatív gondolkodásmódod mocsarában. Ideje óvintézkedé-seket tenned! Ki kell szabadulnod a negatív erők hatása alól, csendesítsd le magad, higgadj le, és a sötét tervek forralása helyett törd azon a fejed, miféle, helyénvaló cselekedet segí-tene ki a bajból. Míg a pozitív megoldáson töprengsz, a segítséged is megérkezik, az éleslá-tásod, illetőleg egy segítőkész ember jóvoltából.

az ötödik vonal: ———

Amikor az élet nehéz, gyakran kapunk némi haladékot, s váratlanul kipihenhetjük, össze-szedhetjük magunkat. A vihar szüneteiben visszanyerhetjük nyugalmunkat, megnyugodha-tunk, s a kis pihenőt előnyünkre fordíthatjuk, mert lazíthatunk, és jut időnk megfontoltan gondolkodni. A téged érintő nehézség enyhült, de nem szűnt meg, még nem vagy túl rajta! Tehát lazíts, és várj tovább türelmesen, viselkedj úgy, mint a sólyom, aki a zsákmánya fel-bukkanására várva, képes egész nap mozdulatlanul ülni a fán.

a hatodik vonal: —— ——

Váratlanul bukkan fel a megoldás, valószínűleg nem is érted igazán. Mindenesetre fogadd elfogulatlanul, mert egy biztos: a megoldás néha más formában és más erővel jelentkezik, mint amilyenre számítottál, de ettől még megoldás.

Érdemes megfontolni,

ki hogyan éri el a célját.

Megfigyelted már valaha a sólymokat? Láttad már, milyen állhatatosan várakoznak a pockokra és a kisnyulakra? Tavasszal tanúja lehetsz a sólymok vadásztevékenységének. Órákig, de ha kell, egész napon át képesek rezzenéstelenül várakozni, hol egy pózna, hol egy fa tetején, hogy megszerezzék az élelmüket. Ha a sólyom elvesztené a türelmét, s aggályosan körözni kezdene a mező fölött, egyetlen egér, pocok, nyulacska sem jönne elő, s a madár éhkoppon maradna. Képes vagy nyugton leülni, és csöndben szemmel tartani a várakozó sólymot? Voltál már madárlesen, vadásztál már, illetve vártál már az erdőben egy vad felbukkanására? Ismerd meg a vadászok, természetbúvárok és a vadak állhatatosságát, mert számukra a sikert a kitartásuk hozza meg. Hogyan tudnád utánozni a természetet, illetve állhatatosan kivárni a magad helyzetének végkifejletét?

A szilárd, kitartó állhatatosság az egyetlen, ami megszelídítheti az elméteket, és csak szelíd elmével tapasztalhatjátok meg Istent.
– **Sathya Sai Baba**

fent: ég

lent: víz

6

Válaszút (Kereszteződés)

Nem lenni másnak, mint önmagadnak – egy olyan világban, amely mindig a legjobbját adja, nappal és éjszaka azt tenni, amit mindenki más – egyet jelent a létért való legkeményebb küzdelemmel, amiből egyetlen ember sem vonhatja ki magát; és soha nem ér véget.
– e.e. cummings költő és festőművész

A Ji csing fordítások többségében a „válaszút" hexagramját a „viszály" hexagramjaként jegyzik. A taoista mester, Huang fordításában a „Perlekedés" címszó alatt található, és arra int, meg kell találni a módot rá, hogy túljussunk a perlekedés és a nézeteltérés időszakán. Én viszont a „válaszút" nevet adtam e hexagramnak, mert azt is jelzi, hogy felismerted: milyen jelentős és óriási hatású fordulópontjához értél az életednek, vagyis a kamaszkor útjait járod, amit mifelénk mennydörgő éveknek hívunk. A mennydörgés hatalmas energiája velejéig áthatja a tizenévesek és a húszas éveik elején járó fiatalok életének minden mozzanatát. Ez a hathatós energia hajt át a gyermekkorból a felnőttkorba. Ám, ez az energia hangos, olykor kifejezetten ijesztő. Nem árt tudni, miként hasznosíthatod és fejezheted ki saját mennydörgő erődet, amelyről nyugodtan állíthatom, hogy egész, hátralévő életed minőségére kihat. Ez a hexagram arra kér, vess egy pillantást mennydörgő erődre, és töprengj el rajta, mi módon hasznosítod! Jóra vagy rosszra? Mit kezdesz a mennydörgéseddel?

Válaszút (Kereszteződés)

Válaszút előtt állsz. Egyik lábaddal még a gyermekkor ösvényét tapodod, a másik lábaddal már a felnőttek útjára léptél, s ez a felemás helyzet egyelőre állandó viszálykodásba sodor a mennydörgéseddel. A Ji csing szerint minden viszály forrása az ember belső világában keresendő. Válaszként ezt a hexagramot kapni azt jelenti, hogy nem kezeled megfelelően az átkelés ügyeit, illetve belső ellentétek gyötörnek. Néha előfordul, hogy mindössze arra szeretné felhívni a figyelmed, hogy a belső vívódás természetes jelenség, s mint ilyen, hozzátartozik az átkeléshez.

Elfogadod tizenéves voltod tényszerűségeit és a felelősségedet? Miképpen érint a válaszút ellentmondásossága? Igyekszel kihagyni az átmeneti időszakot, és máris túl sok felnőttes felelősséget vállaltál magadra? Azon tépelődsz, milyen döntéseket kellene hoznod? Harcolsz a felnőttkor ellen, szeretnél jó sokáig gyermek maradni? Hogyan kezeled az életed mostani szakaszában jelentkező szellemi konfliktusokat? Lehet, hogy egyszerre küzdesz mindegyik problémával? Vigasztalásul még egyszer közlöm, hogy mindeme vívódások a felnőttkor felé vezető út természetes velejárói.

A Ji csing tanácsa szerint a helyzetet rugalmas, nyílt, őszinte és elfogadó magatartással érdemes kezelni. Bánj rugalmasan önmagaddal és másokkal; még csak most puhatolódzol a helyes életút és világnézet felől, épp csak tanulgatod, miként kezelheted ellentmondásos belső gondolataidat, érzéseidet – és éppen e jelenségekről tájékoztat a „Válaszút" hexagramja. Maradj nyitott az összes lehetőségre és a Ji csing tanácsaira! Fogadd el a tényt, hogy ez az életszakasz és a vele összefüggő konfliktusok a szellemi fejlődés elengedhetetlen részei, lehetetlen elkerülni.

A felnőttkorba vezető válaszút rengeteg lehetőséget, akadályt, döntéshelyzetet és kihívást tartogat, többek között viharos, de rövid kapcsolatokat, ám végül megtalálod önmagad és a helyedet a világban. Ugye nem hiszed, hogy egy ilyen nagyszabású utazást megúszhatsz bonyodalmak nélkül?

az első vonal: —— —

Életednek jelenlegi szakaszában nagyon fontos, hogy csak olyasmit tegyél, amit helyesnek tartasz. A korrekt cselekvés elengedhetetlen, mert a döntéseiddel most alapozod meg életed további részének minőségét. A Ji csing a következő bölcsességre tanít: korrekt és igazságos döntésekre alapozzunk! Azt tanácsolja továbbá, hogy döntéseink előtt hallgassunk belső igazságérzetünkre, és soha ne reagáljunk túl gyorsan. Az elhamarkodott döntés nézeteltérésekhez vezethet. Adj időt magadnak, hogy feltárhasd, melyik a legjobb döntés. Ha megfontoltan reagálunk a bonyodalmakra, a lehető legjobb eredményre számíthatunk.

a második vonal: ———

Nyílj meg a felsőbb erő és a Ji csing segítsége előtt! A túlzott csökönyösség/önfejűség, akaratosság oda vezethet, hogy nem veszed észre, s emiatt nem tudod igénybe venni azt a tá-

Válaszút (Kereszteződés)

mogatást, ami egyébként a rendelkezésedre áll. Maradj erős és független, de bízz a felsőbb erő támogatásában.

a harmadik vonal: —— —

Ennek az időszaknak a konfliktusai alighanem máris mélyen érintenek. Töprengj el, miképp hasznosíthatnád azoknak az embereknek a tapasztalatait, akik már előtted túlestek hasonló gondokon, és sikerrel megoldották a hasonló helyzeteket. Milyen jellemvonásukat, viselkedésüket utánoznád szívesen? Rengeteg ember példáját követheted, mert sokuk vette sikerrel az ifjúság és a felnőttkor kereszteződésének akadályait. Ők hogyan csinálták?

a negyedik vonal: ———

Összpontosíts a jelenlegi helyzetre! Figyeld meg, *mire* van szükséged mostanában. Mi köti le a figyelmed? Hagyj fel a jövő miatti aggódással! Jóllehet, fontos az álmodozás és a jövő tervezgetése, mégis jobban teszed, ha a figyelmed a jelenre összpontosítod. Ezt a vonalat, itt a harmadik helyen, tekintheted felszólításnak, miszerint ideje visszatérned a jelenbe!

az ötödik vonal: ———

Olyan viszály kellős közepébe csöppentél, melyből a felsőbb erő segítségével kerülhetsz ki. Értesd meg magaddal: „hagyd magad, és Isten megsegít". Esetleg gondolj bele, mit tenne Buddha, egy hasonló helyzetben. Bármi jó kisülhet a helyzetből, ha nem avatkozol bele (a dolgok természetes menetébe). Amennyiben hagyod a dolgot a saját törvényszerűségei szerint haladni, nagyon boldog leszel.

a hatodik vonal: ———

Hajlamos vagy az aggályaidba temetkezni, illetve ébren tartani valamilyen vitát, holott jobban tennéd, ha továbblépnél, és a következő kérdéssel foglalkoznál.

Érdemes megfontolni!

Négy fiatalember vándorolt az élet ösvényén. Mentek, mendegéltek, mígnem egyszer egy nagy kőhöz nem értek. A kő az út közepén feküdt, mellette egy hajdani, gyönyörű edény összetört darabjai hevertek. A cserepekről egyértelműen meg lehetett állapítani, hogy az edény valamikor meseszép volt, és valószínűleg egy csomó pénzt vagy becses érzelmi emléktárgyakat tartottak benne. Mind a négyen megálltak. Hosszasan nézegették a követ és az edény maradványait.

Egyikük így szólt:

– Miért? Miért hagyja Isten, hogy ilyesmi megtörténhessen? Ez valószínűleg annak bizonysága, hogy tulajdonképpen nincs is Isten! – Majd elhallgatott és a fájdalom természetén, valamint a világ rémségein kezdett töprengeni. Közben egyre azt kérdezgette magában: „Miért, miért engedte Isten, hogy ilyesmi megtörténhessen"? Végül búskomorságba esett. Majd bánatától kimerülten, reményét vesztve leroskadt az árokpartra.

A második fiatal ezt kérdezte:

– Hogyan? Hogyan történhetett meg ez? Ki a felelős ezért? A kő zúzta szét az edényt vagy az edény csapódott a kőhöz? – Aztán ő is elhallgatott, s magában azon töprengett, kit terhel a felelősség a világ összes bajáért és fájdalmáért. Az is érdekelte: hogy ha már tudjuk, miként történt, miért kell ennyit szenvedni, miként tudhatnánk meg, ki felelős azért, hogy megszabadulhassunk a szenvedéstől?

Ez a fiatal egyre nagyobb aggodalommal keringett a kő és a váza körül.

A harmadik fiatal egy kábítószeres cigarettát szívott, s oda sem nézve, belenyúlt a cseréphalomba. Megvágta magát, s azon nyomban sértődötten elvonult az erdőbe.

A negyedik fiatal a kő és az edény maradványai fölé hajolt, elkuncogta magát, majd így szólt:

– Fogalmam sincs, miként eshet meg „ilyesmi". De tudom, ezt a kérdést egyszer mindenki felteszi magának. Azon is csodálkozom, Isten hogyan engedhette megtörténni, ám erre a kérdésre, most nem tudom a választ. Nem voltam tanúja a történteknek, tehát nem tudhatom, hogy a kő ütődött az edényhez, vagy az edény a kőhöz. Mindössze azt tudom, történt valami. Mindössze azt tudom, hogy az agyagedény eltörött.

Aztán apránként felszedegette és a kabátja külső zsebébe rakta az edény darabjait, majd odébbállt, továbbment az életútján. Ruganyosan lépdelt, s a zsebében a cserepek finoman összecsendültek. A hangjuk a szélcsengők muzsikájára emlékeztetett.

Te is képes vagy problémamegoldó szándékkal közelíteni a jelenlegi konfliktusodhoz? Képes vagy megkérdezni magadtól, mit tehetnél az ügy megoldásáért? Képes vagy felhagyni a hiábavaló „Miértekkel"? Válj részesévé az élet misztériumának, maradj nyitott a nagy kérdésekre! De sose aggályoskodj, és ne ess búskomorságba, ha megfejthetetlennek tűnő kérdések kerülnek az utadba! Képes vagy eltekinteni a felelősség firtatásától (akár a magadéról, akár másokéról van szó)? Képes vagy elengedni a kétségeidet és jelenlegi fájdalmaidat? Ne ragadj bele egyik magatartásformába sem, ehelyett nézz előre és összpontosíts a rád váró, következő útszakaszra!

fent: föld

lent: víz

7

A szellemi harcosok

Az élet az emberi bátorság arányában hátrál vagy kitárulkozik előttünk.
– Anais Nin, az *Under a Glass Bell* (Üvegharang alatt) című mű szerzője

A kifelé irányuló bátorsággal rendelkező embernek van mersze meghalni,
a befelé irányuló bátorsággal rendelkező embernek van mersze élni.
– részlet Lao-ce: *Tao Te King* (Az út és az erény könyve) című művéből

A Ji csing jelzi, itt az ideje elindulni a szellemi harcosok útján. „Harcosok" vagyunk. Érthető, minthogy a felnőttkoron átvezető út során sokféle kihívást kell elfogadnunk, és számos „csatát" fogunk megvívni. A szellemi harcos a szív és az ész csatáiban vállal részvételt. Ez a hexagram arra figyelmeztet, hogy valamilyen ügyben szellemi csatározásba keveredtél, melyben helyt kell állnod, de legalább meg kellene értened, mi történik. A szellemi párviadal jó alkalom új dolgok elsajátítására, s az egész életre szóló bölcs tapasztalatok szerzésére.

Ajánlatos alaposan felkészülnöd a „csatára", avagy a „vizsgára". Fogadd meg a tanácsot, s használd bizonyos képességeidet, például azt, amely révén ráhangolódhatsz a belső bölcsességedre, amely a keresésre, a tanácsok kérésére, a kitartásra és éberségre késztet. Igyekezz megteremteni belső függetlenségedet, és használd ki mindazon tulajdonságaidat, melyek hozzásegítenek a győzelemhez. Észre fogod venni, hogy a felsorolt szellemi képességek szakavatott használata meghozza a sikert, ráadásul másokon is segíthetsz, amikor szükség van a segítségedre.

az első vonal — —

Az igazságosság, s a helyénvaló hozzáállás elengedhetetlen, ebben a helyzetben tanúsított magatartásod a megfelelő válasz? Használd ki az időt, mert van mit fejleszteni az igazságos és méltányos hozzáállásodon! A megfelelő életfelfogás és viselkedés bővíti a cselekvési lehetőségeket. A helyénvaló, igaz viselkedés egyet jelent azzal, hogy minden helyzetben méltányosan, becsületesen jársz el, s becsületes vagy önmagadhoz is.

a második vonal ———

Ez a vonal arra szólít fel, kérd ki mások véleményét, tanácsát. Kikéred mások tanácsát, van mentorod, példaképed, szellemi tanítód, van tanácsadód, illetőleg keresed-e a felsőbb erőt? A szellemi ösvényen megtett minden lépéshez szükség van a felsőbb erő támogatására. Keresd a kapcsolatot ezzel az erővel, meglásd, mindig közrehat, valahányszor őszintén, komolyan és türelmesen kéred.

a harmadik vonal — —

Állhatatosságra és türelemre int ez a vonal. Gondolj bele! Elég türelmes vagy önmagadhoz? Olykor túlságosan keményen bánunk önmagunkkal. A nagy harcosok mindig tudják, mikor kell várniuk, és mikor van itt a cselekvés ideje.

a negyedik vonal — —

A belső függetlenségről van szó. Még, ha mások helytelenül is cselekszenek, szükségtelen lesüllyedni a szintjükre! Légy erős, és amikor kell, bátran mondj ellent! A belső függetlenség azt jelenti, hogy az ember hisz önmagában, és nem inog meg hitében a negatív körülmények hatására.

az ötödik vonal — —

A belső bölcsességed nélkül nem mégy semmire. Figyelj legbelsőbb erkölcsi értékeidre s a megérzéseidre, tanuld meg elengedni a számodra ártalmas érzéseket és gondolatokat. Semmi okod rá, hogy a sérelmeidet magadban dédelgesd, akkor sem, ha mások viselkedése er-

re késztetne. A belső bölcsességre bízni magad azt jelenti, bízol a benned rejlő igazságérzetben, s egyéb nemes tulajdonságaidban. Különösen fontos az önbizalom a nehéz idők közepette.

a hatodik vonal — —

Ez a vonal éberségre és elővigyázatosságra szólít fel. A csata megnyerhető, pontosabban nyerésre áll. Ilyenkor a szellemi harcos legnagyobb támasza az éber elővigyázatosság. Sokan pont ekkortájt válnak az önelégültségük áldozatává, és elfeledkeznek arról, honnan jön az igazi segítség. Élvezd a sikert, de őrizd meg a szellemi tisztességed. Maradj éber!

Érdemes megfontolni!

A szellemi harcos életmódjáról, viselkedéséről és gondolkodásáról sok jó könyvet találsz a boltokban. Kifejezetten érdemes elolvasni Carlos Castaneda könyveit, Dave Lowry *A harcművészetek szellemiségéről haladóknak* (Budapest, 2000, Édesvíz) című művét.

Részletesebb tájékoztatást a könyv végén található ajánlott olvasmányok jegyzékében találsz.

fent: víz

lent: föld

8

A szeretet szent tánca (Egység)

Együtt énekelni, táncolni és örvendezni, de meghagyni az egyediséget – amint a lant mindegyik húrja más hangon rezdül, mégis egy muzsika csendül fel rezgéseikből.
– Kahlil Gibran libanoni költő, filozófus mondása

Ez a hexagram a meghitt kapcsolatokról szól, valamint arról, miként lehet közeli és szeretetteljes kapcsolatba kerülni másokkal, s megtartani a kapcsolataink minőségét. Ez a hexagram arra biztat, keresd a többiekhez vezető utat, s igyekezz szeretetteljes kapcsolatra lépni a többiekkel – ne szigeteld el magad! Természetes igényünk, hogy meghitt, bensőséges viszonyban legyünk azokkal, akiknek számítunk valamit. Néha mégis elvonulunk, mert bizonyos gondok megoldásához magányra van szükségünk. Aki elszigetelődik, kerüli mások társaságát; kamaszként iskolakerülő lesz, a tévézés ürügyén vonul félre, s általában minden téren kerüli a kihívásokat, beleértve a meghitt kapcsolatokat is. Ajánlatos felülvizsgálni a vonakodásodat, és őszinte, igaz módon viszonyulni az emberekhez.

A szeretet szent tánca (Egység)

Amikor kapcsolatokat alakítasz ki, lényeges, hogy ne viselkedj elviselhetetlen birtoklóként, és arra se törekedj, hogy téged birtokoljanak mindenestől. Legjobb, ha mindenki megőrzi az egyéniségét! A szeretet szent tánca éppen erről szól, megmutatja, mi módon lehetünk maradéktalanul együtt, s miként tudjuk mégis megtartani egyéniségünket. Mint láthatod, a hexagramban a víz jelképe a föld jelképe fölött látható. Képzeld magad elé a folyók és a föld kapcsolatát. A folyóágy a földbe mélyed, a víz táplálja a földet. Kétségtelenül szoros kapcsolatban állnak egymással, ugyanakkor mégsem olvadnak eggyé, mindkettőnek megvannak a másikétól elkülöníthető jellegzetességei – a folyó önmagában is hordozza az élet minden lehetőségét. Képes vagy hasonló jellegű kapcsolatra lépni másokkal? Egyedül is megállod a helyed, de azért tudsz nyitni és közel kerülni másokhoz? Képes vagy hagyni, hadd menjen mindenki a maga útján, és segítséget nyújtani az embereknek a szükség idején? Ha képes vagy minderre, ez az érett, valódi szeretet jele, az önzetlen szereteté, melyben sem a gátlástalan birtoklási vágy, sem az önző önállóskodás nem juthat szerephez.

A Ji csing arra is utal, hogy valamennyi kapcsolatunkba érdemes beengedni a felsőbb erő szeretetének energiáit. A felsőbb erőt bevonni a szeretet táncába azt jelenti, elfogadod, hogy a közös táncot az Alkotó társaságában járjuk, s ez azonnal nyilvánvaló lesz, mihelyt megértetted Őt.

az első vonal —— ——

Legfontosabb: őszinte alapokra helyezni a kapcsolatokat. Főként önmagadhoz kell őszinténnek lenned, hogy a téged vonzó személyekhez is igaz érzelmekkel közeledhess. Őszinte vagy önmagadhoz? Őszinte alapokon nyugszik az a kapcsolatod, amelyik felől most érdeklődsz?

a második vonal —— ——

Bízz a szívedben és belső bölcsességedben! Keresd azok társaságát, akik képesek ebben támogatni és erősítenek, keresd azokat, akik tekintetbe veszik az igazadat, az alapelveidet (és a személyiséged). Amikor nyílt szívvel, őszintén és belső bölcsességünkre hallgatva keressük a társainkat, tartalmas kapcsolatokra számíthatunk.

a harmadik vonal —— ——

Légy óvatos, ne vesd bele magad meggondolatlanul ártalmas, rossz kapcsolatokba! Adj időt magadnak, ismerd ki az illetőt alaposan, mielőtt szorosabbra fűznéd a szálakat. Ez a vonal, itt a harmadik helyen arra utal, hogy valaki más kedvéért éppen hajlanál feladni igaz törekvéseidet és alapelveidet, s éppen készülsz kritikátlanul elfogadni egy személy vagy egy csoport elveit. Semmi jó nem sül ki az efféle megalkuvásból! A pozitív, szeretetteljes kapcsolatokban senki sem várja el a másik féltől, hogy feladja az elveit és az egyéniségét.

a negyedik vonal — —

Maradj erős, őszinte és hű saját meggyőződésedhez, rád köszönt a szeretetteljes, egészséges kapcsolat. Ez a vonal arra is felhívja a figyelmed, hogy az élet sokkal többre való egy udvarló vagy egy barátnő meglelésénél. Ne téveszd szem elől saját értékeid egyikét sem, mialatt a „nagy őt" keresed! A meghitt kapcsolat az önzetlen szeretetre épül, és minden résztvevő számára megadja a teljes élet lehetőségét.

az ötödik vonal — —

A kapcsolatok erőltetése soha nem vezet eredményre. Az igazi, tartós kapcsolat természetes úton, mondhatni magától alakul ki, például: olyan tevékenység (munka, sport, szórakozás), közben találtok egymásra, melyben mindkettőtöknek öröme telik. Mindemellett ne feledd, hogy a felnőttkor első évei egybeesnek az útkeresés időszakával, ezért semmi rendkívüli sincs abban, ha sokféle kapcsolatot alakítasz ki, sokféle emberrel. A keresgélés idején jövünk rá, kik vagyunk valójában, és kivel, ki mindenki társaságában szeretnénk eltölteni az életünket.

a hatodik vonal — —

A bizalmat nem adhatjuk senkinek sem ajándékba idő előtt, s olyan adomány, amely eljátszható. Ki kell érdemelni, és meg kell érte dolgozni! Mely ismerőseid szolgáltak rá a bizalmadra?

Érdemes megfontolni,

amit egy régi közmondás állít: „Ötven módja van a szerelmünk elhagyásának". Te, hányféle „módját" ismered a szakításnak? Ismersz olyan módszereket, melyekkel könyörületesen, tisztelettudóan fejezhetsz be egy kapcsolatot? Sorold fel az általad ismert módszereket a naplódban, és írd hozzá a saját, egyéni megoldásaidat. Üdvös volna, ha legalább tízféle kíméletes módot tudnál a szakításra. Esetleg ismered, mind az ötvenet?

A legtöbb ember számára irgalmatlanul nehéz a szakítás, még akkor sem könnyű, ha ártalmas vagy veszélyes kapcsolatokat akarunk befejezni. Ám tagadhatatlan tény, hogy az életünk (sok egyéb mellett) örökös búcsúzások, szakítások sorozata. Gondolj bele, hányszor hagyjuk el régi csoportjainkat, barátainkat, klubjainkat, szerelmeinket. Sok ember fél kapcsolatokat kötni, annyira irtózik az esetleges szakítás gondolatától. S mivel fogalma sincs, miként fog kikeveredni az egészből, ha valamiért be kell fejeznie egy ügyet, inkább el sem kezdi. Készítsd el a saját szakítási jegyzéked, s amikor szükséges, lapozd át a feljegyzéseidet.

fent: szél

lent: menny

9

Szerény kezdés

Tedd naggyá a kis dolgokat, és a keveset megsokasítod. Tedd meg a legnagyobb dolgokat akkor, amikor még kicsinyek, vágj bele a legkeményebb feladatokba akkor, amikor még könynyen elvégezhetők!

– Lao-ce *Tao Te King* című művéből

Ha a természet eszére bízod a dolgok menetét, a végzetesen elszennyeződött tavak és folyók vize kitisztul, és a bolygó önerejéből visszanyeri eredeti egészségét. Bár, amennyiben a vizek nagyon szennyezettek, sok-sok apró lépést kell megtenniük az eredeti ép állapot visszaszerzéséhez. Semmi sem ér fel azzal a javulással, mint amit az önerőből véghezvitt javítás elérhet. Ami igaz a természet működésére, az az emberre is érvényes, mi több: a te jelenlegi esetedben is igaz! Haladj apránként, tégy annyi kicsi lépést, amennyit kell, és meglátod, milyen nagy eredménye lesz a szorgalmadnak.

Itt az ideje, gyűjts erőt a következő lépés előkészítéséhez, s szűrd le a helyzet tanulságait. Az idő most alkalmatlan a nagyszabású cselekvésre. Semmi szükség a hősködésre, mondhatnám, ne ugorj le a toronyház tetejéről, mert nem te vagy Superman. Az erőfitogtatás helyett inkább szedd össze magad, hozd helyre belső erőid állapotát, s akkor a természetes energiáid a megfelelő pillanatban mindig működésbe léphetnek. A folyamat nagyon hasonlít ahhoz, amikor az esőfelhők összegyűlnek, majd kitör a felhőszakadás. Tehát most a belső erők fokozásának van itt az ideje. Gyűjtsd össze minden bölcsességed, részvéted, megérzésed és egyéb erősséged. Mihelyt lépésről-lépésre összegyűjtötted és elraktároztad valamennyit, elérkezik az alkalom, amelyben hasznukat veheted.

Ez a hexagram arra is utalhat, hogy valami, egy nagy tett végrehajtására késztet, holott jelenleg jobb volna kis lépésekkel, apránként haladni. Gondolkozz, milyen apró lépés vihetne közelebb az óhajtott célhoz?

Valószínűleg külső körülmények akadályoznak (a légkör és a víz valóban szennyezett világszerte), emiatt sem érdemes kapkodni, kis lépésekkel kell haladni, mert ez segít hozzáférni a helyzetben rejlő természetes erőforrásokhoz, a sok apró cselekvéstől várható a legjobb eredmény. Hogyan tehetnéd meg, amit kell? Miképpen gyűjtöd össze az erőidet és belső bölcsességed elemeit ebben a helyzetben? Alighanem szükséged lesz a barátaid és a családtagjaid támogatására. A szennyezett tó sem képes kizárólag a szennyezett víz erejéből helyreállítani az egészségét, szüksége van a közege sokféle, apró támogatására: a növények, a talaj, az élőlények, a nap, szóval az egész környező ökoszisztéma segítségére. Ami téged illet, talán arra az apró lépésre van szükséged, hogy azoktól az emberektől merj segítséget kérni, akik valóban tudnak rajtad segíteni. A kis dolgok hatalmas ereje a sokaságukból ered – össze kell gyűjteni a bölcsesség és az erő minden szikráját, meg kell szerezni minden kis támogatást lépésről lépésre.

az első vonal ———

Kedvező időszak köszönthet rád. Elégedj meg az apró lépésekkel, fokozd az erőd, és gyűjtögesd bölcsességed elemeit. Ne próbáld erőltetni a változást, ettől semmi sem fog jóra fordulni! Bízz meg a felsőbb erőben, amely munkálkodik az érdekedben. Gondold el, hogy a szennyezet tó érdekében ténykedő felsőbb erő a természet, s segít helyreállítani a tó eredendő egészségét és szépségét. Számodra is elérhető ez az erő.

a második vonal ———

A vonal arra figyelmeztet, hogy okvetlenül keresd a valódi bizalmadra méltó emberek támogatását, Az idő alkalmatlan a cselekvésre, arra azonban kiválóan megfelel, hogy felkutasd a hozzád hasonló gondolkodású, érettebb egyéniségeket (mentorokat, barátokat), és a segítségüket kérd. Barátaid és tanácsadóid apró segítsége sokban hozzájárulhat a pozitív eredményhez. Ugyanebben az időszakban kellene jobban ráhangolódnod megérzési képességedre, a „zsigeri érzéseidre" szintén rábízhatod magad. Ne feledd, az idő most nem alkalmas a cselekvésre!

54 Szerény kezdés

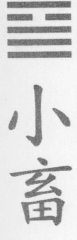

a harmadik vonal ———

Mindössze a csalódásaid számát gyarapítod, amennyiben rohammal akarod bevenni a „várat"! Lehet, hogy olyasvalakire hallgattál, akinek a társasága nem válik a javadra? Érdekes, de többnyire pont olyankor erőltetjük a dolgokat, amikor a megérzéseink az ellenkezőjét sugallják, s gyanítjuk, célunk elérésére alkalmatlan az idő, illetve rossz társat választottunk a feladathoz. Mégis fejjel rohanunk a falnak, ahányszor a vágyakozásunk felülírja a megérzéseinket, vagyis az akaratunk elnyomja a belső bölcsességünk hangjait. A dolgok erőltetése mindenkit vakká tesz az igazságra. Igyekezz visszafogni magad, lassíts, és figyelj jobban a belső bölcsességed jelzéseire!

a negyedik vonal — —

Folytasd belső erőd és bölcsességed fokozását, s akkor rád mosolyog a szerencse.

az ötödik vonal ———

Mihelyt sikerül lélekben megerősíteni magunkat, a belső erőt és bölcsességet másokban is észrevesszük. Önnön jóságunkból kiindulva, a többiek jóságát szintén felfedezzük. Azért tudsz majd másokon segíteni, mert megtanultál magadon segíteni! Hatalmas boldogságban lesz részed, hiszen közös örömön osztozhattok.

a hatodik vonal ———

Elérkezett a megérdemelt pihenés ideje, mivel rengeteg jó tulajdonságra tettél szert, összeszedted magad, és hozzád pártolt a szerencse. S ahogy az eső nemes egyszerűséggel elered, úgy engedheted szabadon záporozni a helyzet lehetőségeit. Ekkor már nem kell gyűjtögetni, mert ha pihenés nélkül, egyvégtében folytatod személyiséged fejlesztését, kifáradsz.

Érdemes megfontolni!

Figyelj oda az apróságokra! Vedd észre az életben mindazt, amivel a kincsestárad gyarapíthatod. Milyen tárgyakat gyűjtesz? Köveket, babákat, művészi alkotásokat, verseket, spirituális jelképeket? A gyűjteményed miképpen utal a személyiségedre? Jelképes értelemben mi módon utalnak a „kincseid" a belső képességeidre és azok minőségére? Egyesek történeteket, márkás babákat, mások futball-ereklyéket gyűjtenek. Mennyi időbe tellett, mire darabonként összeszedted a gyűjteményed?

Most pedig gondold át, hányféle tulajdonságot, képességet, hiedelmet és magvas gondolatot halmoztál fel magadban, s ennek következtében hányféle belső értékkel gazdagodtál? Úgy találod, rengeteg negatív vélekedést, viselkedést, tömérdek drámai esetet mondhatsz a magadénak? Esetleg sok-sok életigenlő történetet mesélhetnél, olyanokat is, melyekben valamiképp végül a gyengébbnek látszó, illetve az elnyomott fél kerül ki győztesen? Milyen ötleteket gyűjtesz? Az ember általában olyan ötleteket és tárgyakat gyűjt, melyek valamiképpen utalnak a legbelsőbb hiedelmeire. Miről árulkodik mindaz, amit eddig begyűjtöttél? Képes lennél céltudatosan gyűjteni bizonyos történeteket, tárgyakat és jelképeket egyes-egyedül azért, hogy megtudd, hová vezetnek?

Kísérletezz! Tíz napon át légy következetesen könyörületes, és gyűjtsd a részvételi viselkedésre utaló példákat, történeteket, ötleteket! Igyekezz naponta legalább egy emberen önzetlenül segíteni, és legalább napi egy történetet gyűjteni a témáról, esetleg naponta keresni egy verset, amely felkelti szívedben az együttérzést. Mit gondolsz, miként hat rád, ha tíz napon át következetesen foglalkozol a részvéttel?

A szél tartja vissza az Alkotó leheletét, és sűrűsíti felhővé a fölfelé törekvő párát, még nincs elég ereje ahhoz, hogy esőt csináljon.
– Richard Wilhelm és Cary F. Baynes, részlet az *I Ching or Book of Changes* 9. hexagram értelmezéséből

fent: menny

lent: tó

10

Figyelmeztetés (Jó lépés)

Az emberek a helyzetükért folyvást a körülményeket okolják. Én nem hiszek a körülmények hatalmában. Azok, akik boldogulnak a világban ugyanazok, mint akik a megfelelő körülményeiket keresik. Az ember olyan körülményeket talál, amilyeneket akar, és ha nem talál, akkor teremi magának.

– George Bernard Shaw, színműíró mondása

Ehhez a hexagramhoz egy tigris farkán álló ember képe tartozik, akit mégsem támad meg a fenevad. El tudod képzelni, mekkora ügyességre és hozzáértésre van szükség ahhoz, hogy ráléphess a tigris farkára, de az állat ne bántson? Mégis, jó tudni, hogy lehetséges, mert bárki találhatja magát hasonló kényes, nagy érzékenységet igénylő helyzetben. Épségben túljutni a veszélyen, a nehézségeken, kitartani egy szerfelett kínos helyzetben, hatalmas önfegyelmet, továbbá személyes felelősségvállalást igényel. Tanulmányozd azokat az embereket, akik sikeresen kerültek ki a bajból, sohasem okoltak másokat a helyzetükért, hanem felvállalták saját ügyükben a felelősségüket. A szellemileg érett emberre nem jellemző, hogy másokat vagy a körülményeit hibáztatja a helyzetéért. E hiábavaló mutogatás helyett, az érett ember inkább eltöpreng és igyekszik felismerni, miféle alkalma nyílik az olyan létfontosságú alapelveket gyakorolni, mint a fegyelem és a bátorság.

Ha elbízzuk magunkat, és félvállról kezeljük az ügyet, a tigris valószínűleg elpusztít bennünket. Ha túlságosan feldühödünk, vagy éppenséggel inába száll a bátorságunk, a tigris észreveszi a gyengeségünket és elpusztít bennünket. Hogyan tudnál a jelenlegi helyzetedben kellően óvatos lenni, mivel tudnád elérni, hogy ne érjen végzetes megrázkódtatás, s ne találkozz komolyabb nehézségekkel, veszélyekkel? Eldöntötted? Reagálj megfontoltan! A válaszodból legyen kiérezhető, milyen ügyesen szelídíted tanulságos alkalommá a „nagy ügyet", s a helyzetet a magad javára tudod fordítani. Ha vaktában nekiugrasz, és nem vagy óvatos, valószínűleg elszalasztod az alkalmat, és képtelen leszel kideríteni a probléma mélyén rejtező lényeget. Voltaképpen minden probléma egyben alkalom arra, hogy szembenézzünk a nehézségekkel.

az első vonal ———

Amikor jobban érzed magad, mert érzed, valahogy kikecmeregsz a bajból, még nem lazíthatsz! Okvetlenül maradj éber! Még mindig a tigris farkán állsz! Akit a siker elbizakodottá tesz, könnyelművé válik, önfeledtségében átlépi önnön határait, de ettől nem erősebb, hanem támadható lesz, és súlyos sebeket szerezhet.

a második vonal ———

Tudni, mi a teendő és megtenni, amit kell, boldoggá tesz. Tekintet nélkül arra, mit gondolnak rólad, válaszd azt a megoldást, amit helyesnek érzel. A helyénvaló cselekvés segít eloszlatni a nehézséget.

a harmadik vonal —— ——

Beléd marhatnak, ha túl rámenős vagy! Amikor másokra akarjuk erőltetni magunkat, a véleményünket vagy a módszereinket, rendszerint visszautasítanak. Ne erőltesd rá a társaságod vagy az óhajaidat másokra, ne légy tapintatlan, ne feledkezz meg az óvatosságról, különben tovább nehezíted a magad és a többiek helyzetét.

a negyedik vonal ———

Gyakorold az óvatosság és a figyelmesség művészetét, közben szép lassan lépi túl az akadályon. Megfontoltságod jutalma a siker és a boldogság lesznek. A körültekintő ember kideríti, mivel idézte elő a nehézséget, de azt is, miképpen juthat ki szorult helyzetéből a legkönnyebben, anélkül hogy ártana önmagának vagy a társainak.

az ötödik vonal ———

Tanuld meg egyesíteni az erőt az óvatossággal. Ez segít kilábalni a bajból, és épségben átvészelni a mostani nehéz helyzetet. A Ji csing itt arra is felhívja a figyelmet, hogy egyesített erőforrásaid fejlesztését később, a vészhelyzet múltával is érdemes folytatni, s a tapasztalataidat mind a magad, mind a többiek javára kamatoztatni.

a hatodik vonal ———

Rejtett képességeinkkel, mint amilyen például a lelkierő, a körültekintés, az elfogadás készsége, hegyeket tudunk megmozgatni, s képesek épségben lesegíteni a tigris farkáról. Ne feledd, a dolgok erőltetése vagy az önvád kizárólag a bajokat sokasítja!

Eljött az alkalmas pillanat, most érdemes áttekintened az adott nehézséggel összefüggő élményeidet. Hogyan kezdődött? Idáig miként viszonyultál ehhez az akadályhoz? Mi olyat tettél eddig, amitől rosszabbra fordult, illetve javult a helyzet? Mit tanultál az eset alapos elemzéséből? A helyzet becsületes, alapos kiértékelése felkészíthet egy jövőbeli nehézség megoldására, és sokat segít a jelen eset megoldásában.

ÉRDEMES megfontolni

a tigris és a róka esetét

Élt egyszer egy fiatalasszony, aki a helyét kereste a világban. Azt is szerette volna megtudni, miként figyelhetne alaposabban az isteni bölcsességre. Egyszer éppen az erdőben sétált, amikor észrevett egy rókát, akinek egyetlen lába sem volt. Az asszony elcsodálkozott, hogyan maradhatott életben egy ilyen súlyosan megsebzett állat? Ottmaradt, hátha megtud valamit. Alkonyatkor egy tigrist látott közeledni, aki egy mezei vadat hozott a szájában. A tigris letelepedett a róka közelében, felfalta zsákmánya javát, s a maradékot a róka elé tolta, aki hálásan pislogott rá, miközben jóízűen befalta az ételt.

A fiatalasszony másnap megint kiment az erdőbe, elrejtőzött a róka közelében, s alkonyatkor ismét tanúja volt a tigris nagyvonalúságának. A fiatalasszonyt megindította Isten róka iránti könyörületessége és ötletessége, ahogy a tigrisre bízta a szerencsétlen állat táplálását. Aztán így okoskodott magában: „Tudom már, mit kell tennem! Csendben kell ülnöm az erdőben, és Isten nekem is megadja majd mindazt, amire szükségem van"! S gondolatát már másnap tett követte. Bement az erdő sűrűjébe, letelepedett egy fa alá és várakozni kezdett. Várt, várakozott Isten segítségére, és bízott benne, hogy majd róla is a rókával szemben tanúsított nagyvonalúsággal gondoskodik. Teltek és múltak a napok, a fiatalasszonyról senki sem gondoskodott, ő mégsem tágított a fa alól. A sok koplalástól legyengült, végül félholtan rogyott a földre. Már-már örökre lehunyta szemét, amikor mennydörgő hang harsant:

— Kelj fel, bolond leány, nyíljon fel a szemed az igazságra! Egészséges vagy, kövesd a tigris példáját, és hagyd abba a nyomorék róka majmolását!

fent: föld

lent: menny

11

A lelki nyugalom

Azt hiszem, minél jobb érzéssel gondolunk magunkra, annál kevesebbszer taposunk másokra csak azért, hogy a lábunkat rajtuk megvetve, magasabbnak képzelhessük magunkat.
– Odette Pollar *Dynamics of Diversity* (A sokféleség dinamikája) című művéből

Zaklatott világunkban, a kamaszkor kihívásokban bővelkedő időszakában, lelki nyugalomra szert tenni óriási bravúr. A Ji csing tanácsaiban javasolt alapelveket követve viszont, garantáltan elnyerhetjük és megtarthatjuk belső békét.

Mi a valódi „lelki nyugalom"? Érzelmi, gondolati kiegyensúlyozottságot, azt, hogy nem adjuk át magunkat negatív érzéseknek és gondolatoknak, nem merülünk bele az aggódásba, nem ítéljük el önmagunkat, másokat sem bírálunk durván, nem rágódunk a múlton. A lelki nyugalom állapotában nem hasonlítgatjuk magunkat másokhoz. Az örökös összehasonlítás/méricskélés általában elidegeníti egymástól az embereket. Miért? Mert, ha azt látjuk, hogy a másik sikeresebb, jobb nálunk, úgy érezzük, a nyomába sem érünk; illetve, amennyiben hitványabbnak véljük, távolságtartóan kezdünk viselkedni. A lélek nyugalmát az tudja elérni, aki önmagával békében él, és egy szál magában is „jó társaságban" érzi magát.

Ez a hexagram bizonyos mértékig tükrözi a külső körülményeinket is, minthogy azok titokzatos úton-módon, de határozottan köthetők a belső körülményeinkhez (s ez utóbbiakon múlik a közérzetünk). Amint látod, a hexagram a kiegyensúlyozottság leképezése: a „föld" és a

60 A lelki nyugalom

„menny" egyensúlyának ábrája. A valódi kiegyensúlyozottság hozza meg az elme és a lélek nyugalmát. A lelki nyugalom megteremtésének egyik módja, a külső és a belső világ egyensúlyának megteremtése (kiegyenlítése). Az egyensúly akkor áll fenn, ha külső kapcsolataink, munkáink, terveink összhangban állnak belső világunkkal, azaz a gondolkodásunkkal, az érzelmeinkkel és a viselkedésünkkel. Például: amikor elfogadjuk önmagunkat, pozitív módon gondolkodunk magunkról, az meglátszik a kapcsolatainkban, mert jobban viszonyulunk másokhoz is. A Ji csing azt állítja, hogy a külső világ egyensúlyba kerül az ember belső világával, amennyiben nem a külső elvárásoknak akarunk megfelelni. (Az önmagával megbékélő ember ugyanis a világgal is békésen összefér – a ford.). Tehát érdemes a belső egyensúly megteremtésén munkálkodni, mert a külső kapcsolatokba hoz egyre több örömöt.

Ha a kérdésedre ezt a hexagramot kaptad válaszul, tudhatod, hogy vagy szert tettél némi lelki nyugalomra, vagy szert kellene tenned rá. Amennyiben épp most estél túl egy nehéz időszakon, e jelből rájöhetsz, hogy a béke karnyújtásnyira van tőled. E békesség saját személyiségfejlesztő munkád eredménye – vagyis várható, hogy a külső világ és a lelkivilágod lassan összehangolódnak az egyensúly kialakítására tett, pozitív erőfeszítéseidnek köszönhetően.

az első vonal ———

Az idő kedvező az új terveknek és munkának. Törekvéseid sikeresek lesznek, ha kezet nyújtasz a barátaid, feletteseid és munkatársaid felé. Keresd a hozzád hasonló gondolkodásúak társaságát!

a második vonal ———

Az új tervek kidolgozásakor légy körültekintő és megfontolt, tudatosítsd, milyen fába vágod a fejszéd! Ügyelj, hogy mi mellett kötelezed el magad, és gondold át, milyen „hasznot" remélsz, s mi minden lehet a tetteid következménye. Az alapos, előrelátó tervezés számodra és a többiek számára egyaránt a legjobb eredményt hozza ki az egészből. Arról is győződj meg, hogy valóban készen állsz végigvinni azt, amibe belefogsz.

a harmadik vonal ———

A világ működésének egyetemes alapigazsága, hogy „semmi sem állandó; minden változik; minden örökös mozgásban van". Ez alaptörvény, tehát érvényes a békesség időszakára és az egyensúlyra is. Amikor megérzed a változást, és látod visszatérni a nehézségeket, ne csüggedj, és ne hibáztasd magad. Ne próbálj belekapaszkodni a békés időkbe, úgysem tarthatod vissza az elmozdulást. Vedd tudomásul a változást, de ne feledkezz meg az elért belső erőről! A nyugalmas idő ismét rád köszönt, ha hű maradsz önmagadhoz.

a negyedik vonal — —

Az ember időnként szeretné világgá kürtölni a sikereit, ám ajánlatos ebben is mértéket tartani. Mutasd fel az értékeidet, de ne akarj a sikereid örve alatt mások fölé kerekedni. Maradj érzékeny a többiek helyzetére, amikor a siker időszaka rád köszönt! Előfordulhat, hogy képtelenek együtt örvendezni veled, mert a sikereiddel egy időben éppen hullámvölgyben tartanak. A tartós öröm titka a siker szerény és kiegyensúlyozott élvezetében rejlik.

az ötödik vonal — —

Nyomatékos felszólítás: kérd a felsőbb erő segítségét! A kegyelem állapotában vagy, kedvező fordulatokra számíthatsz. Lazíts és viselkedj türelmesen! Ami a többieket illeti, velük továbbra is bánj megértően és komolyan. Igyekezz jó természetű embereket gyűjteni magad köré.

a hatodik vonal — —

A béke és a siker tetőzött, s a dolgok természetéből adódóan elkerülhetetlen a hanyatlás. A változásoknak nem lehet gátat vetni. Valójában mindennek és mindenkinek megvannak a maga határai, az ember is csak a saját határai között szárnyalhat, és érhet el eredményeket. Te most elérted a saját határaidat. Fogadd el ezt a tényt, ne veszítsd el a türelmed, mert: a siker és a belső béke nem pártolt el tőled örökre, idővel mindkettő visszatér hozzád.

Érdemes megfontolni!

A következő gyakorlat segít eloszlatni negatív gondolataidat, érzéseidet, és segít elérni a lelki békét:

Negatív meglátásaidat írd le a naplódba! Azután írd le a negatív gondolatok ellenkezőjét: a fogalmakhoz tartozó pozitív észrevételeket. Ezek pozitív megerősítésként működnek a továbbiakban (mert belegondoltál, hogy lehetne jó is).

Például: negatív gondolat – „A munkahelyemen/az iskolában mindenki azt hiszi rólam, hogy önző, nyegle és önfejű vagyok". Pozitív megerősítés – „Törődök mások érzéseivel, szeretnék együttműködni a többiekkel".

Miután leírtad a fogalompárokat, dátumozd a jegyzetet.

Ahányszor negatív érzéseid támadnak, igyekezz elengedni mindet! Ne töprengj róluk! Ismételgesd magadban a pozitív megerősítést, hogy elterelt a figyelmed a negatívumokról. Miután többször elismételted magadban a pozitív megerősítést, igyekezz a figyelmed egy újabb dologra fordítani, elsősorban arra, amit éppen teszel. Minél jobban átadod magad annak a tevékenységnek, amivel foglalatoskodsz, annál biztosabban visszaszerzed lelki nyugalmad. Gyakorold, és menni fog!

fent: menny

lent: föld

12

Az unalom

Viseld türelemmel szíved megoldatlan ügyeit, és igyekezz szeretni a lelkedben felmerülő kérdéseket!
– **Rainer Maria Rilke, német költő**

Amikor az ember unatkozik, elsősorban önmagát unja.
– **idézet Eric Hoffer *Zen Soup* (Zen leves) című könyvéből**

Talán az unalom az legkihívóbb lelkiállapot. Ám hasonlóan a többi lelkiállapothoz, egyáltalán nem tekinthető a külső körülmények következményének. Bizonyos okokból olyan alkalmakkor unatkozunk, amikor látszólag semmi kézzelfogható nem történik. Szintén megeshet, hogy unalommal tekintünk embertársainkra, mert számunkra közönyös a létezésük, s az életkörülményeik sem kötik le a figyelmünket. Legtöbbet azzal tehetünk az unalom ellen, ha leszokunk a közönyös viselkedésről.

Tizenévesen és fiatal felnőttként töltött első éveink során gyakran unatkozunk. Ennek egyik oka, hogy egyelőre mások viselik a felelősséget a sorsunkért, és kevés beleszólási lehetőségünk van a saját életünk alakításába. Még nem formálhatjuk az életünket, a tetszésünk szerint. Időnként határozottan úgy érezzük, beleragadtunk társadalmi helyzetünkbe, kapcsolatainkba, odahaza és a munkahelyen is pang minden, tehát olyasmi tart fogva bennünket, aminek a fenntartásában kelletlenül veszünk részt. Nehéz felfeszíteni az unalom burkát, ráadásul eleinte sokan ártalmas dolgokkal igyekeznek pótolni az élet valódi izgalmait, ettől pedig kibillennek eddigi egyensúlyukból. Önveszélyes dolgokra szoknak rá, drogozni kezdenek, isznak, gyorshajtókká válnak, gyorséttermekben tömik magukat, kockázatos kalandokba sodródnak, veszélyes szexuális magatartást vesznek fel, idegengyűlölőkké válnak, megsemmisítik azokat a műremekeket, amelyeket nem tartanak a magukénak, és még sok-sok, ön és közveszélyes, kártékony dolgot művelnek, de az unalmuk mégsem tágít! Hiába szélsőségesek, mégsem válnak rendkívülivé! Mások napszámra merednek a tévé képernyőjére, videojátékokkal ütik el az időt, illetve megmaradnak elakadt állapotban, zsákutcába jutott, tartalmatlan kapcsolatok langyos pocsolyájában dagonyáznak.

Ha elkerülöd azokat a helyeket, ahol kitörhetnél az unalom fogságából, és megadóan belemerülsz az unatkozásba, ez arra vall, hogy foglalkoznod kellene az unalmaddal. Igazság szerint, időnként mindenkire óhatatlanul rátör az unalom – ilyenkor úgy érezzük, elakadtunk. A Ji csing ebből nem csinál titkot, sőt tudatosítja, hogy az unatkozás néha elkerülhetetlen. Ám azt is értésünkre adja, hogy bár lehetetlen elkerülni, tehetünk egyet s mást a közönyös hangulatunk megváltoztatása érdekében.

Ez a hexagram világosan jelzi, hogy jelenleg unatkozol, de éppen most, amikor unalmasnak érzel mindent, ideje feltenni magadnak néhány kérdést: Mit szeretnék mostanában tenni? – Elűzné az unalmad, ha most azonnal, valamilyen önálló, alkotó munkába fognál? Amikor unatkozol, tulajdonképp bőven van időd eltöprengeni azon, mihez fogsz majd az életedben. – Mi tudna lázba hozni, milyen okból és célért lennél hajlandó megmozdulni? Szeretnél egy új munkahelyet? Szívesen megtanulnál helikoptert vezetni? Mindig is szerettél volna hozzáfogni egy bizonyos, különleges terv megvalósításának? Ideje elgondolkodnod, mit tehetnél annak érdekében, hogy megvalósítsd a vágyaidat! Arra is kiváló ez az időszak, hogy a Ji csing alapelveit átolvasd, és átültesd a gyakorlatba. Összpontosíts erre a feladatra, gondolkozz el, mely alapelveket kellene magadévá tenni a fejlődésed érdekében!

az első vonal —— ——

Érzésed szerint erőt vett rajtad az unalom, de zavar ez a lelkiállapot? Tedd meg a tőled telhető legtöbbet azért, hogy kikeveredhess belőle! Találd meg a módját lelkesedésed visszaszerzésének: írj a naplódba, meditálj, tornázz, írj verseket, látogasd meg a barátaidat, menj el koncertre vagy valamilyen előadásra. E megoldások közül bármelyik elűzheti a közömbösséget.

64   Az unalom

a második vonal — —

Igyekezz önmérséklettel és türelmesen foglalkozni unalmad tárgyával, illetve azzal, amiben ez idő tájt elakadtál. Tégy erőfeszítéseket önmagad érdekében, nehogy ártalmas, kártékony módon akard a világ tudtára adni az állapotodat. Gyakorold a kitartás és a tolerancia erényeit, mert ez válik a javadra, és ez jó igazán a környezetednek.

a harmadik vonal — —

Egyesek a saját gondjuk megoldása helyett próbálnak negatív irányba befolyásolni, s emiatt gondjaid adódhatnak. Időnként előfordul, hogy egyesek az unalmukat a társaságunkban akarják feloldani, emiatt vonnak bele minket kártékony elfoglaltságaikba. Magatartásukra ugyan van magyarázat, de javaslom, semmiképp se közösködj velük! Önfegyelmed látva talán a megfelelőbb társak csatlakoznak hozzád, és meglásd, egy csapásra vége szakad az unalmas időknek!

a negyedik vonal ———

Csakis akkor férünk hozzá a felsőbb erő támogatásához, ha a nemesebb ösvény nyomvonalának követése mellett döntünk. Ekkor az erő jelenlétét érzékelő személyek kifejezetten keresni fogják a társaságunkat. Összpontosíts a jó tulajdonságaid fejlesztésére, és a helyzeted javulhat.

az ötödik vonal ———

Közel a változás. Ne add fel, várj türelmesen! Az unalmat könnyedén váltja fel egy mozgalmas, izgalmas időszak, feltéve, hogy kitartasz a jó szándékú törekvéseid mellett.

a hatodik vonal ———

Az unalom gyorsan elmúlik, mihelyt a belső erődet kezded használni. Hagyd működésbe lépni a felsőbb erőben és a lelkedben leledző bölcsességet, mert képesek átalakítani az unalmat. S miután véget ér a tespedés, és megjelennek életedben a jó hatású energiák, boldogabb leszel.

Érdemes megfontolni!

Áldozz időt a téged untató dolgok, jelenségek alaposabb feltérképezésére! Mi untat? Minden? Egy bizonyos kapcsolat? Egy osztály? A serdülőkor? Az évnek ez az időszaka? Mi? Miután ezt megállapítottad, engedd át magad a képzelőerődnek. Képzeld el, mit tennél most a legszívesebben! Tekintet nélkül a vágyak valószínűségére, írj össze bármit, ami érdekel, amit vonzónak érzel. Írd le a naplódba: milyen élményekre vágyódsz! Semmit se hagyj ki! Írd le azokat is, amelyeket veszélyesnek, károsnak vagy ártalmasnak vélsz! Miután összeállítottad kívánságlistádat, olvasd át, majd húzd át tollal a veszélyes és káros kívánságokat. Karikázd be pirossal azokat, amelyek jelenleg elérhetőnek, megvalósíthatónak látszanak. Ez utóbbiakról valószínűleg joggal érzed, hogy nemsokára hozzáláthatsz a megvalósításukhoz, illetve a közeljövőben megtörténhetnek. Ezek tehát a közeljövőben vagy a jelenben elérhető célok. Miután pirossal bekarikáztad a gyorsan keresztülvihető vágyakat, karikázd be kék tollal a tudatodat mélyen megérintőket, amelyekkel sokat foglalkozol gondolatban; azzal most ne foglalkozz, hogy melyik vágy valószerű és melyik tűnik elérhetetlen ábrándnak! Ezután egy újabb papírra írd fel a kékkel és a pirossal bekarikázott (pozitív) elképzeléseidet.

Végezetül válassz egy vágyat ez utóbbi, végleges listáról, és láss hozzá a megvalósításához! Még ha most a lehetetlennel határosnak éreznéd is, hogy e vágy teljesüljön, még akkor is lehetséges valamit tenni a valóra váltása érdekében. Valamit mindig tehetsz, ami közelebb vihet a célodhoz! Tegyük fel, az a vágyad, hogy eljuss a szomszédos városban rendezett koncertre, ám nincs elég pénzed, s még nem tudod kivel mennél át szívesen. Tételezzük fel, hogy önálló kirándulásra készülsz, tehát nem a szüleid visznek át a kocsijukon. Rengeteg tennivalód lesz, míg odaérsz a szomszédos városba! Ki kell találnod, milyen alkalmi munkával tudnád előteremteni a koncertjegy és az útiköltség árát, beszélned kell azokkal a barátaiddal, barátnőiddel, akikről feltételezed, hogy szívesen veled tartanának, esetleg azzal a családdal, amelyről tudod, hogy a kérdéses időpontban úgyis átmennek a másik településre. Ők például szívességből is elvihetnének. Mit tehetsz? Felemelheted a telefont, és az elképzeléseidet megbeszélheted az érintettekkel, vagy a cél érdekében munka után nézhetsz. A többi már menni fog magától.

Lényegtelen, milyen nehéz egy helyzet, a kínaiak mindenben megkeresik azt a pontot, ahonnan kedvezőre fordíthatják. Ily módon mindig reménykeltő perspektíva elé néznek.
— **Alfred Huang, taoista mester**; részlet a *The Complete I Ching* **12. hexagramjához adott magyarázatból**

fent: szél

lent: menny

13

Szerelmek, barátok, szellemi társak

Képesnek érzem magam rá, hogy azzal törődjek,
ami az élet legmélyebb értelmét adja számomra.
– Pablo Casals, spanyol zeneművész

Ez a hexagram az emberi kapcsolatok legígéretesebb és legbiztosabb alapjairól szól. Arra utal, ideje egy alaposabb pillantást vetned a kapcsolataid alapjaira. Amennyiben egyetlen, kitüntetett ügy érdekel, kérdezd meg magadtól: ki mit hozott ebbe a kapcsolatba. Minden egészséges kapcsolat alapja a becsületes, őszinte alapállás, a kölcsönös elfogadás és megbecsülés, a kedvesség, továbbá a testvéries osztozás, amint erre a Ji csing alapelvei mindvégig utalnak is. E hexagram jelzi, ideje számvetést készítened a jelenlegi kapcsolataidról!

Hihetetlen dolgok esnek meg ott, ahol több, hasonló gondolkodású ember jön össze. Amikor eszmét cserélhetünk alapvető elképzeléseinkről, azokról a témákról, amelyek érdekelnek, akkor töltekezünk, s a tapasztalatcsere után több lendülettel és szabadabban áradó alkotókedvvel látunk hozzá egyéni céljaink megvalósításának. Ahol két-három ember össze-jön tisztes szándékkal, s a kölcsönös megbecsülés szeretetteljes légkörében szövetkezik, ott hatalmas dolgok születhetnek. Ha rossz célból szövetkezik néhány ember, a dolgok ellenté-tesen alakulnak. A negatív kisugárzású emberek jellegzetessége, hogy kimerítik környeze-tük tagjainak élet- és alkotóerejét, pedig e két energia nélkül lehetetlen teljes életet élni.

A szeretetre épülő kapcsolat lényeges eleme a bizalom. A bizalmat többnyire nehéz ki-érdemelni. Keményen meg kell érte dolgozni. Általában számos eshetőségre számítunk az új kapcsolatok kezdetén, és csak azután bízunk meg a másik félben, miután bebizonyította, hogy méltó a bizalmunkra. Vakon megbízni másokban könnyelműség, és többnyire hatal-mas csalódás a következménye. Itt az ideje, hogy áttekintsd a kapcsolataidat, és tégy vala-mit a fejlődéséért, erősítsd, fűzd szorosabbra!

az első vonal ———

A kapcsolatainkban az ártalmas titkok és a tisztességtelen hozzáállás okozza a legtöbb fáj-dalmat. Valóban arra kértek, hogy őrizz meg egy sötét titkot? Helyezd becsületes alapokra a kapcsolatot, kizárólag olyasmit vállalj fel, amit jónak és igaznak érzel. Ehhez erő kell, de a helytállásod pozitív eredményre vezet.

a második vonal —— ——

Olyan csoportot vagy bandát összehozni, melynek közreműködésével szándékosan elnyom-játok, kínozzátok vagy kirekesztitek a többieket, vitathatatlanul helytelen vállalkozás, amely elképesztő bajokhoz vezet. Éppen ilyesmiben sántikálsz? Olyan kompániához óhajtasz csat-lakozni, amelynek tagjai különbnek képzelik magukat másoknál? A gyűlölködésre, kirekesz-tésre és a felsőbbrendűség hamis tudatára, az erőszakosságra alapozott kapcsolatok óhatat-lanul balszerencsésen végződnek. Ismered a mondást: „Aki szelet vet, vihart arat". Ha gyű-löletet, haragot és egyéb negatív érzéseket küldesz a világba, a világ hasonlóan negatív ma-gatartással válaszol. Ráadásul az ilyen agresszív (kifele hárító) kapcsolatok felemésztik a személyes erőinket, és eltávolítanak az élet valóban fontos dolgaitól.

a harmadik vonal ———

Ha jó szándék nélkül közelítesz másokhoz, és sötét titkokat rejtegetsz, egyre több bizalmat-lanság és titok vesz majd körül. Semmi jó nem sülhet ki belőle. Vonulj vissza, és keresd a felsőbb erő útmutatását! Gondolkodj! Azt adják neked a kapcsolataid, amit várnál tőlük? Jól teszed és meg is engedheted magadnak, hogy felszámold az előnytelen, ártalmas ismeret-ségeidet.

Szerelmek, barátok, szellemi társak

a negyedik vonal ——

A félreértések és a viták az értetlenség, a félreérthető közlésrendszer következményei, s gyorsan elidegenítik egymástól az embereket. Minden tőled telhetőt tégy meg annak érdekében, hogy megértsd a másik fél nézőpontját! Természetesen nem kell vele egyetértened, de a külön véleményed fenntartása mellett, megtanulhatod elfogadni és megérteni a tiédtől különböző véleményeket és nézőpontokat. A megértő hozzáállás nagyszerű; jó hatással lesz rád és a kapcsolatra, s az eddiginél nagyobb összhangban lesztek. Az egyetértést néha az hozza meg, ha a másik embert hagyjuk a maga útján járni.

az ötödik vonal ——

Ez a vonal újraegyesülést jelez. Egy ideig külön kellett élnetek, de a kapcsolat még nem ért véget. Légy türelmes, ne erőltesd rá magad az illetőre, de a szíved hagyd nyitva előtte.

a hatodik vonal ——

Most jutsz el annak a megértéséig, hogy a szellemi út és a hozzá tartozó érzések, például a részvét, nyitottság és a türelem az egyetlen igaz ösvény alkotórészei. Mindemellett még kételkedhetsz, és van egy-két fenntartásod e tény elfogadását illetően, s ennek okán most zavarban vagy. Mindenesetre tartsd észben: sok-sok ajtó nyílik meg előttünk, ha okosan és szeretettel éljük meg a kapcsolatainkat.

Érdemes megfontolni!

A szándék hatalmas erő! A feltett szándék minden kapcsolat, illetve próbálkozás alapköve. A szándékból lesz a tett, amikor átfordítjuk a gyakorlatba. A szándékaink szerint döntjük el, mit akarunk elérni. Bármi történjen egy kapcsolatban, az a résztvevők szándékainak következménye. Milyen szándékok vezérelnek különféle kapcsolataidban? Meg tudnád mondani, milyen szándékok vezérlik a társad, illetve a társaidat? Amennyiben úgy érzed, megkopott valamelyik baráti, munkahelyi vagy szerelmi kapcsolatod, belegondoltál-e már, mennyiben köszönhető ez a másik fél szándékának, s mennyiben a tiédnek?

Mit vársz el ettől a kapcsolattól? Őszinte vagy magadhoz, illetve a másik félhez azt illetően, mit vársz, milyen reményeid vannak kettőtöket illetően? Minél alaposabban tisztázod a szándékokat, annál többet remélhetsz.

14

Örökség

Az ember azzal a szándékkal fordul a Ji csinghez kérdéseivel,
hogy tanácsai/előrejelzései segítségével tisztábban gondolkodjon,
mert a tiszta gondolkodás a kitartó, állhatatos jellem alapja.
Az állhatatosság pedig kifejleszti az emberben a közösségi cél
iránti hajlandóságot, mely késztetés magasztosabb,
mintha csupán a saját érdekeinkre ügyelnénk.
– Carol K. Anthony, *A Ji csing filozófiája* című könyv szerzője

A 14. hexagram tudatja, hogy átveheted a szellemiség forrásától származó mennyei örökséged. Most köszönt rád a dúskálás és termés betakarításának időszaka. Itt az idő, hogy az örökségedet átvedd, s okosan gazdálkodj vele.

Tizenévesen, fiatal felnőttként valószínűleg feltűnően gyakran kapod válaszul ezt a hexagramot. Ekkortájt „veszed át" a rád testált erőt. Érthetően izgatott vagy, heves érzelmi hullámok árasztanak el. Tanuld meg csitítani, mederbe terelni, alkotó emberhez méltó, tisztes módon használni az erőt, s akkor folyamatosan fokozhatod. E hozzáállás jutalma az lesz, hogy életed folyamán, apránként a teljes örökséged átveheted. Foglalkozz lelkiismeretesen

Örökség

a Ji csingben felvázolt alapelvekkel! Amennyiben fiatalként kiegyensúlyozott belső erőid és elevenséged a reagálási készséggel és a belső nyugalommal társítod, megtarthatod az örökséged, mert nem csúszik ki a kezedből.

Most gyarapíthatod a tudásod, alaposabban kiismerheted önmagad és a környező világod. Megtalálhatod a helyed az élet forgatagában. Ez a tudás ugyanúgy spirituális forrásodból eredő örökség, mint a többi, amihez a Ji csing kínál útmutatást. Azért kapod meg a jussod, mert megértél rá, készen állsz átvenni és felhasználni. Például: megérted a kis dolgok és az apróságok jelentőségét.

Hogyan fogsz hozzá olyasmihez, aminek a fejlesztése rajtad múlik? Ha keresztülnézel az apróságokon, és nem teszed meg a pontosan odaillő, első kis lépést, alighanem csak a saját helyzetedet nehezíted. Értsd meg: minden apróság számít! Figyelj oda jobban arra, mi történik az adott pillanatban. Ez a megértés a helyes életszemlélet kialakítására alkalmas módszereket kínálja, és lehetővé teszi, hogy hozzájuss az „örökségedhez", a spirituális tudáshoz.

Az örökség megmutatkozhat egy helyzet jobbrafordulásában, anyagi gyarapodásban, tetszhalott kapcsolatok feléledésében. Ám, bármilyen az örökséged, közelíts hozzá alázattal. Alázatosnak lenni annyit jelent, hogy végig az igazság alapjáról kezeled az ügyeket, az örökrészed nem tekinted kizárólagos tulajdonodnak – hiszen nem az, mivel a spiritualitás forrásából kaptad. Az alázatosság és a szerénység, amennyiben nyitottak, fogékonyak maradunk a Szellem ajándékaira és elfogadjuk a segítségét, mindannyiunk számára hozzáférhetővé teszi az örökséget.

az első vonal ———

Az erő, a képességek és az örökség ilyen eleven időszakában lényeges, hogy ne billenj ki az egyensúlyodból. Az elme nyugalmának megőrzése hatalmas kihívás az élménydús idők közepette. Gyakorold az alázatosság erényét, és mutasd ki hálád a spiritualitás forrása felé, s akkor nem veszíted el szellemi örökséged.

a második vonal ———

A belső béke és a lelkierő létrehozásának a képessége, valamint a higgadtság a legértékesebb örökségünk. A higgadtság általában az előítéletektől mentes és ítélkezni sem akaró gondolkodásban mutatkozik meg. Belső értékeinket senki sem veheti el tőlünk, velünk tartanak jóban-rosszban.

a harmadik vonal ————

Ez a vonal arra bíztat, ne sajnáld az örökséged azoktól, akik méltányolják a második vonalnál ismertetett tulajdonságokat. Ostobaság lenne azonban olyanokra pazarolni, akik semmibe vesznek téged és a tulajdonságaidat. Felelős vagy a javaidért, fontold meg, miként forgatod a szellemi tőkédet!

a negyedik vonal ————

Amennyiben örökké másokkal hasonlítgatod össze magad, óhatatlanul boldogtalan és magányos leszel. Úgy véled, különb vagy a többieknél? Törekszel is erre? Netán azt hiszed, ők különbek nálad? A folytonos méricskélés éket ver közétek, és kiöli a boldogságot a kapcsolatokból. Tudnád úgy intézni a dolgaidat, hogy miközben a magad útját járod, senki mást nem akarsz megváltoztatni s a te utadra kényszeríteni?

az ötödik vonal —— ——

Kezeld megfelelően az örökséged! Bármennyire dúskálsz a (szellemi/érzelmi) javakban, ne zúdítsd rá másokra! A vonal figyelmeztet, jelenleg többet akarsz adni annál, amennyit kellene. Tegyük fel, frissen vettél át egy pozitív viselkedési formát. Rögtön megpróbálod teljesen szétosztani ezt a „vagyont". Azt hihetnéd, boldogítasz vele másokat, holott ez lehetetlen. Kissé a reménytelen szerelemhez hasonlít ez a folyamat, amikor arra pazarolod az érzéseidet, aki nem viszonozza a szerelmed, s ettől végül te érzed magad elhagyatottnak. Figyelj oda, és megfelelően osztozz másokkal önmagadon és az örökségeden!

a hatodik vonal ————

Legnagyobb áldás azokat az embertársainkat megajándékozni az örökségünkkel, akik a saját igaz útjukat járják, és körültekintően viszonyulnak a többiekhez.

Érdemes megfontolni!

Készíts egy oltárt, amely kifejezi a spirituális forrás iránti bizalmad, nagyrabecsülésed, és utal a hozzá való viszonyodra. Az oltárt berendezheted egy kis asztalkán, a padlón, a könyvespolc elkülönített részén. Az ablak alatt, az erkélyen vagy a kertben is felállíthatod.

Az oltáron olyan tárgyakat szokás elhelyezni, melyek kifejezik az ember szellemi hovatartozását. Az oltárnál léphetsz kapcsolatba a felsőbb erővel, ott fejezheted ki az iránta érzett nagyrabecsülésed. Oltárod legyen akkora, hogy elférjen rajta néhány füstölő, gyertya, kisebb kép vagy szobor, mely utóbbiak az általad tisztelt képzeletbeli vagy létező szellemi nagyságokat, vallásos jelképeket, erőtárgyakat ábrázolják. Az oltáron helyet kaphatnak a Ji csing dobóérmék, a jóspálcikák, maga a jóskönyv, illetve bármilyen számodra fontos tárgy. Sokan a bölcsesség őreinek szobrával, képével, például Jézus Krisztuséval, Buddháéval ékesítik oltárukat. Mellettük a helye saját verseidnek, kérdéseidnek és fohászaidnak is.

Az oltár mellett zavartalanul elmélkedhetsz, imádkozhatsz, tekintsd fókuszpontnak. Legyen ez a hely a nyugalom szigete, ahol bármikor meglátogathatod a felsőbb erőt, és kikérheted a Ji csing tanácsait.

Minden, amit észreveszünk, áldással teli.
– William Wordsworth angol költő

fent: föld

lent: hegy

15

A megalapozottság

Az elme a koponya falába rejtett bűvös kert, melybe véletlenül semmi ártalmas sem kerülhet be, kizárólag az jut be, amit beengedsz!
– Arnold Bennett, író

Megalapozottnak lenni egyet jelent a szélsőséges gondolkodás és viselkedés mellőzésével. Biztosan mondták már neked: „...úgy látom, szilárdan állsz a talpadon"; vagy „...te tényleg alapos ember vagy". A Ji csingből kiolvashatjuk, hogy megvannak a korlátaink és a határaink, de azt szintén, hogy nincsenek előírt szabályok. Nincsenek előírások! A Ji csing senkire nem akar előírásokkal nyomást gyakorolni, inkább önmagunk és a világ megértéséhez kínál útmutatót, a természet adta határaink felismeréséhez segít hozzá. Amikor elveszítjük az egyensúlyunkat, a korlátok és határok közötti játéktér lesz az a „talpalatnyi föld", amelyen biztosan megvethetjük a lábunkat, s ez adja a megalapozottság érzését. Ez a hexagram azt jelenti: itt és most szükséges leszállni a fellegekből, és némileg megalapozni a helyzeted; ideje a valóság talajára állni!

A kínai hagyomány értelmében a 15. hexagram a szerény, alázatos magatartás nagyszerűségét hirdeti. A távlati sikereket az alázatos és a szerény hozzáállás alapozza meg. Ne

A megalapozottság

tartsd vissza magad, a szerénység/alázatosság nem önfeladást jelent, hanem azt, hogy a valóságnak megfelelően, kiegyensúlyozottan gondolkodsz és viselkedsz. Tudjuk, minden változik, apad és árad, mindennek megvan a maga helye és ideje. Olykor birtokolni kell, mert ennek jött el az ideje, máskor üres kézzel lehet továbblépni. Az alázatos ember pontosan tudja, hogy mindenfajta jó összefügg a spiritualitás forrásával, s onnan megfelelően árad. Ám e tudás birtokában sem tekintheti magát különbnek senkinél. A szerény ember időnként visszahúzódik, és másokat enged az első vonalba. Természetesen nem a hozzáállása változik, továbbra is a tőle telhető legjobbat adja, egyszerűen félreáll, hogy mások szintén bemutathassák legjobb tudásukat. A szerény és alázatos/tartózkodó viselkedés ezen a módon vezet a megalapozottsághoz.

az első vonal —— ——

Meglévő tulajdonságainkat, többek között a szerénységet, részvétet, belső erőt és a spirituális tudást néhanap szeretnénk kimutatni. Legjobb példamutatóan viselkedni, bemutatni e készségeinket, s hagyni, hogy a többiek szintén bemutathassák az erejüket és szépségüket. A törtető talpa alól kicsúszik a talaj, és elveszíti mások rokonszenvét.

a második vonal —— ——

Minél kitartóbban gyakorolod a szerénység és az alázatosság erényét, annál boldogabb lehetsz. A befolyásolási szándék jó adag elbizakodottságra vall. Ez a vonal jelzi, hogy van benned hajlam az efféle mesterkedésre, de még idejében felismerheted, jobb lenne megalapozottabban, szerényen, nemes lelkűen gondolkodni. Tehát képes volnál pozitív hatást gyakorolni a helyzetre.

a harmadik vonal ————

A középiskola sport fenegyerekeinek lába alól a főiskolás, illetve a felnőtt élet küszöbén gyakran kicsúszik a talaj, mert többé nem támaszkodhatnak a korábbi sikereikre. Az ember egy életen át nem alapozhat kizárólagosan egyetlen tulajdonságára vagy képességére, aki valóban megalapozott és tudja, miért szerény, az ezzel tisztában van. Kiváló kosárlabdázónak, sakkbajnoknak lenni nem több mint egy-egy képességben kitűnni. Használd fel ezt az időt okosan! Igyekezz megszüntetni egysíkúságod. Törekedj az összes előnyös tulajdonságod kiismerésére, valamint mások tehetségének elismerésére. Természetesen ez idő tájt érdemes a tehetséged minden oldalát megcsillantani a társaid előtt. A megalapozottság jegyében tehát egyáltalán nem kell véka alá rejteni a képességeidet!

a negyedik vonal — —

Élvezd a könnyen és természetesen áradó elismerést, de ne kábulj el tőle! A közönség elismerése és a népszerűség tiszavirág-életű jelenségek. Örvendezz kivételezett helyzetednek, de ne feledkezz meg a korlátaidról. Az elismerések nem húzhatók egy kaptafára, a mai siker egyáltalán nem záloga a jövőbeni dicsőségnek. Igyekezz kellő mértékben eltávolodni a siker bűvkörétől, vagyis alapozd meg szilárdan a helyzeted, addig élvezd a sikert, amíg zavartalan, de ne kapaszkodj bele, miután elmúlt. Megspórolod a bukás élményét, ha képes vagy idejében lemondani a dicsőségről. Érdemes megalapozott lelkiállapotban a kellő időben kiélvezni a sikereidet, hogy azután ne érezz nagy csalódást a soványabb időkben.

az ötödik vonal — —

Az idő megérett a távlati tervek fontolgatására és kidolgozására. Gyűjts magad köré segítőkész embereket, mert ezzel hatalmas lépést haladsz előre az erőfeszítések útján. A szerénységed és az irántuk tanúsított alázatod láttán, a többiek szíves-örömest támogatnak.

a hatodik vonal — —

Itt az idő, hogy a szerény és alázatos hozzáállást minden téren gyakorold! Ha netán most haragot, féltékenységet és támadókedvet érzel, fogd vissza magad, és halaszd a cselekvést későbbre, amikor már lecsillapodtál, s kellő alázattal viszonyulsz a tennivalókhoz.

Érdemes megfontolni!

Megalapozó meditáció

Ahányszor túláradó kedélyállapotban vagy, illetve bármilyen értelemben kibillentél az egyensúlyodból (kicsúszott a lábad alól a talaj), végezd el ezt a gyakorlatot, mert kifejezetten jót tesz. A gyakorlatot ne tanuld be, hanem kérd meg az egyik barátodat, olvassa fel hangosan, esetleg te magad olvasd fennhangon (vedd fel hangszalagra és játszd le).

Ülj le egy székre, ne tedd keresztbe a lábad, mindkét talpad érintkezzen a földdel. Lassan hunyd le a szemed, és a figyelmed fordítsd a légzésedre..., egyszerűen csak figyeld, hogyan szívja be és engedi ki a tested a levegőt. Kísérd figyelemmel a levegő útját a testedben, miként emelkedik és süpped a mellkasod. Végezd tovább a légzőgyakorlatot, kísérd figyelemmel a levegő útját, míg a lábujjaid hegyében és talpaidban is érzékeled a levegő áramlását.

Folytasd a természetes ritmusú légzést, és közben képzeld el, hogy a talpadból gyökerek iramodnak a földbe, gyökerekkel kapcsolódsz a földhöz. A gyökereid gyorsan haladnak a föld mélyébe. Áthatolnak a padlón és átszövik a termékeny talajt. Képzeld magad elé erőlködés nélkül ezt, közben lélegezz tovább egyenletesen, míg gyökereid el nem érik a Föld középpontját. Amikor úgy érzed, hogy a gyökerek elérték a középpontot, egyszerűen szívd fel rajtuk keresztül a Föld energiáját. Érzed, amint a gyökerekből feléd, beléd áramlik ez az erő a talpadon át a lábaidba, a combodba, a törzsedbe. Az egész testedet átjárja a *solar plexus*ig (a napfonatig). Töltsd csordultig e testtájad a föld energiájával. Azután képzeld tovább a folyamatot: a maradék erő visszaárad a földbe, ahonnan újabb adag erőt szívsz magadba a gyökereiddel. Áramoltasd át magadon ezt az energiát, érezd, amint elér, eltölt, azután elhagy. Érzékeld a körforgását, ülj néhány percig csendben, nyugodtan és folytasd. Miután úgy érzed, teljesen feltöltődtél, lassan fejezd be a gyakorlatot a szokott módon.

A megalapozottságon múlik a létünk. A megalapozottság az életünk okává tesz, és nem a következményévé. A megalapozatlanok a külső hatások játékszerei. Fordíts időt rá, és alapozd meg magad, légy jelen a saját bőrödben, hogy önmagad lehess.
– Colleen Brenzy, gyógyító, filozófus

fent: mennydörgés

lent: föld

16
Élénkség

- Én ezt nem hiszem! - mondta Alice.

- Neem? - kérdezte a királynő szánakozva. - Próbáld újra! Végy egy mély levegőt, és hunyd be a szemed!

Alice elnevette magát.

- Semmire sem jó a próbálkozás, ha az ember képtelen hinni a lehetetlenben. - Mondta.

- Feltételezem, nem sokat gyakoroltad - felelte a királynő, - amikor én annyi idős voltam, mint te most, naponta félórákat töltöttem a kísérletezéssel. Mivel a reggeli előtt nem kevesebb, mint napi hat lehetetlen dolgot akartam elképzelni.

– idézet Lewis Caroll *Alice tükörországban* című könyvéből

Viharos korszakodat éled. A serdülőkor időszakában rengeteg heves érzés, elképzelés, ötlet, felismerés és terv merül fel az emberben. Ezekben az években sok kockázatot vállalsz, teljes mélységében átéled elevenséged, hiszel a lehetetlen létezésében. Mindez annak a majdani személyiségnek a lelki tápláléka, akivé válsz hamarosan.

Ez a hexagram arra szólít fel: méltányold ezt a nagyfokú elevenséget. Miként használod jelenleg ezt az átható energiát? Esetleg úgy áll a helyzet, hogy ez használ téged? Kirobbanó

Élénkség

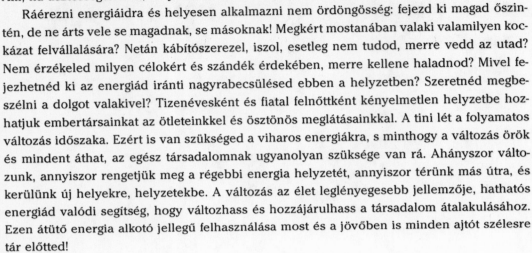

energiád akkor eleven hajtóerő, ha alkotó módon, éltető jelleggel, helyesen használod fel. Ám, ha tisztességtelenül, helytelenül alkalmazod, szerfelett kártékony és veszélyes.

Ráérezni energiáidra és helyesen alkalmazni nem ördöngösség: fejezd ki magad őszintén, de ne árts vele se magadnak, se másoknak! Megkért mostanában valaki valamilyen kockázat felvállalására? Netán kábítószerezel, iszol, esetleg nem tudod, merre vedd az utad? Nem érzékeled milyen célokért és szándék érdekében, merre kellene haladnod? Mivel fejezhetnéd ki az energiád iránti nagyrabecsülésed ebben a helyzetben? Szeretnéd megbeszélni a dolgot valakivel? Tizenévesként és fiatal felnőttként kényelmetlen helyzetbe hozhatjuk embertársainkat az ötleteinkkel és ösztönös meglátásainkkal. A tini lét a folyamatos változás időszaka. Ezért is van szükséged a viharos energiákra, s minthogy a változás örök és mindent áthat, az egész társadalomnak ugyanolyan szüksége van rá. Ahányszor változunk, annyiszor rengetjük meg a régebbi energia helyzetét, annyiszor térünk más útra, és kerülünk új helyekre, helyzetekbe. A változás az élet leglényegesebb jellemzője, hathatós energiád valódi segítség, hogy változhass és hozzájárulhass a társadalom átalakulásához. Ezen átütő energia alkotó jellegű felhasználása most és a jövőben is minden ajtót szélesre tár előtted!

az első vonal —— —

Elengedhetetlen, hogy létrehozd és fenntartsd az eleven összeköttetést a szándékaid és a felsőbb erő között. Enélkül az energiád céltalanul szétszóródik, illetve ártalmas irányba haladhat, te pedig szégyenkezhetsz és mentegetőzhetsz. Ha túlságosan izgatott vagy, és ész nélkül, tolakodóan bánsz az erőddel, ne számíts semmi jóra.

a második vonal —— —

Mihelyt rájössz, hogy valahol hibáztál, azonnal törekedj kiköszörülni a csorbát. Mindenkivel előfordul, te is biztosra veheted, hogy néhanapján kedvezőtlenül, kártékonyan hat az elevenséged. Ám ekkor sincs veszve semmi, mert ha azonmód irányt váltasz, mihelyt észreveszed, hogy rossz felé haladsz, már nem kell számolnod az ártalmas hatás hosszú távú következményeivel, mivel nem lesznek ilyenek. Amint észreveszed, hogy valami helytelen, lépj hátra, és tekintsd át alaposan a helyzetet. A hiba felfedezése kiváló alkalom egy kis elmélkedésre, és a haladási irányod kiértékelésére. A rálátás mindig hasznos, a figyelmes hozzáállás igen kedvező eredményre vezet.

a harmadik vonal — —

Ne számíts rá, hogy heveskedve bárkit irányíthatsz! Ugyanis a közhiedelemmel ellentétben, nincs egyetlen üdvözítő megoldás! Ez csupán egy ártalmas tévhit, amely miatt számos banda alakul, kultuszok támadnak és romantikus, de előnytelen kapcsolatok keletkeznek. Aki valóban téged fogad el, és a személyes elevenségedet méltányolja, semmiféle módon nem próbál ellenőrizni, irányítani. Ehelyett megmutatja, miként alkalmazza ő az erőit, és támogat abban, hogy alkotó emberhez méltón, egészséges úton fejezhesd ki a magadét.

a negyedik vonal ———

Szenteld magad mindazon jónak és helyes törekvésnek, ami a jóságot vonzza az életedbe. A jó és megfelelően kihasznált elevenség mágnesként vonzza a jót. Az ajtók kinyílnak, mert a jó szándékod hiteles biztosíték azok szemében, akik helyesen bánnak az energiáikkal.

az ötödik vonal — —

A tizenéves kori szorongás a javadra válik, kivéve, ha a szorongás oldására az ésszerű megoldások helyett a haragba és a kiábrándultságba menekülsz, vagyis a negatívumok útjára lépsz. A rossz irányba tévedt ember elfeledkezik a szellemisége igazi forrásairól és elfeledi, hogy minden lehetséges. Adj időt és alkalmat magadnak a javításra, és tárulkozz ki újra a lehetőségek előtt. Légy türelmes, maradj bizakodó, majd csak bekövetkezik a várva-várt pozitív fordulat. Visszaélünk az energiatobzódással, amikor hagyjuk öntörvényűen alakulni a dolgokat, mert ezzel a hozzáállással lemondunk a szellem közreműködéséről. A parttalanul áradó erő kiszámíthatatlan irányt vehet, és többnyire a mi menetrendünktől eltérő időzítést követ.

a hatodik vonal — —

Az elevenséged céltalanul árad. Éppen valamilyen negatív végkifejlet felé tartasz, alighanem túlságosan ragaszkodsz valamelyik ártalmas szokásodhoz. Változtass a hozzáállásodon, mert a pozitív magatartás segítségével jóra fordíthatod a dolgaid menetét.

Érdemes megfontolni,

a következőket, amennyiben a nyugtalanul vibráló elevenséged szeretnéd helyes mederbe terelni:

- Írj egy verset, és küldd el a közösséged jóhiszemű tagjainak! Legalább tíz emberhez juttasd el a műved. Legyen benned annyi bátorság, hogy aláírd (a saját neved).
- Készíts magadnak egy dobot, és csatlakozz egy doboló körhöz.
- Járj táncolni.
- Dühöngd ki magad serkentőszerek és drogok nélkül! Vedd a magnódat és készíts riportokat különféle természetű emberekkel. Mutasd be az elkészült anyagokat az iskolai vagy a helyi rádióban.
- Egyszer aludj kinn a szabadban, egyedül, a csillagos ég alatt.
- Keress valakit, aki ért az ősi felnőtté avatási szertartásokhoz, segítségével készülj fel az avatásodra, és ess át a rítuson.
- Mondj igazat egy egész napon keresztül.
- Tanulj meg hinni. Képzelj el napi hat lehetetlennek tűnő dolgot, és komolyan higgy a létezésükben! Írd le mindet a naplódba, hogy később megjegyzéseket fűzhess hozzájuk.

Mikor a vihar kitör a Föld felett, élőlények milliárdjait táplálja jang energiájával, s azok életre kelnek és elbűvölten élvezik a létezést.

– Alfred Huang, taoista mester; részlet a *The Complete I Ching* 16. hexagramjához adott magyarázatból

fent: tó

lent: mennydörgés

17

Szerezd meg, amit akarsz

Igazából mindened megvan, ami naggyá tehet.
– **indián közmondás**

Mostanában alighanem szeretnéd valamihez megszerezni a többiek beleegyezését. Ahhoz, hogy mások egyetértsenek veled, erősen hinned kell önmagadban és az ügyben, továbbá pontosan kell tudnod, mit akarsz. Amikor az ember biztos az alapelveiben, és belső meggyőződésből cselekszik, könnyebben akadhatnak követői. Minél régebb óta követed belső igazságaidat, és élsz a Ji csing életelveihez hűen, mások annál könnyebben hallgatnak rád. Szinte magától értetődőnek tekintik, hogy adjanak a szavadra, és egyetérthessenek veled.

Jelenleg, bármilyenek a körülményeid, az elfogadást kellene gyakorolnod, kövesd a benned meglévő jót, még akkor is, ha eközben a körülményeid folyamatosan romlanak! A jó követése idővel elérhetővé teszi a közeledben felbukkanó, kedvező alkalmakat. Meglehet, a társaid, jelenleg nem értenek egyet veled, ennek dacára előfordulhat, hogy megértenek, és támogatják az elképzeléseidet. Talán azért segítenek, mert a helyzetük elfogadásával kimutatod az irántuk érzett nagyrabecsülésed. Elérni, hogy mások egyetértsenek velünk, olykor meglehetősen kihívó feladat. Legjobb elsősorban azt az *értésükre adni*, hogy mit vársz tő-

Szerezd meg, amit akarsz

lük az adott helyzetben. Amikor a fogalmak, dolgok vagy az ügy megértésére összpontosítasz, de nem akarod kierőszakolni az egyetértést, jó végeredményre számíthatsz. Az egészséges kapcsolatokat legjobb a „békés egyet nem értésre" alapozni a szolgai követés helyett.

Vita esetén legjobb, a saját belső igazunk ismeretében és biztos tudatában fellépni, mert aki önmagát érti, lényegesen nyitottabb az embertársai felé, könnyebben megérti mások nézőpontját, még akkor is, ha mindössze abban képes megegyezni a társaival, miben nem értenek egyet.

Ez a látásmód teszi lehetővé, hogy odafigyeljetek egymásra, és társaid kövessék az indítványaidat. Ebből kitalálhatod, szükségtelen mindig, mindenben egyetérteni, a különböző véleményen lévők is megtalálhatják a közös hangnemet, támogathatják egymást és felléphetnek együtt bizonyos célok érdekében.

az első vonal ————

Maradj nyitott a tőled eltérően gondolkodó, és a maguk külön útját járó embertársaid felé. Amennyiben befolyásolni szeretnéd őket, a nyitottságod és őszinteséged lesz a leghathatósabb támaszod. Ne feledd: a nyitottság nem az elképzelések feladását jelenti, nem egyenlő meggyőződéseid és alapelveid megtagadásával sem! A nyitott magatartás azt jelenti, hogy kitartasz önnön meggyőződésed és az elveid mellett, de megértően elfogadod mások vélekedését, döntéseit, és tekintettel vagy az önállóságukra.

a második vonal —— ——

Kezdesz türelmetlen lenni másokkal vagy a körülményekkel szemben. A türelmetlenséged rosszindulattá fajulhat. Alighanem erőlteted a dolgokat, de ettől a helyzet nem fog javulni. Kövesd a lelked jobbik énjét! Ne törtess, és akkor a lehető legjobb eredménnyel végződik a dolog. Ha őszintén kimutatod, hogy minden vágyad a belső igazságaid követése, akad majd, aki melléd áll, s épp jókor, amikor a legnagyobb szükséged lesz rájuk.

a harmadik vonal —— ——

Időnként meglehetősen nagy erőpróba azt tenni, amit helyesnek érzünk. Most is ilyen alkalom elé nézel. Részben, mert próbára akarod tenni önmagad és a társaidat, részben, mert tudod, hogy ez nem illik igazán hozzád. Kövesd a jót, a jóból csakis jó következhet. Ettől egy tapodtat se tágíts, s meglásd, a dolgok megoldódnak.

a negyedik vonal ————

Ha megtanulod a benned lévő jóságot követni, híveket szerezhetsz magadnak, követni fognak és egyetértenek a szándékaiddal.

az ötödik vonal ————

Kitartóan kövesd azt, amit helyesnek és igaznak érzel, ne add fel, hiába érzel csábítást a meghátrálásra! A kitartásodat hatalmas siker koronázza, közben a jellemed akkorát fejlődik, hogy egész életedben meríthetsz a most szerzett (szellemi) javakból.

a hatodik vonal ——— — ———

Ez a vonal arra bátorít, hogy a jelen pillanat igényeire összpontosíts, ne a jövő miatt aggódj örökké! Amennyiben mostanában támadnak nehézségeid, kérd a spiritualitás kútfőjének segítségét.

Érdemes megfontolni!

Keress egy ellenlábast, akivel nem egyezik az életszemléletetek, de foglalkoztat a személye. Gyakorold a következő három lépést, melyekkel arra bíztathatod őt, hogy igyekezzen téged megérteni. Ha megértett, talán hajlandó lesz veled egyetérteni, de legalább együttműködni.

1. Igyekezz alaposan megismerni és teljesen megérteni a saját gondolataidat, érzéseidet, hitedet, meggyőződésedet. Magyarán: a belső igazságaidat.
2. A beszélgetéseitek során törekedj a másik fél nézőpontjának *megértésére*. Miközben figyelsz rá, ne feledd, nem bűn kitartani a saját álláspontod mellett! (Tőle se vedd zokon ugyanezt). A cél a többiek nézőpontjának megértése.
3. Minekutána odafigyelsz, és a másik észrevette, hogy megérted, töprengj el, miben tudnátok egyetérteni! Talán mindössze abban juttok közös nevezőre, hogy semmiben sem értetek egyet. A vélemények különbözősége közismert tény, hiszen nincs a világon két ember, aki képes egyformán gondolkodni és érezni. Most rájöhetsz: legfontosabb meghallani és megérteni egymást, az egyetértés másodlagos kérdés.

fent: hegy

lent: szél

18

A rossz kijavítása

Hogyan lehetnék hasznos? Mire vagyok én jó?
Valami csak van bennem. De mi?
– Vincent van Gogh, festőművész

A világ tele van szenvedéssel és a szenvedést legyőzőkkel.
– Helen Keller, a világtalanok érdekképviselője

Kamaszkorunkban, pontosabban felnőtté érésünk teljes időszakában feltűnően érzékenyek vagyunk minden rosszra, igazságtalanságra. Tudjuk, mi veszett el, mi megy rosszul a családunkban, a társadalmunkban és a bolygónkon. Fájdalmat okoz, időnként megrendít, látni az emberek, más élőlények, valamint a bolygó szenvedéseit. Szerencsére az ember nem tehetetlen, ha segíteni akarsz, megteheted! Részt vállalhatsz az elrontott dolgok megjavításában. S tény, sok kultúra tagjai hisznek a fiatalság jobbító erejében, és hiszik, hogy a tizenévesek heves energiája elengedhetetlen a bajok kikúrálásához – a te energiád is nagy segítség az újrakezdéshez.

Valami nincs rendben a közeledben, jelzi a hexagram. Segítened kell rendbe hozni valamit. A javításra szoruló dolgot önmagadban, a barátaidban, a családodban, illetőleg a szűkebb-tágabb társadalmi környezetedben keresd. Baj lehet veled az iskolában, netán a munkahelyeden. A te dolgod most eltöprengeni, hogy megállapítsd, honnan ered a baj, azután összeilleszd a széthullott darabokat, s igyekezhess jóra fordítani a rosszat. A baj alighanem régi keletű, tehát hosszabb időbe telik helyrehozni, kitartás kell az orvoslásához. Semmiképp se add fel! Valószínűleg nem látod át teljesen tevékenységed távlati hatását, de ettől függetlenül érdemes hozzáfognod, és beindítani a pozitív változást.

Talán ismered a mondást: „Aki nem vesz részt a gond megoldásában, a bajt szaporítja". Most nem maradhatsz kívülálló, mert e mondás tanulsága ráillik az esetedre. Minthogy már megállapítottad mi a baj, ettől fogva a te felelősséged is a csorba kiköszörülése. Legjobb, ha részt vállalsz a „gyógyításban". Jobb, ha tudod, a közreműködésed mind neked, mind a többi érintettnek javára válik. Ha azért tetted fel a kérdésed, mert érdekelt, beszélj-e nyíltan a problémáról, most megkaptad az egyértelmű választ: ez a hexagram szinte felszólít a cselekvésre. Ideje tehát szót emelned az ügy érdekében.

A változó vonalak alaposabb bepillantást engednek a javításra szoruló jelenség természetébe.

az első vonal — —

Van néhány szerzett „lesújtó szokásod", melyek a családi értékrendetekből és hagyományaitokból erednek. Például: a szüleid iszákosak, ahogy az ő szüleik is azok voltak. Most pedig te kezdtél el inni! Másik eshetőség, amikor a családi hagyományok szellemét követve különbnek képzelitek magatokat másoknál. Mindkét példa lesújtó, és helyesbítésre szoruló magatartásforma. Mit tudnál tenni annak érdekében, hogy az immár családi átoknak tekinthető, megromlott életvitelt, életfelfogást kijavítsd?

a második vonal ———

Ellenállsz, nem akarod megtudni az igazságot. Valójában félsz megtudni az igazságot, mert tisztában vagy vele, hogy a felszínen észlelhető bajoknál nagyobb gondokra lelsz, s azok tudatát is el kell viselned. A félelmed alaptalan: a zavaros helyzet ugyanis, mindig nyomasztóbb az átláthatónál, ráadásul képes vagy megküzdeni a gonddal, meg tudod tenni azt, amitől a helyzet jó fordulatot vehet! Lépj hátrébb egy kicsit, vess távolabbról pillantást az ügyre, mérd fel, mik a teendőid, azután bízz magadban, hiszen van erőd a probléma kezeléséhez.

a harmadik vonal ———

Vélhetően túlreagálod a helyzetet, de nem baj, mivel túl heves reagálásod is jobb a tétlenségnél. Érdekelt vagy, de higgadj le, és viszonyulj lazábban a szükséges erőfeszítéshez.

a negyedik vonal — —

A feltárt hibákat orvosolni kell, az elnéző magatartás csupán tovább ront a helyzeten. Meglehet, a probléma egésze beláthatatlan, és nem vagy ura a helyzetnek, mégsem vonhatod

A rossz kijavítása

ki magad a megoldásából. Tudasd másokkal az észrevételeidet, mondd el, amit tudsz, de legalább ne támogasd tovább a rossz szokásokat! Például: ha tudomást szerzel arról, hogy a szomszéd gyereket bántalmazzák, értesítsd erről a hatóságokat; ha észreveszed, hogy a barátod rákapott a kábítószerre, szembesítsd őt a veszedelmes szokás következményeivel, és igyekezz rábírni, hogy hagyja abba. Ne vállald magadra veszedelmes titkok megőrzését! A hatóságoknak szólni, leszoktató csoportba kísérgetni a barátokat, feltárni a sötét titkokat, tudom nem egyszerű, de amennyiben összeszedted magadban a bátorságot, jobbra fordíthatsz néhány helyzetet, s közben lelkierőd is gyarapodik. A társaid pedig tudni fogják, hogy nem vagy közömbös irántuk, számíthatnak rád, mert nem szenvedheted a szenvedésüket.

az ötödik vonal —— —

Időnként megeshet, hogy az ismerőseid rossz szokásokra, helytelen dolgok művelésére akarnak kényszeríteni. Valójában senkit sem lehet olyasmire kényszeríteni, amit nem akar megtenni! Akkor sem, ha a másiknak hatalma van felettünk. Élj a saját belső törvényeid szerint, tarts ki amellett, amit egyenes útnak és helyes iránynak gondolsz/érzel.

a hatodik vonal ———

Jót tenne veled, ha sürgősen lemondanál a téged érintő negatív befolyásról. Ne maradj rabja a helyzetednek, igyekezz kívülállóként szemlélni a dolgot. Hozd egyenesbe a saját sorsod, ne fecséreld az időd arra, hogy mások cselekedeteit kifogásold! Ők ugyanis azért fognak mellé, mert még nem tudatosult bennük, hogy amit tesznek, az rossz.

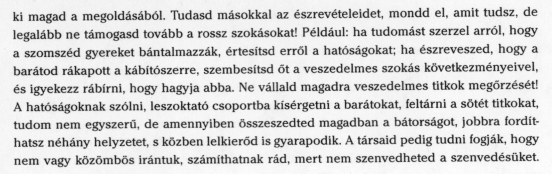

Érdemes megfontolni,

mert igaz, hogy az élet az újrakezdések sorozata. Minden egyes újrakezdéskor megvan rá a lehetőség, hogy túllépjünk régi hibáinkon, félretegyük régi sérelmeinket, és tiszta lapokkal kezdjük. A rugalmas hozzáállás és a tudatos újrakezdésre való hajlandóság az emberi kapcsolatok tartósságának alapja. Az újrakezdésre való hajlandóság az élet minden területén előnyös. Nagy segítség az iskolában, a baráti körben, bármilyen terv és feladat sikeres végrehajtásában, szóval bármiféle nehézség leküzdésében. Az újrakezdésre képes ember önmagához és másokhoz örökké új elképzelésekkel közelít, s ezzel jelentősen megkönnyíti az utat a szükséges változásokhoz.

Mi kell ahhoz, hogy újrakezdj valamit az életedben? Hol, milyen téren kellene újra rajtolnod a startvonalról?

Mi segítene hozzá, hogy friss szemlélettel tekints valamely régi szokásodra vagy kapcsolatodra?

fent: föld

lent: tó

19

Valami közeleg

A megvilágosodás előtt fát vágtam és vizet hordtam. A megvilágosodás után fát vágtam és vizet hordtam.
– zen mondás

Ez a hexagram mélyreható és előnyös események bekövetkeztének közelgésére hívja fel a figyelmed. Az életed minden pillanata a tökéletesedés és a fejlődés felé viszi az embert. Nagyarányú fejlődésre és változásra számíts, mely azért lehetséges, mert a szellemhez fűződő kapcsolatod elmélyítésével és személyes erőfeszítéseiddel felkészültél, előkészítetted a változás útját. Nagyon fontos, hogy pozitívan és gyorsan reagálj a közelgő lehetőségekre. Ne halogasd, és ne késleltesd a válaszlépést, mert végleg elszalaszthatod a küszöbön álló lehetőséget. A hozzáállásod nagymértékben befolyásolja a közelgő alkalom kibontakozásának esélyét; egyedül rajtad múlik, hogyan alakul a dolog.

Amennyiben egészséges szemlélettel viszonyulunk az orrunk előtt kibontakozó jó alkalomhoz, az egész folyamatot előnyünkre fordíthatjuk. Ám, ha ilyenkor túl könnyelműen, lazán viszonyulunk a jelenséghez, illetve elfeledkezünk magunkról, és nem figyelünk eléggé szellemi ösvényünk, életelveink követésére, elszalasztjuk a lehetőséget. Maradj tehát ki-

Valami közeleg

egyensúlyozott, (éber) és alázatos, s a lehetőség meghozza a maga gyümölcsét. A nálad kevésbé szerencsésekkel pedig légy türelmes, becsületes és kedves. Ha így teszel, további sikerekre számíthatsz.

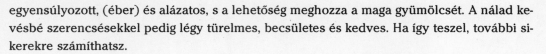

az első vonal ⎯⎯⎯

Viselkedj lelkiismeretesen, és figyelj a belső válaszaidra most is, amikor szép idők köszöntöttek rád. Használd ki körültekintően a ragyogó alkalmat, de ne bízd el magad. Ne igyál előre a medve bőrére! Örvendezz a jónak, élvezd a szerencsés időszak örömeit, de óvatosan!

a második vonal ⎯⎯⎯

Bízd rá magad szellemiséged forrására, hogy átsegíthessen a felmerült nehézségeken. Nincs más baj, minthogy legyőzöttnek érzed magad. A Szellem azonban kiválóan érti, miként hozhatja ki a legtöbb jót, a legnagyobb erőpróbát jelentő helyzetekből.

a harmadik vonal ⎯ ⎯

Valamilyen tévedésbe estél, felszedtél néhány rossz szokást. Talán alábecsülsz másokat, hencegsz olyanok előtt, akiket bánt vagy sért a viselkedésed, esetleg rákaptál a pletykálkodásra. Figyelj oda! Állítsd le magad abban a pillanatban, mihelyt rájössz, hogy ilyesmit készülsz mondani vagy tenni.

a negyedik vonal ⎯ ⎯

Tudsz úgy ellentmondani másoknak, hogy közben nem zárkózol el előlük? Képes vagy odafigyelni a veled ellentétes véleményen lévők a képességeire? Ha igen, mindannyiótok javára válik ez a tulajdonságod.

az ötödik vonal ⎯ ⎯

A Ji csing szerint nem boldogulhatunk a felsőbb erő támogatása nélkül. A magunk módján cselekedni, nem okvetlenül jelent egyet a felsőbb erő kizárásával. A tartós boldogság és siker a spirituális forrással fenntartott folyamatos kapcsolatból ered. Akkor se feledkezz meg a felsőbb erő szerepéről a sikereidben, amikor jobb napok, boldogabb idők köszöntenek rád!

a hatodik vonal ⎯ ⎯

Valahányszor szeretettel és részvéttel viszonyulsz embertársaidhoz, megértésed viszonzásra talál. Óriási és tartós boldogság vár mindazokra, akik kimutatják szeretetüket és részvétüket.

Érdemes megfontolni!

Képzeld el, hogy kapsz valakitől tízezer dollárt, s a tetszésed szerint költheted el a pénzt. Mire költenéd? Elképzeléseidet jegyezd fel a naplódba!

Néhány nap múlva, amikor ráérsz, nézd át a listádat. Van olyan dolog, amire ma már nem adnál egy huncut vasat sem? Melyik dolog/cél helyett mire költenél inkább? Hogyan tudnád jobban elkölteni a pénzt? Mi változott mostanra? Miért nem költenél ma már bizonyos dolgokra, és amire mégis, arra miért igen? Miért változtattad meg a véleményed?

Az alsó trigram a tó képe, s az örömöt jeleníti meg. A felső trigram a Föld, az engedékenység/termékenység jelképe. Az ősi tanok szerint a termékenység boldogan ad teret az emberi fejlődésnek és kibontakozásnak.

– Alfred Huang, taoista mester; részlet a *The Complete I Ching* 19. hexagramjához adott magyarázatból

fent: szél

lent: föld

20

Az vagy, aminek gondolod magad

Neked kell életre keltened az elképzeléseidet.
Elképzeléseid mind a megszületésre várakozó jövő.
– Rainer Maria Rilke, német költő

Alapigazság: azzá válunk, amire legjobban odafigyelünk. Tehát amikor a Ji csing életelveit követve meditálunk, gyakorolunk és tanulunk, a jóskönyv alapvető gondolati irányelvei tükröződnek a viselkedésünkben, az energiánkban és a kapcsolatainkban. Amikor a pozitív eredménnyel záruló lehetőségeink felől töprengünk, tulajdonképp előkészítjük magunkat a pozitív lehetőségek és eredményeik elfogadására. A Ji csing a nyílt, őszinte magatartásra buzdít – mert többek közt ez a hozzáállás teszi elérhetővé a jó lehetőségek elérését. S ugyanez támogat minket ama törekvésünkben, hogy a jelenben létezzünk, hiszen aki nyitott, minden helyzetben felfedezhet valamilyen előnyös lehetőséget.

Nagyon sok múlik azon, miként vélekedünk a bennünket közvetlenül érintő tapasztalatokról. Neked mi köti le a gondolataidat? Mire figyelsz legjobban? Hogyan érzékeled a dolgokat? Egy tréfának is beillő példával illusztrálnám, hogy megy ez: az optimista (derűlátó) ember félig teli palackot lát maga előtt, a pesszimista (borúlátó) félig üreset, egy kutató számára ugyanaz az üveg egyszerűen túl nagy a folyadék mennyiségéhez képest. Mindhármuk reagálásból azonnal látszik, miként hat rájuk a dolog, mit gondolnak és éreznek a témával kapcsolatban, és hogyan viszonyulnak a helyzethez.

E hexagram jelzi, ajánlatos lesz lemondanod eddigi gondolkodásmódodról s életfelfogásodról. Gondolkodj el rajta: miért? Helyénvaló gondolatok mellett kötelezted el magad? Felszedtél néhány rossz szokást, bizonyos dolgokhoz negatívan állsz hozzá? Amikor a jövőt latolgatod, többféle lehetőséget is el tudsz képzelni? Mindössze egyetlen lehetőséget látsz magad előtt? Az előtted álló flaska félig teli, félig üres, netán egy kisebbre volna szükséged?

Foglalkozz rendszeresen az elméd edzésével, ez nagyon fontos – tanuld meg irányítani és uralni a gondolataidat. Egyáltalán nem lehetetlen! A tibeti buddhista szerzeteseknél *lojong* a neve a gondolatok irányításával foglalkozó meditációs gyakorlatnak, a lojong során a szerzetesek a figyelmüket (a gondolataikat) egy-egy alapvető fogalomra összpontosítják, többek közt a szívjóságra, az elfogulatlanságra, a nyíltságra, az elfogadásra és a türelemre. De talán nem is kell ilyen messzire kalandoznunk, elegendő a Ji csing tanácsait megfogadni. A Ji csing összes hexagramja arra buzdít, használd az eszed, gondolkodj alkotó módon és okosan. Rengeteg jó könyvet találsz a pozitív gondolkodásról és az életedben várható meglepően jó változásokról, amennyiben megtanulod irányítani a gondolataidat.

az első vonal —— ——

Nem mindenki képes felismerni a Ji csing és a többi jóskönyv igazságait. Minél mélyebben s őszintébb meggyőződéssel hiszel az igazi erkölcsi értékek, például a részvét és a belső függetlenség fontosságában, annál előnyösebben befolyásolhatod jó irányba a társaidat, és biztathatod őket a személyes példád követésére.

a második vonal —— ——

Személyesen, főleg indulatból, soha ne vegyél részt negatív helyzetek létrehozásában! A felsőbb erő szeretete és bölcsessége a jelenlegi helyzetben is rendelkezésedre áll, s (megérzéseid révén) mutatja az utat. A türelmed még e homályos értelmű időkben is képes felvirágoztatni valami jót. Kiváló alkalmad nyílik gyakorolni az önállóságot, csak ne vedd át mások szokásait, véleményét. Amit mások mondanak és tesznek, az ő dolguk, s az ő személyiségüket tükrözi, nem pedig a tiédet!

a harmadik vonal — —

Semmi sem olyan, amilyennek látszik, tehát ne ítéld meg a látszat alapján a dolgokat. A külső körülmények korántsem annyira nehezen mozdíthatók, mint amilyennek látszik a feladat. Ha egészséges, ésszerű gondolatokat táplálsz magadban, kedvezően oldhatod meg az ügyed.

a negyedik vonal — —

Amennyiben minden helyzetben a Ji csing bölcs útmutatásait követed, valamelyest csökkentheted a világ szenvedését. Valahányszor a személyiséged tökéletesítésén fáradozol, nemcsak a magadét, hanem mindenféle békét és szépséget tökéletesítesz. A navahó indiánok azt mondják erről a magatartásról: séta a szépség ösvényén. A bennszülött népek megértették, és mindmáig tudatában vannak, hogy az ember valamennyi cselekedete, gondolata és érzése kihat mindenre (vagyis: minden, mindennel összefügg).

Séta a szépség ösvényén

A szellemi harcos a szépség felé vezető útra a Szellemet is társául hívja. Elsőrendű, választékos út. Aki a szépség útját járja (szeretetteljes gondolatokkal, nemes lelkűen cselekedve), az a szép élet fogalmát ülteti át a gyakorlatba. A navahó indiánok hagyományai arról tanúskodnak, hogy az indiánok megértették: ha valaki egyszer eléri ezt a szépséget (szeretetet, az elme nyugalmát és a szellemmel fenntartott kapcsolatot), az a továbbiakban a pozitív elképzelései, hozzáállása és cselekedetei révén képes mindezt a világunk napi valóságának részévé tenni. Ha te is eléred a lelki békét, elmondhatod, hogy a szépség ösvényén haladsz.

az ötödik vonal ——

Lépj hátrébb kissé, hogy legyen rálátásod a helyzetre, és megfelelően reagálhass! Vizsgáld felül eddigi gondolataidat és feltételezéseidet. A körültekintő önvizsgálat a legkülönb és legelőnyösebb tulajdonságaidat hozza ki az emberből. Figyelj a fejleszteni kívánt tulajdonságaidra, képességeidre, ne feledd, ezek tökéletesítésén múlik a jó eredmény.

a hatodik vonal ——

Mindenki hibázik. Hibázni emberi dolog, ráadásul javunkra válik, amennyiben képesek vagyunk okulni a hibáinkból. Magyarán, minden felismert és kijavított hiba hozzájárul jellemünk csiszolásához. Tekintsd a hibát fejlődési alkalomnak, mely kéretlenül, de jókor került az utadba.

Érdemes megfontolni!

A nap minden órájában legalább egyszer tedd fel magadnak a kérdést: Mire figyelek? Mi foglalkoztatja az elmém? Áldozz néhány pillanatot rá, és tudatosítsd magadban, miről gondolkodsz éppen, vagyis mi köti le a figyelmed. Figyeld meg azt is, miként befolyásolják az adott gondolatok abban a pillanatban közérzetedet és a cselekedeteidet! Hányszor kapod magad azon, hogy valamilyen negatív gondolatot forgatsz a fejedben? Milyen gyakran foglalkozol gondolatban pozitív dolgokkal?

A tudatosság alapvető ismérve, hogy tudjuk mire fordítjuk
a figyelmünket és az energiánkat.
– **Brian Browne Walker, író**

fent: tűz

lent: mennydörgés

21

Az akadályok eltávolítása

Ez a tettek világa, és nem a búslakodóké és a panaszkodóké.
— Charles Dickens, író

*Személyedben kell képviselned és felmutatnod azt az átalakulást,
amit a világban látni szeretnél.*
— Mahátma Gandhi, indiai nemzeti és szellemi vezető

Az akadályok megszüntetéséért időnként erőfeszítéseket kell tenni. Ez a hexagram azt tudatja: ez alkalommal jó adag becsületességre, bátorságra és kitartásra lesz szükséged. A társaiddal összhangban cselekedj, akkor juthatsz túl az akadályon. Valami van közted és a társaid vagy társad között, pedig ettől a kapcsolattól függ, milyen erőfeszítésekre vagytok képesek a kérdéses akadály leküzdésében. Talán össze kell szedned a bátorságod, hogy túljuss néhány kemény érzelmi megrázkódtatáson, és képes legyél valamit megbocsátani, mielőtt felvennéd a kapcsolatot valakivel, illetve a többiekkel. Az akadály leküzdésére kellene erősen figyelned, nem a másik ember elleni küzdelemre! Tegyük fel, régóta haragban vagy valakivel, de nem szakíthatod meg vele a kapcsolatot (pl.: szülő, testvér, osztálytárs, kolléga, tanár, edző stb. – *a ford.*). Teendőd: felszámolni magadban a kapcsolattartást nehezítő vagy ellehetetlenítő akadályt, esetünkben a neheztelés érzését. Ehhez kell a bátorság!

A hosszasan dédelgetett haragot vagy tévhitet mindig rettentő nehéz kiiktatni és elengedni. Miért? Mert, ha túlságosan kötődünk valamihez, nehezen tudjuk elképzelni, mi lesz, amikor már nem ragaszkodunk hozzá. Következésképp, annak érdekében ajánlott erőfeszítéseket tenni, hogy ne ragaszkodjunk görcsösen azokhoz az elképzeléseinkhez, amelyek immár akadályt jelentenek.

Gyakran azzal mentegetjük a tétlenségünket: „mindig így csináltam, miért tennék most másként?". Ám felhívom rá a figyelmed: ez a hozzáállás sehová sem vezet, mert ha folyton azt teszed, amit mindig is tettél, akkor nem kaphatsz mást, mint amit már számtalanszor beszereztél. Egyhelyben fogsz topogni! Tehát, amennyiben új és jobb eredményre vágysz, lépj túl az akadályon, azaz állj hozzá a dolgokhoz másként, mint eddig!

az első vonal

Igyekezz elsőre okulni a hibáidból! Ugyanazt a hibát ismételgetni ostobaság, mert a bajokat súlyosbítja. Néha elegendő belátni, hibáztunk, azután kiköszörülni a csorbát. Képes vagy belátni, hogy esetleg hibát követtél el?

a második vonal — —

Kissé messzire mentél egy másik ember rossz cselekedetének megítélésében. Természetesen lényeges tudatni azzal, aki rosszat tett, hogy helytelenül viselkedett, de nincs jogunk emiatt hosszútávra elítélni őt magunkban, s elvetve a sulykot, negatívan gondolkodni felőle. Az „aki hazudik, az lop is, aki lop, az csal is…" hozzáállás semmin sem segít, mert hamis feltételezésekre épít.

a harmadik vonal — —

Valamilyen, közted és a többiek között felmerült probléma ismét a felszínre bukkan. Az önbíráskodás, a büntetés nem vezet eredményre, sőt újabb nehézségeket támaszt. Igyekezz kideríteni, hol kezdődtek a bajok, és mi volt benne a szereped. Ne a másik fél magatartásának megváltoztatására összpontosíts! Változz meg te, s a dolgok valószínűleg rögvest előnyös fordulatot vesznek.

a negyedik vonal ———

A dolgok megoldása érdekében erőfeszítéseket kell tenned az akadályok elhárítására. Légy erős, tarts ki szilárdan az ügy megoldása mellett. Ugyanilyen eltökélten igyekezz megtenni a szükséges lépéseket a társaiddal kapcsolatban, de ne hagyd, hogy az irántuk tanúsított magatartásod eldurvuljon. Ezt az akadályt akkor veheted sikeresen, ha nem feledkezel meg az önmérsékletről. Minden nagy ember az önfegyelem mestere.

az ötödik vonal ——— ———

Maradj továbbra is erős, függetlenítsd magad az igazságtalan cselekedetektől. Képes vagy kedvesen, megértően viselkedni azokkal szemben, akiktől egyébként idegenkedsz? Összpontosíts belső függetlenségedre, s akkor a felsőbb erő közreműködésével javíthatsz a helyzeten. Az idő meghozza a gyümölcsét, és kiegyensúlyozottá válik a társadhoz vagy az ismerőseidhez való viszonyod.

a hatodik vonal ———

Amikor rugalmatlanná válsz, és nem vagy tekintettel másokra, igazság szerint az önmagaddal szembeni igényességed adod fel. Oldani kell a makacsságodon. Túl zárkózott vagy. Ideje megnyílnod másfajta (a megszokottól eltérő) lehetőségek felé. Bár ez a vonal a saját nyakasságodon kívül valamelyik ismerősöd akaratosságára is utalhat. Ez esetben fölösleges az illető megpuhítására törekedni, ne erőltesd a változást, ehelyett járd önállóan a magad útját.

Érdemes megfontolni!

Keresd fel az egyik régi, jól ismert barátod, akiről tudod, hogy igazán törődik veled. Kérd meg, írjon neked egy levelet, melyben felsorolja az összes olyan jellemvonásod és jó tulajdonságod, amit csodál benned. Ez a levél segít tudatosítani magadban a nyilvánvaló értékeidet, és hozzájárulhat a felmerült, illetve az előtted álló akadályok sikeres leküzdéséhez.

fent: hegy

lent: tűz

22

A Szépség és a Szörnyeteg

Haladj magabiztosan az álmaid felé! Éld azt az életet, amit elképzeltél magadnak. A világ-mindenség törvényei aszerint egyszerűsödnek, amennyire egyszerűsíteni tudod az életed.
– Henry David Thoreau, amerikai esszéíró, természettudós, a *Walden Pond* című mű szerzője

A hexagram azt javasolja, tégy lépéseket a szépség és a kegyesség sajátos minőségű értéke-inek megszerzéséért. E két minőségi értéket akkor tehetjük napi életünk részévé, ha megta-nuljuk kezelni az életünkbe szörnyetegként berontó dolgokat. Hozd napvilágra természetes szépségedet, s ezzel másokét is előcsalogatod. E természetes szépséget szokás az ember „igazi természetének" nevezni. Igazi természetünk szépségének alkotórésze a kegyelem ál-lapotára való készség, a belső szépség és erő, amint ezt a Ji csing soraiból már úgyis tudod. Emiatt vágyunk lelkünk legmélyén igaz természetünkre, és ezért teszünk elérésére erőfeszí-téseket. Ám a Szépség mellett az ember igazi természetében ott rejtezik egy Szörnyeteg, és elsősorban vele kell megtanulnunk bánni. A szörnyeteg tehát ugyancsak az ember igazi ter-mészetének alkotórésze. E rész rendszerint egyszerre agresszív, rámenős és aggályoskodó – akár *A Szépség és a Szörnyeteg* című mese rémalakja.

A Szépség és a Szörnyeteg

A mesebeli szörnyeteg megfélemlítéssel igyekszik rávenni az apát, majd a Szépséget, hogy azt tegyék, amit akar. A bennünk lakozó szörny ijesztgeti az embereket, illetve visszataszítóan viselkedik, mígnem egy szép napon magunkra maradunk a szörnyünkkel, minthogy a társaink elzárkóznak előlünk. Belső és külső körülményeinket alakíthatjuk úgy, hogy a szörnyetegünk mellénk pártoljon. A szépség és a kegyesség erejével megnyerhetjük, kezes báránnyá szelídíthetjük.

Ez a hexagram világosan utal rá, hogy a szépség és a jóindulat segítségével ebben a helyzetben is nyerhetsz, illetve a híveddé bűvölheted a szörnyeteget. A szépség és a kegyesség jóvoltából elmúlik a nehézség, illetve átalakul, mert hagyod kibontakozni e két tulajdonságod, vagyis hajlandó vagy valamit kimutatni az igazi természetedből.

az első vonal ———

Igyekezz visszafogni magad, a céljaid érdekében se erőszakoskodj! Különösen az új kapcsolatok és tervek kialakítása közben lassíts, ne rohanj le senkit! Maradj inkább nyitott, és várd ki, mit hoznak a többiek a „terített asztalhoz", és nyugodj bele a ténybe, hogy nem ismerheted az összes kérdésre a helyes választ. A várakozás ideje arra is jó, hogy a felsőbb erő támogatását kérd egy hozzá intézett fohásszal.

Mi a fohász?

A fohász és az ima lényegében a Felső Erőhöz, a szellemvilághoz címzett kérelem, melyben támogatásért és segítségért folyamodunk. Az imákkal kérjük fel a szellemvilág tagjait az ügyeinkbe történő segítő beavatkozásra. Mivel tudjuk, hogy az imáink meghallgatásra találnak, és a válasz vitathatatlanul megjön, a hatékony fohászban általában helyet kellene kapniuk hálaadó gondolatainknak. A Szellem minden ember számára a lehető legjobbat igyekszik nyújtani, ezért az imájában elegendő egyszerűen az ügyünk elképzelhető legjobb eredményéért könyörögni, a részletek mellőzésével.

a második vonal — —

A szörnyeteg zord külseje alatt a kellemes megjelenésű (elvarázsolt) herceg szíve dobog. Ez a vonal bíztatás: nézz a felszín alá, nézz a helyzet vagy az érintett személy küllleménél mélyebbre. A valóságban ugyan gyakoribb eset, hogy a megnyerő megjelenésű herceg vagy hercegnő maszkja mögött lapul a szörnyeteg természetű ember! Ügyelj erre is! Ne sajnáld az időt, derítsd ki az igazságot!

a harmadik vonal ———

Látszólag rendben van minden, a körülmények állapota és az emberek hangulata kedvező-nek látszik, de maradj óvatos! Ne vedd félvállról a dolgot, de sokat se vállalj magadra, és főleg ne túl gyorsan. Ha lelkiismeretes maradsz, és a hozzáállásod mindvégig őszinte, a dol-gok szinte maguktól bontakoznak ki. Tehát, amennyiben józan ítélőképességedet követve bizalommal kezeled a helyzetet, vagy az ügyben érintett személyt, észreveheted, mekkora szükség van rád.

a negyedik vonal ——— ——

Felkészületlenül megrohamozni a dolgot, illetve próbára tenni magad fölösleges, bajod le-het belőle. A szépség és a kegyesség minőségi értékeihez való visszatérés viszont megelőz-het egy katasztrófát.

az ötödik vonal ——— ——

Valamit el akarsz fogadtatni, de a túl nagy rámenősséggel rontasz az esélyeiden. A társaid akkor fogadnak el, ha lemondasz a népszerűség és az elismertség dicsőségéről! Ez a vonal arra is utalhat, hogy olyan személyekkel kell megtalálnod az ideális hangot, akik számára hihetetlenül sokat jelent a népszerűség és az elismertség. Ha a hiúságuk ellenére kedvesen bánsz velük, soha nem fognak rájönni, milyen ellenszenves a viselkedésük!

a hatodik vonal ———

Nyertesként kerülhetsz ki ebből a rémes helyzetből, és lélekben megerősödsz, ha erőfeszí-téseket teszel a szépség és a kegyesség megtartásáért. Igazi természeted tündöklése majd átragyog mindenen.

Érdemes megfontolni!

Nézd meg *A Szépség és a Szörnyeteg* című filmet moziban/videón, illetve olvasd el az eredeti mesét (ha játsszák színházban, nézd meg a darabot). Gondold át, mi-képpen jeleníti meg e tündérmese az ember életében az igazi természet szerepét! Mit gondolsz, miért érdemes erőfeszítéseket tenni az igazi természetünk érdeké-ben? Milyen, a szörnyetegre valló, állatias tulajdonságaidat kellene szélnek eresz-tened ahhoz, hogy a feléd közelítő szépséged elnyerhesd?

fent: hegy

lent: föld

23

Széthullás veszteség nélkül

Azt hisszük, az a lényeg, hogy átmenjünk a vizsgán, túljussunk a gondon, holott igazság szerint, a dolgok ezzel mégsem oldhatók meg igazán. A „dolgok" összeállnak, aztán széthullanak. Majd ismét összeállnak, és újfent széthullanak. És így megy ez, most is. A gyógyulás akkor következhet be, ha teret engedünk neki, hagyjuk megtörténni: teret kell adni a fájdalomnak, a szomorúságnak, a megkönnyebbülésnek, a gyötrelemnek és az örömnek.
– Pema Chödrön, buddhista szerzetesnő *When Things Fall Apart* **(Amikor a dolgok széthullanak) című művének részlete**

Minden ember életében adódhatnak pillanatok, amikor, látszólag, minden darabokra hullik – az ilyen időket lehetetlen elkerülni. S most feléd ilyen idők járnak. Valószínűleg számos erő kezd hatni rád mostanában, sokfelől érkező, sokféle hatás szorongató nyomását érzékeled. Talán mások követelményeinek kellene megfelelned, esetleg keményen vitatkoznak veled, illetve egymással. Rengeteg körülötted az ellenségesség és/vagy az egyet nem értés. Amikor a jelenlegihez hasonló sorscsapások sújtanak minket, kényszert érzünk rá, hogy tegyünk valamit ellenük. Félünk, ha nem cselekszünk gyorsan, kicsúszik a kezünkből az irányítás. Teli vagyunk kétségekkel és szorongással. Rendre megfeledkezünk arról a segítség-

ről, amit szellemiségünk forrásából meríthetnénk, reményünket vesztve végül azt hisszük, hogy a dolgok megoldhatatlanok.

A megoldás kulcsa a veszteségek nélküli széthullás, leválás. Ne veszítsd el a belső függetlenségedbe vetett reményed! Ne téveszd szem elől spirituális útvonalad. Mások irányába semmiféle lépést se tégy. Ne menj sehová, és ne hozz jelentős döntéseket, míg e kellemetlen időszak el nem múlik. A cselekvés helyett koncentrálj szellemi alapelveidre, fogadd el a helyzeted tudván, hogy mindannyiunkra várnak bizonyos viszontagságok. Viseld türelemmel a megpróbáltatásokat. Használd ki ezt az időszakot elmélkedésre, gyűjtsd a belátás élményeit, és szedd össze a bátorságod. A megfontolt tétlenséghez most igazi bátorság kell, mivel szeretnéd, ha történne valami, s emiatt sürgető kényszert érzel a cselekvésre. Lazítani, kiengedni kezedből a gyeplőt, és csöndben várakozni viszont olyan tett, amelyből a Szellem megtudja, hogy bízol a bölcsességében és a segítségében.

Ez a hexagram alkalmasint jelezheti, hogy ideje elválnod egy közeli ismerősödtől vagy barátodtól. Minden kapcsolat változik, s némelyik a kamaszkorban ér véget. Vedd tudomásul, hogy serdülőkorban hosszú- és rövidtávú kapcsolatok egyaránt szövődnek. Ez így természetes. Képes vagy elengedni a kapcsolataidat megbántottság nélkül, méltányosan és kedvesen? Szeretnéd, ha a másik mégis jól érezné magát?

az első vonal — —

Úrrá lesz rajtad a kétség és a félelem. Úgy érzed, kötelességed tenni valamit. A figyelmed irányítsd a haragod és az elégedetlenséged elengedésére. Jóllehet, volna okod neheztelni, mégse engedd át magad az indulataidnak, mert megsokszorozod a bajt.

a második vonal — —

A baj csőstől árad körülötted. A bonyodalmak fokozódnak, s a dolgok számodra egyre fájdalmasabban alakulnak, különösen, ha makacs és követelődző maradsz. Ne hurcold magadban némán a dühödet, ne vedd magadra a nemtörődöm viselkedés álarcát (ne mondd, hogy neked mindegy)! Az ilyenforma haragos érzelmek hatására csak mélyebbre ásod magad az ingoványban. Őrizd meg a nyugalmad, és várd ki a szellem erejének megérkezését, az majd kisegít a bajból. Addig is, keresd a benned bízó személyek támogatását.

a harmadik vonal — —

Sikeresen kihátrálsz a nehézségek közül, bár még mindig viaskodsz a heves érzelmeiddel. Visszalépésed lehetővé teszi, hogy megtapasztalhasd a felsőbb erő segítségét. Mások ártó szándéka most alig hat rád.

Széthullás veszteség nélkül

a negyedik vonal — —

A helyzet olyan rosszra fordul, amilyen rosszra csak tud. Eléri negatív csúcspontját. Maradj higgadt és erős, ügyelj az érzéseidre és a viselkedésedre: Kitartóan kapaszkodsz a haragodba? Azon töprengsz, mit kellene tenned, hogy történjen valami? Félsz attól, ami esetleg történhet? Megengeded a szellemnek, hogy segítsen?

az ötödik vonal — —

A „nagy" ember nem keres mondvacsinált kibúvót, sem másokat, sem a külső körülményeket nem okolja nehéz helyzetéért! Te is jobban teszed, ha beismered a hibáidat, és nem mások viselkedését akarod megváltoztatni, hanem a sajátodat igyekszel javítani.

a hatodik vonal ——

Nehezedre esik leválni erről a helyzetről, hajlamos vagy kitartani negatív hatású, ártalmas viselkedésed mellett. Emiatt rosszabbra fordulnak a dolgok. Ideje elszakadni a problémától és alaposan odafigyelni az élethez való hozzáállásodra! Tekintsd át végre, érzelmi beleélés nélkül a helyzeted, s akkor rájöhetsz, hogy mekkora szerepet játszik benne a viselkedésed. A kedvező időszak nagyon lassan tér vissza. Ám, amennyiben komolyan szembenéztél a hozzáállásoddal, és hajlandó vagy változtatni az érzéseiden, továbbá a magatartásodon, sokat fejlődhetsz, és rálelhetsz a megfelelő támogatókra.

Ne feledd: a kemény önbírálat nem vezet sehová! A jóindulatú és megértő önelemzés viszont javadra válik. A cél nem az önostorozás, hanem a kiutat jelentő távlatok keresése. Igyekezz tehát kiutat találni helytelen szokásaid és viselkedésed útvesztőjéből! Bánj szelíden önmagaddal!

Érdemes megfontolni!

Ez a hexagram a földön szilárdan ülő hegyet ábrázolja. Jártál már magas hegy lejtőin? A hegy szilárdan, csendesen, nyugodtan ül a helyén, miközben vadállatok, csúszómászók és rovarok tömegei élnek és emberek járkálnak hatalmas testén. Csendesen tűri a viharokat, a szeleket, az évszakok váltakozását. Erdőségei hol kizöldülnek, hol lehullatják leveleiket. A hegyet semmi sem képes kizökkenteni a nyugalmából. Számodra most érkezett el annak az ideje, hogy emberként hatalmassá és rendíthetetlenné válj, akár a hegyek. Hagyd tovasiklani a megpróbáltatások kígyóit, és engedd, hadd tépje szikláidat szabadon a változások szele, de közben maradj erős, nyugodt és lenyűgözően rezzenéstelen. Ugyanúgy túl fogod élni a csapásokat, ahogy a hegy is túléli.

fent: föld

lent: mennydörgés

24

Fordulópont

Téli napforduló –
Egyszínű világban
a szél hangja.
– Basó, japán költő haikuja

Fordulóponthoz érkeztél. A legnehezebbjén túljutottál, jobb idők várnak. Mégse sürgesd a folyamatot; hagyd a maga természetes módján kibontakozni! A változások időszaka addig tart, ameddig kell – amíg a dolgok végbemennek. Most összegyűjtheted az energiáidat és kipihenheted magad, ahogy a növények és az állatok teszik télen, tudván, hogy minden elraktározott energiájukra szükség lesz, amikor beköszönt a tavasz.

Kiváló alkalom, fordulj a benned rejlő jó felé, s mérd fel milyen képességek, egyéni jellemvonások és elképzelések energiáit gyűjtötted be. Vizsgáld felül a jóságod. Képességeid és tehetséged az igazi természeted alkotóelemei, és most kikívánkoznak, szeretnék bemutatni, mire képesek veled együtt. Elérkezett a tettek ideje, tarts ki az elképzeléseid és értékeid mellett. Az élet számos lehetőséget kínál az önkifejezésére, már megvan odakinn az a tér, amelyben mindent felkínálhatsz a világ számára, amit kifejezésre érdemesnek tartasz. Ahogy

Fordulópont

valamennyi magban benne rejlik a későbbi növény és termés ígérete, ahogy az üres vászon várakozik a nagy festőre, ugyanúgy vár rád az élet, benned pedig megvan a jövő ígérete.

az első vonal ———

Talán letértél a helyes útról. Térj vissza ahhoz, amit kifogástalannak vélsz, akkor legalább nem esik bajod, és másoknak sem ártasz.

a második vonal — —

Készen állsz felhagyni a negatív gondolkodással, és az eddiginél pozitívabban hozzáállni a dolgokhoz.

a harmadik vonal — —

Az ember időnként hajlamos ugyanazokat a hibákat elkövetni. Csak nem ez történik most veled? Általában addig ismételgetjük ugyanazokat a hibákat, míg nem okulunk a nehézségek formájában elénk tárt leckéből. Életed melyik leckéje ismétlődik?

a negyedik vonal — —

Talán negatív hatású emberekhez csatlakoztál, de már hajlandó vagy jobb útra térni. Bárkivel töltöd is mostanában az időd, az illető óriási hatással van rád. Mindemellett fel tudod számolni a számodra ártalmas kapcsolatokat, s képes vagy ezzel a sorsodban előnyös fordulatokat előidézni.

az ötödik vonal — —

Ne kárhoztasd magad hibáid láttán. Az efféle tévedések a tanulási folyamat természetes velejárói. Az ilyen botlások segítsenek tisztázni, mi válik a javadra, illetve mi nem jó a számodra. Ne ragadj le a hibáknál, ha rájössz valamelyikre, helyesbítsd, azután lépj tovább.

a hatodik vonal — —

Figyelj oda, áldozz időt az életed átalakulóban lévő részleteire! Ez idő tájt sebezhető vagy. Légy körültekintő és óvatos, ne szedj fel barátságtalan és rossz szokásokat, ne hódolj be helytelen elvárásoknak. Rajtad múlik minden! Összpontosíts a belső erődre, és akkor minden jóra fordul.

Érdemes fontolóra venni!

Reggelenkénti meditációdba illeszd be a következő imát, amely az eddig önmagadtól és másoktól általában megtagadott szeretetről és jólelkűségről szól. Mondd el magadnak többször, hogy tested, lelked átjárhassa a jóság eszméje.

> Eltölthet engem a szeretet.
> Jól érezhetem magam.
> Szabad békességben élnem.
> Az összes álmom valóra válhat.

Azután küldd ki társaid felé az alábbi gondolatokat:

> Eltölthet titeket a szeretet.
> Jól érezhetitek magatokat.
> Szabad békességben élnetek.
> Az összes álmotok valóra válhat.

A szívjóságról, jólelkűségről bővebben Sharon Salzberg, *Loving-Kindness: The Revolutionary Art of Happiness* (Jólelkűség; A boldogság művészetének forradalma) című (angol nyelvű) könyvében olvashattok, illetve az Édesvíz Kiadó témába vágó kínálatából válogathattok.

Mi vagyunk az a kapu, amelyen át feltárul az élet.
– Wu Wei, Ji csing történész; idézet *A Ji csing bölcsessége* című könyvének 2. kötetéből

fent: menny

lent: mennydörgés

25

Az igazság

Ostobaság pusztán azért hinni Istenben, esetleg egy felsőbb vezérlő erőben, mert más elhitette veled a létezésüket. Minden embernek megvan a saját érzékrendszere, amely segítségével tájékozódhat. Mindenki a saját bőrén érzi és a saját szemével látja a dolgokat. Értelmünk jóvoltából elérhetjük azt, amit megértünk. De ehhez előbb mindenkinek önmagát kell megismernie.

– Sophy Burnham, amerikai regényíró

Néha rosszak a barátaink, néha jók. A helyzetről helyes fogalmat alkotni minden érintett maga tud; az igazság, mint többnyire, benned létezik. A Ji csing szándéka, elkalauzolni belső igazságodhoz, mert a belső igazság a számodra is elérhető. Ám, a te igazadat helyetted senki sem derítheti ki és senki sem magyarázhatja el! A saját igazságainkat egyedül kell felkutatnunk magunkban. A belső igazság az igazi természetünk önkifejezésének egyfajta eredménye, és állandó kapcsolatban áll a szellemi forrásainkkal. A baj természetétől függetlenül az segít át a nehézségeken, ha a belső igazságodhoz ragaszkodva haladsz. Az igazság az élet valamennyi változásán épségben átvezet, sőt hozzásegít a pozitív megoldásokhoz. Ezzel ellentétben a hamisság minden esetben gyarapítja a gondok számát. A belső igazság összefügg a kozmikus igazsággal. Belső igazságérzetem például megköveteli, hogy soha, senkit ne lopjak meg (a természetet se! – *a ford.*). Az ok-okozati összefüggések kozmikus törvénye (a karma) támogatja a személyes igazam érvényesítését. Jó, ha tudod, a belső igazságaink szerinti élet erősíti az embert. A Ji csing összes hexagramja igyekszik rávezetni olvasóit személyes belső igazságaira. Téged is kifejezetten bíztat: fedezd fel belső igazságod és cselekedj aszerint. A Ji csing nem állít fel általános érvényű játékszabályokat, de szelíden rávezet a saját ösvényedre.

Ez a hexagram arra hívja fel a figyelmed, hogy ideje őszintén feltárni egyéni igazságaidat, és annak megfelelően élni, aminek az érvényességében hiszel. Önmagad tükrében tekints magadra, ne a másokéban! Amikor az ember másokhoz méricskéli magát, szem elől téveszti saját igazságát, és a hiteles cselekvés helyett mások elvárásainak igyekszik eleget tenni. Minden ember kivételes, egyedi egyéniség, és a többiektől eltérő fejlettségű. Éppen ezért, az összehasonlítás hiábavaló fáradozás, semmi értelme.

az első vonal ———

Emlékezz: minden egyes emberben ott él az isteni szellem, az igaz természet; ha ennek tudatában élsz, bármikor számíthatsz a jóra.

a második vonal —— —

Túl sokat foglalkozol a következményekkel! Mondhatni, a remélt eredmények miatt dolgozol, ahelyett, hogy természetes rendjük szerint járnál a dolgaid végére. Hagyd, hadd történjen, aminek meg kell lennie, és minden rendben lesz. Az útra figyelj, és ne ragaszkodj görcsösen a célhoz! Ha a helyes úton maradsz, és arra figyelsz, hogy épségben végigmenj rajta, akkor éred el a kitűzött célt.

a harmadik vonal — —

Megoldatlan problémákba ütköztél. A rossz dolgok azonban nem a te hibádból következtek be. Ne izgasd fel magad túlságosan, ehelyett tégy meg minden tőled telhetőt önmagad érdekében. Ha belebonyolódsz a problémába, előfordulhat, hogy további bajokat zúdítasz magadra. Ne engedd, hogy az efféle negatív hatások eltérítsenek belső igazságodtól.

a negyedik vonal ———

A veszteségtől való félelem és rettegés, pontosan annyira ártalmas, mint az, ha megállás nélkül csak nyerni akarsz. Akár a te hajlamaidból következne, akár másokéból, ne add át ma-

108 Az igazság

gad egyik szélsőségnek sem. Maradj nyitott inkább a valódi lehetőségekre – és vesd el a szélsőségeket.

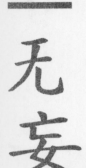

az ötödik vonal ———

A baj képes magától elmúlni. Ne ragaszkodj hozzá, és akkor gyorsan eltűnik.

a hatodik vonal ———

Valahányszor feltűnően erőlteted az eseményeket, annyiszor bizonyítod, hogy nem bízol az igazság problémamegoldó erejében. Tarts ki a kezdeti elképzelésed mellett, és hagyd, hadd haladjanak a dolgok a maguk természetes menete szerint a következő szakasz felé. Biztosra veheted, hogy a Szellem segíti az utadat, valahányszor sürgető kényszert érzel rá, hogy saját ösvényeden haladj a cél felé.

Érdemes megfontolni!

Milyen igazságok szerint éled az életed? Hogyan lépsz kapcsolatba a kozmikus igazsággal? A kozmikus igazságok mindenkire érvényesek. Amennyiben ráhangolódunk a kozmikus igazságra, abban a kegyben részesülünk, hogy a világmindenséggel és saját szellemi forrásunkkal egy hullámhosszon élhetünk. Hány személyes igazságod áll összhangban a kozmikus igazsággal?

A régi bölcsek vélekedése szerint a mennydörgés a mennyország hangja. Az égiek zengzetes mennydörgéssel nyilatkoztatják ki erkölcsi elveiket az alájuk tartozó milliárdnyi élőlénynek. Mindazok, akik megőrizték és gyakorolták az égi erényeket, természetes összhangban éltek a mennyek akaratával, s meg voltak áldva a siker lehetőségének szépségével és hatalmával. – idézet Alfred Huang, taoista mester *The Complete I Ching* című művének 25. kuájához fűzött magyarázatából

fent: hegy

lent: menny

26

Gyakorlás a tűzben

Ami világít, annak ki kell bírnia a tűz lobogását.
– Victor Frankl, bécsi elmeorvos mondása

Szellemi alapjaid tűzben égnek. Elérkezett a ragaszkodás ideje, tarts ki az általad igaznak tudott dolgok mellett. Valószínűleg egyszerű igazságról van szó: „kedvesnek kell lenni" vagy „nem kell személyeskedni". Állj szilárdan és csöndben a helyeden, miközben körülötted felcsapnak a lángok. Valaki valószínűleg megkísérel kibillenteni az egyensúlyodból. Foglald össze magadban mindazt, amit eddig megtudtál a Ji csingből, és egyesített tudásoddal felvértezve sikeresen kiállhatod ezt a próbát.

Legalább kiváló alkalmad nyílik a lelki és szellemi képességeid gyakorlására. Amennyiben az élet csupa csokoládé és rózsaillat volna, aligha volna mit gyakorolni! Nem ismerhetünk meg semmit, ha örökké egy bezárt szobában üldögélünk, és soha nem tesszük ki otthonról a lábunkat! Ám, ha kitárjuk az ajtókat, előbb-utóbb óhatatlanul besétál rajta valaki, aki képes az idegeinkre mászni, mert besétál, és elfoglalja a szobánkban a kedvenc helyünket! Mit tennél ilyen esetben? Milyen belső alapértékeidhez folyamodnál, amikor hamis híreket terjesztenek rólad például az iskolában? Milyen alapelvek szerint oldanád meg a hely-

Gyakorlás a tűzben

zeted, amennyiben észrevennéd, hogy valakinél, illetve valahol kegyvesztett lettél? Milyen alapvető értékekbe kapaszkodhatnál, amennyiben az összes barátod helyesel valamit, te viszont nemet mondtál, s emiatt szekíroznak?

Mostanában egyesek azzal teszik próbára a képességeidet, hogy megpróbálnak összezavarni az életelveidet illetően. Amikor ez bekövetkezik, ne veszítsd el a fejed, maradj nyugodt, és ne rendezkedj be a mentegetőzésre; tarts ki szilárdan, összpontosíts arra, a helyesnek tartott elveid, szokásaid mellett; őrizd meg összefogottságod, vagyis légy kedves önmagadhoz, és ne feledd megbecsülni a Szellem segítségét. Miközben így teszel, könnyen előfordulhat, hogy pozitívan befolyásolod ellenlábasaid viselkedését, és a helyzetet. A többiek megbíznak majd benned az akaraterőd és a jellemességed láttán, valamint mert észreveszik, milyen hetykén álltál helyt a nagy kihívás alkalmából, s milyen simán megőrizted alapvető szellemi értékeidet, és maradtál hű az elveidhez.

az első vonal ———

Csábítást érzel, hogy reagálj a bántó helyzetre. Többre mégy a kitartással. Úgy látszik, bekaptad a horgot, mások negatívumai kezdenek magukkal sodorni. Az illetők viselkedésének hatására határozottan szeretnél visszavágni. Ez pedig nem fog segíteni rajtad! Szedd össze magad, viseld el a nehézséget, s ebben az esetben a dolgok szinte maguktól megoldódnak. Ám, ha rákapsz az adok-kapok játék negatív csalijára, hosszasan vergődhetsz, s erősödik az ellened irányuló támadás.

a második vonal ———

Az ellened szövetkező emberek és a körülmények elleni hadakozás tovább súlyosbítja a bajt. Legjobb belenyugodni a helyzetedbe, és nyugton maradni. Így megőrizheted az erőd a cselekvésre alkalmasabb időkre.

a harmadik vonal ———

A nehézségek rákényszerítenek, hogy szembenézz legnagyobb félelmeiddel és kétségeiddel. Milyen félelmek és kétségek ébredtek benned mostanában? A lehetőségek ajtaja csak azután tárul szélesre előtted, miután szembenéztél félelmeiddel, kételyeiddel és megtanultad legyőzni azokat. Ne feledd, a legtöbb félelem téves, hazug (valótlan), illetve túlzó állításokból táplálkozik, például: „velem mindig történik valami rossz"; vagy: „számomra sohasem terem babér".

a negyedik vonal —— ——

Amikor utolérnek a nagy érzelmek, többnyire veszélyes, néha pedig kifejezetten nevetséges dőreség reagálni. Várj, amíg az érzelmeid hevessége csillapodik, igyekezz megőrizni a nyugalmadat, higgadtságod oltalmában könnyebb kigondolni a helyzetre adható leghelyesebb választ. Egy kedvező lehetőség nyílik meg előtted...

az ötödik vonal —— —

Néhanap olyannyira erősen akarjuk, történjen már végre velünk valami rendkívüli, hogy közben mindenről megfeledkezünk. Igyekezz más témákra terelni a gondolataidat – keress új terveket, más kapcsolatokat, nézz más örömforrások után! Talán ez utóbbi a legszerencsésebb: vesd bele magad valamilyen vidám tevékenységbe. Szóval, egy időre engedd ki a kezedből féltve dédelgetett, kedvenc gondodat!

a hatodik vonal ———

Az akadályok elhárultak. Vedd észre a nyitást, és tudatosítsd magadban, mely alapvető életelveid segítettek a győzelemhez. A türelmes várakozás és azok az életelvek segítettek, amelyek mellett szilárdan kitartottál? Most már tudod, mely alapelveid hozták meg az eredményt, továbbra is tarts ki mellettük, mert velük sorozatos sikereket arathatsz.

Érdemes megfontolni!

Képzeld el, hogy egy óceán partján álldogálsz kitartóan, bízva az erődben. Már jó ideje állsz ott állhatatosan, nyugodtan, amikor hirtelen felmagasodik, majd teljesen elborít egy óriási hullám. A hullám hihetetlen erővel tör rád, te mégis rezzenéstelenül elviseled, lábon állva bírod ki a roppant erő lendületes rohamát. A hullám úgy csap át feletted és húzódik vissza az óceán tömegébe, mintha mi sem történt volna: közömbös. Te csak állsz csöndben, rezzenéstelen nyugalmad töretlen. Most képzeld a lelki szemeid elé, hogy a kicsapó hullám az a nehézség, ami mostanában nyomasztott, igyekezne leverni a lábadról, átcsap rajtad, teljesen elborít, de te kitartó nyugalommal, rezzenéstelenül kiállod az ostromát. A nehézség tarajos hulláma tehát kicsap, visszahúzódik az „óceánba", s te, mert kitartottál, megőrizted a nyugalmad, sértetlenül állva maradsz a parton.

Ahány alkalommal negatív helyzetbe kerülsz, képzeld magad elé a jelenetet: elborít a hullám, de a lábad földbe gyökerezik a parton, érzed, milyen erős vagy, biztosan, rendületlen állsz meg a magad lábán.

A nehézség pedig elenyészik, ahogy a hatalmas hullám is visszatér az óceán tömegébe. Te pedig mindaddig ép és sértetlen maradsz, ameddig rendületlen nyugalommal helytállsz magadért.

fent: hegy

lent: mennydörgés

27

A lélek tápláléka

A Napban élő ragyogás, a világ összes villáma,
a Hold fénye, s a tűzben lobogó világosság:
Tudom, az én fényem.
– részlet a *Bhagavad-gítá* című szanszkrit eposzból

Ez a hexagram arról szóló példázat, mivel „tápláljuk" magunkat és a többieket. Az ételeink, a gondolataink, az emberek, akikkel érintkezünk, a szórakozásaink, mind-mind a test, a lélek és az elme táplálékai. Amit a tévében megnézünk, amit elolvasunk, mindaz az elménket táplálja. Ismerőseink, szeretteink, mestereink a lelkünket táplálják. A velük kapcsolatos és egyéb gondolataink az elménket és a lelkünket táplálják. Amit megeszünk, az is hatással van a lelkünkre, éppen úgy, ahogy a gondolataink és érzéseink hatással vannak a testünkre. Következésképpen, ha ezt a hexagramot kaptad, ideje felülvizsgálni az „étrendedet", és elgondolkodnod arról, miként hat rád ez az étrend, és milyen hatást gyakorolnak rád (testedre, elmédre, lelkedre) a kapcsolataid.

Megfelelően táplálod fejlődőben lévő tested? Milyen ételeket eszel gyakran? Mennyire megfelelő az elméd tápláléka? Milyen gondolatokkal tömöd a fejed? A gondolataid mindegyike kihat az elmeállapotodra csakúgy, mint az ételeid a tested egészségi állapotára!

Mennyire tartod jól a lelked? A lélek táplálékai közé tartozik az életfelfogásod, kapcsolatod minősége egyéni életcéloddal, a mód, ahogy önmagadhoz és embertársaidhoz viszonyulsz, egyedül akkor éltető, ha könyörületes/részvétteli és türelmes, mert a beleérző képesség és a türelem egyformán fontosak a lélek jóltápláltságához.

A meditáció egyformán remek táplálék a test, az elme és a lélek számára. Napi öt perc nyugodt, csendes elmélkedés segít méregteleníteni a szívet és az elmét, ellazítani a testet. A meditáció mindenkit kellően megnyugtat ahhoz, hogy meghalljuk a szellemi forrásunkból felénk áradó bölcsesség hangjait. A rendszeres meditáció teremti meg (belső világunk) érzéseink, gondolataink táplálásának feltételeit. Mihelyt elkezdjük értékes tápanyagokkal ellátni magunkat, egészségünk és körülményeink javulnak, egészségesebbé és erősebbé válunk.

A Ji csing határozottan azt tanácsolja: ne etessük magunkat fantazmagóriákkal. Oktalan, csapongó fantáziálgatás például arról ábrándozni, mi lesz, ha megnyerjük a lottó főnyereményét. Haszontalan ábrándozgatás, de híven árulkodik a beállítottságunkról. A képzelőtehetséget az alkotóerő nélkül semmi sem köti a valósághoz. A kábítószerek hatása alatt átélt képzelgésekkel is hasonló a helyzet, marihuánás bódulatban képzeleghetünk ugyan az életünk valamennyi dolgát illetően, mégsem lesz soha semmi az egészből. Az értéktelen ballasztanyagok helyett válaszd az értékes táplálékokat, a valóság fogásait, vagyis mindent, ami igazán természetes, valóban éltet. Válaszd a végtelenséget, vagyis az „igeneket".

az első vonal

A kételkedés az elme mérge. Kételkedni a magad s a mások képességeiben, a Szellem befolyásoló erejében, negatív érzelmeket és reménytelenséget kelt. E vonal megjelenése arra vall, hogy mostanában bosszankodsz, és elhamarkodottan megítéled mások dolgait, ráadásul kezdesz kételkedni a Ji csing tanácsaiban. Már-már ott tartasz, hogy feladod. Sokat lendítene a helyzeteden, ha most leülnél, a szeretetre, a jóindulatra összpontosítanád a figyelmed, s ezek jegyében elmélkednél önmagadról és a többiekről.

a második vonal — —

Fontold meg jól, milyen emberekkel érintkezel! Olyan személlyel, csoporttal tartasz fenn kapcsolatot, kiknek a társasága egészségtelen, és továbbra is ragaszkodsz hozzájuk? Káros és kellemetlen következményekre számíthatsz. Válogasd meg körültekintőbben a barátaidat!

a harmadik vonal — —

Légy óvatos, ne fogadj el mindenféle jött-ment gondolatot! Olyasminek az igazáról győzködöd magad, amiről tudod, hogy hazugság? Mint bárki, te is meggyőzheted és áltathatod magad arról, hogy egyébként köztudottan ártalmas szokásaid vagy a viselkedésed ártalmatlan,

114   A lélek tápláléka

de ez önámítás! Ez a vonal arra hívja fel a figyelmed, hogy az igazi és tartós boldogság nem egyetlen, kizárólagos úton-módon érhető csak el, valamint tudatja: elérhetetlen a puszta szórakozással vagy a tudatmódosító szerek szedésével. Légy őszinte magadhoz a saját választásaid ügyében. Mit vittél túlzásba? Térj vissza egy egészségesebb útra, mielőtt túl sokat ártanál magadnak.

a negyedik vonal — —

Tápláld jól a tested, a lelked és az elméd, és meglátod, ezzel milyen sok (testben, lélekben) egészséges embert vonzol magadhoz, s milyen szívesen támogatják az életstílusodat. Boldogságod mértéke az érte tett erőfeszítéseid mértékével arányosan nő.

az ötödik vonal — —

Egészséges dolgokkal táplálni magad egyre inkább a saját felelősséged, függetlenül attól, hogy odahaza vagy a környezetedben mások miképpen veszik semmibe magukat. Kell bizonyos elszántság és bátorság ahhoz, hogy mindig azt tedd, amit helyesnek vélsz, főleg, ha ez ellentétes a többiek döntéseivel. A Szellem támogatásában azonban bármely helyzetben bízhatsz, mert melléd áll, és segít egészséges, lendületes életet élni.

a hatodik vonal ———

A lélek rendszeres és éltető táplálékra vágyik. Amennyiben sikerül eltalálnod a lélek kielégítő ellátásának módját, megteremted a szeretettel és boldogsággal teli élet lehetőségét. Lelki jóléted a többieket sem hagyja hidegen, veled akarnak tartani. Számos áldásban lesz még részed, ha folyamatosan jóltartod a lelked.

Érdemes megfontolni!

Változtass hetente egy-egy szokásodon! Ha eddig későn keltél, ezután minden reggel kelj tíz perccel korábban! Ha eddig busszal jártál iskolába, hagyd abba, vedd elő a kerékpárod, s menj azon vagy sétálj be gyalog, hívd magaddal valamelyik barátodat is. Ha eddig soha nem jártál vendéglőbe, ezentúl tedd meg néha. Ha eddig soha nem meséltél anyádnak arról, miként telik egy napod, itt az idő, menj be hozzá, és minden este meséld el neki, mi történt aznap.

Felismerni a szokásainkat, és elfogadni a bennük rejlő kihívást, alaposabb önismerethez vezet, s lehetővé teszi, hogy jobban gondoskodjunk a minket éltető dolgokról. Az ember hajlamos automatikusan a már kitaposott ösvényt róni, holott vol-

na még egynéhány út! Ám, aki mindig a jól ismert utat járja, nem veheti észre más utak szépségeit. Sok mindenről lemaradsz, ha nem változtatsz bevett szokásaidon! Amint a fentebbi példákból kitetszik, néhány apró szokás megváltoztatása is óriási hatással lehet „táplálékunk" minőségére.

A változatosság gyönyörködtet, de vigyázat: minden változás további változásokat idéz elő!

Mi táplálja az embert?

Élt egyszer fiatal nő, aki mindig kiábrándultnak érezte magát, ahányszor a nénikéjével töltötte az idejét. Szerette a nagynénjét, bár az idős hölgy kiállhatatlan természetű volt, és valójában ki nem állhatta a fiatalok társaságát. Hősnőnket zavarta a helyzet, ezért tanácsot kért az egyik idősebb barátjától. A barát azt javasolta, többé ne járjon a vaskereskedésbe gyümölcssalátáért! A fiatalasszony hirtelen nem értette a tanács lényegét.

— Hogy értsem ezt? — kérdezte zavartan.

— Egyszerűen. Olyasmit vársz el az idős nénikédtől, amit ő képtelen megadni neked, esetleg nincs kedve megadni. S te nem tehetsz semmit azért, hogy változtass ezen. Tehát az alapállásodon kell változtatnod, vagyis csak akkor menj a vaskereskedésbe, ha vasárut szeretnél, amennyiben másféle dolgokra vágysz, fölösleges odamenned, mert ott kizárólag műszaki termékeket találhatsz, de ha mégis odamégy, bár nem vasat akarsz, megint csalódott leszel.

A fiatalasszony elgondolkodott a hallottakon és rájött, milyen fölöslegesen lovalja bele magát a csalódottságba azzal, hogy sok időt tölt a nénjénél. Megtette, amit tehetett, igyekezett rövidre fogni a látogatásait, és lássatok csodát, azóta sokkal barátságosabb hangulatúak a találkozásaik, mint valaha is remélte! A fiatalasszony már nem érzi kiábrándítónak a nagynénjével fenntartott kapcsolatát, mert megtanulta, hová járjon csemegéért, ha arra vágyik. Azóta megtalálta azokat a helyeket, ahol értékesebb táplálékra lelhet.

28

Rendkívüli idők

Kimegyek; látok valami olyasmit, amit máskülönben végképp elszalasztottam és elvesztettem volna; vagy talán valami más lát meg engem, valamilyen hatalmas erő söpör végig rajtam tiszta szárnyával, és én ennek a rezdülését visszhangzom, akár a megkondított harang.
– Annie Dillard, a *Pilgrim at Tinker Creek*
(Szerzetes a színes szurdokban) című mű szerzője

Elérkezett a hatalmas lehetőségek ideje. Számos dolog lehetséges. Az életben időnként szélesre tárul előttünk a kedvező alkalmak ajtaja. S pont egy ilyen ajtó előtt állsz. Mi több, ez az ajtó egy hatalmas, nyitott térségre nyílik, végre van hely valóra váltani az álmaidat! Bizonyára már érzed is a lehetőségben lüktető energiát. S tény, ez az erő gyakran közrehat a felnőtté érés éveinek alakulásában.

Hogy mi sül ki a dologból, az attól függ, miként használod ki ezt az energiát és lehetőséget. Felelős vagy azért, hogyan alakítod életednek jelenlegi korszakát, s ezt érzed is, pontosabban, már-már teherként érzékeled választásaid súlyát. Éppen most, hatalmas nyomás nehezedik rád, előfordulhat, hogy igyekszel tudomást sem venni az egészről, illetve annyira sietteted a dolgokat, hogy fájdalmas tapasztalatok érnek. Az emberek általában azért iparkodnak jelentéktelennek feltüntetni a mostanihoz hasonló, nagy dolgokat, mert nem tudnak megfelelően bánni a lehetőséggel. Amiatt hajlanak az események sürgetésére, mert nehezükre esik kivárni a jelenségek természetes menetét, minthogy a dolgok gyakorta, lassabban alakulnak a vártnál. Pedig, ha nem sürgetjük a fejleményeket, de nyitottan fogadjuk a lehetőséget, nagyszerű eredményre számíthatunk.

A te dolgod mindent megtenni, hogy e különleges időszak lehetősége teljes mértékben kibontakozhasson! Többféleképp készülhetsz fel a feladatra. A Ji csing azt tanácsolja, igyekezz elérni belső önállóságod, türelmed; fogadd szerényen, őrizd meg önbizalmad (megalapozottságod tudatát) és alázatosságod, mire rádköszönt a rendkívüli időszak. Amennyiben a hexagramban változó vonalak is vannak, mint tudod, ezek módosítják az esemény jövőbeli irányultságát, tehát a változó és szilárd vonalakból kapott újabb hexagramból állapíthatod meg, miféle természetű erőpróba/kihívás vár rád e rendkívüli időszakban, és miként használhatod ki a lehetőséget.

az első vonal — —

Légy nagyon óvatos! A cselekvés ezúttal egyet jelent a figyelmességgel. Tartsd rajta a szemed minden eseményen, ami az ügyeddel összefügghet, de ne erőltesd a cselekvési lehetőségeket! A Ji csing, mint annyiszor, ezúttal is arra kér, hogy vedd észre mások közeledési szándékát, nyiss feléjük és tarts velük, ámde ha valaki elzárkózik előled, hiába erőlteted, úgysem nyílik meg feléd. Ilyenkor legjobb, ha nem teszel és nem mondasz semmit. Észrevetted már, hogy néhanap az összes tanárod nyíltan és kedvesen fordul feléd, más alkalmakkor viszont nem? Figyelj alaposabban e kilengés jeleire, igyekezz kialakítani magadban azt az érzékenységet, amivel megérezheted mások fogékonyságát, illetőleg zárkózottságát beszélgetéseitek közben. A körülmények, s velük együtt az emberek örökké változnak. Tehát az maradhat bölcs, még az ilyen nagy idők közepette is, aki elegendő figyelmet szentel az eseményekben és az emberekben végbemenő változásokra.

a második vonal ———

Lassan helyreáll és egészséges színezetet ölt az egyik kapcsolatod. Mindazonáltal még mindig célszerű az óvatosság. Elmehetsz a helyzet adta lehetőség mellett, mi több, kicsúszhat a kezeid közül, ha ész nélkül beleveted magad a dologba.

a harmadik vonal ———

Rendkívüli elővigyázatosságot igénylő, kockázatos szakasz! A lehetőségekkel teli időszakok általában ugyanannyi kockázatot is rejtenek. A mostani döntésed hosszú távra kihat, tehát figyelj és dönts óvatosan! Semmit se erőltess, várd ki a te idődet!

a negyedik vonal ———

Érettségeddel és megközelíthetőségeddel hatni tudsz az emberekre. Nem viselkedsz dölyfösen, bár határozottan élvezed a nagy lehetőségek és a kiváló alkalmak időszakát. Mindezt a szellemi alapértékeidbe, a tudatosságodba és a felsőbb erőbe vetett bizalmadnak köszönheted, amelyek nagymértékben hozzájárultak jelenlegi jó sorodhoz.

az ötödik vonal ———

Az elromlott kapcsolatok helyreállítása azon múlik, mennyire tudsz őszintén és nyíltan tárgyalni a korábbi félreértésről. Egy régebbi kapcsolat helyreállítása foglalkoztat, de még nem vetted számításba azt, ami a megromlását okozta. Amennyiben kihagyod a múlt elemzését, könnyen eshetsz ismét ugyanabba a hibába! Beszélj az illetővel nyíltan a gondról, s elkerülheted a bajt.

a hatodik vonal —— ——

Ha magadról megfeledkezve, óvatlanul használod ki e rendkívüli idő összes lehetőségét, veszélybe sodrod magad! Tegyük fel, van egy hódolód, aki régóta csodál a távolból. Most személyesen jelenik meg, és vadul érdeklődik utánad. Megbízható ismerőseidnek viszont (alighanem joggal) nem tetszik a dolog, és óva intenek attól, hogy az illetővel közelebbi kapcsolatra lépj. Súlyos érzelmi sebeket szerzel, ha ezúttal elengeded a füled mellett a kívülállók észrevételeit, és meggondolatlanul fejest ugrasz a kapcsolatba. Az ember némelyik kecsegtető lehetőséget igenis képes visszautasítani! Az elutasított lehetőség helyébe pedig egy új alkalom lép. Arra kérlek, ne vágj bele semmibe meggondolatlanul, tekintsd át alaposan a lehetőségeidet, mert ha nyitva tartod a szemed, valóban a kedvező alkalmat ragadhatod meg.

Érdemes megfontolni!

Beszélgess az emberekkel. Igyekezz nagy teljesítményeket véghezvitt embert kikérdezni, illetve olyat, aki élni tudott valamely remek alkalom lehetőségeivel. Keresd a hozzád hasonló érdeklődésűek társaságát! Tudd meg, ők hogyan érték el a sikereiket? A rendkívüli idők és lehetőségek szorításában mit tettek és hogyan? Mielőtt kifaggatnád őket, gondold végig, és próbáld meg elképzelni, vajon miként birkóztak meg e nagy idők nagy kérdéseivel!

fent: víz

lent: víz

29

Az élet és a tao (A mélység)

A halak egyetlen igénye, belemerülni a tóba.
Az ember egyetlen igénye, belemerülni a taóba.
– Csuang-ce, taoista filozófus, i. e. 4. század

A „tao", vagyis az „út" eszménykép; az a részünk, amely mentes a kétségektől, szilárdan bízik alapelveinkben, egyetemleges. A létezés, a változások forrása; az itt és most; a sors. Az „út" szó megközelítően sem képes kifejezni a „tao" teljes tartalmát, a nyugati kultúrkörben egyszerűen nincs rá szavunk. A „tao" az egyesített alapelv és életelv, amely mindent egy fedél alá hoz, és átsegíti az embert a legnehezebb időszakokon. Jelentőségteljes értelmet ad a jelenségeknek azzal, amilyen módon összehozza azokat; reményt nyújt a kétségbeesésben, összhangot kínál a káosz helyén és örömöt a szenvedésen túl. A tao a láthatatlan szál, mely összefűzi, egyesíti az egymással látszólag semmiféle összefüggésben nem álló eseményeket, jelenségeket és történéseket.

Ez a hexagram a válasz a kérdésedre. Ideje meghatároznod az „út", vagyis a tao életedben betöltött szerepét. Minden cselekedetedet, tapasztalatodat a tao magasztosabb szándékának megfelelően kellene megélned. Sötét korszakodban vagy, a jelek arra vallanak, hogy

120   Az élet és a tao (A mélység)

valamit nagyon elrontottál. Ám nincs reménytelen helyzet, most is többféle megoldást találhatsz – csak szakíts időt a keresésükre! A sötétségből kivezető út szorosan összefügg a taóval, hogy fölismerd a sötétségből kivezető fényt, lépj kapcsolatba spirituális forrásoddal. A szellemi forrásod pedig, függetlenül attól, milyen alakban érhető el számodra, mindenképpen a tao szállítóeszköze. A Szellem hiánytalanul áthatja a taót, s a tao „tudja", miként alakítsa úgy a dolgokat, ahogy minden tekintetben a legjobb. A tao jellemző sajátossága, hogy az általa összehozott a dolgok végeredménye kedvező.

Hol találod a taót? Az ábra jelentése: mélység. Valószínűleg mélységes sötétség vesz körül, melyet felfoghatsz olyan jelenségként, amit a tao emészthet el. Használd megérzési képességed, meditálj, és figyeld a taót, törekedj belső függetlenségedre, mert ezek együtt teszik szabaddá a sötétségből kivezető utat. Jelenleg keveset tehetsz önmagadért, egyszerűen figyelj, és tekints szíved legmélyére, a tao majd feltárja magát előtted.

az első vonal —— ——

A szorongás és a kétkedés megrögzött gondolati sémává válhat a fejedben, s fölöslegesen sok szenvedést okozhat. Az aggódás terméketlen – semmit sem tart vissza attól, hogy megtörténjen, illetve semmiféle megtörtént bajt nem tud helyrehozni. Tanuld meg elfogadni a helyzeted, várd nyitott szívvel a tao kibontakozását, és a saját sötét gondjaid helyett törődj inkább mások szükségleteivel.

a második vonal ————

Ez nem a nagy lépések ideje, inkább a lassításé. Lassíts tehát, és figyelj a taóra rendszeres meditálásaidon, nyugodt elmélkedéseid és a szabadban tett, kiadós sétáid alkalmával. Elégedj meg a kis lépések, a csekélyke haladás lehetőségével.

a harmadik vonal —— ——

Ne tégy semmit! Térj ki a helyzet elől, türelmesen, megértően. Maradj nyitott a taóra, s vállalj fel más, lényeges ügyeket – mert akármilyen koromsötétben tapogatózol, észre kell venned, hogy a komor helyzeten kívül, más is van az életedben, mint a te bajod.

a negyedik vonal —— ——

A felsőbb erőd tisztában van azzal, mennyire összezavarodtál, milyen sok kétség és aggály gyötör, ezért eljön és felkínálja a segítségét. Támogatása segít átlátni a gondot és megérteni a helyzet okait. Tehát végre sikerül elérned és megértened a tao működésének alapelveit.

az ötödik vonal ———

A sötétség lassan eloszlik, és utat enged a fénynek, mindaddig enyhül, míg sürgetőleg be nem avatkozol, s rá nem akarod erőltetni a saját megoldásodat. A „saját megoldás" alatt a szellemi forrásod segítsége nélkül, a tao kizárásával meghozott döntéseket értsd. Az önfejű megoldás arra vall, hogy a Ji csing tanácsairól szintén megfeledkeztél.

a hatodik vonal —— ——

Az esélyek „mi lenne, ha" jellegű latolgatása sehová sem vezet, mindössze a bonyodalmat fokozza, és ezzel számodra még kedvezőtlenebbül alakítja a szituációt. Ne feledd, hogy a tao minden helyzetben benne van, még a legbarátságtalanabban is. A dolgok akkor oldódnak meg, ha bízol a szívedben és a felsőbb erő segítségében. Nyíltszívűen, őszintén minden helyzet átvészelhető, mert az ember kapcsolatban marad a taóval. A tao mindig úgy hozza össze a dolgokat, hogy jóra fordulhasson a helyzet.

Érdemes megfontolni!

A buddhizmus mahajána irányzata régóta tanítja a lojong gyakorlatát, amely egyfajta „agytréning". A gyakorlat ötvenkilenc lényegre törő mondásra épül, melyek hozzásegítenek a beleérző magatartás kialakításához, valamint a részvétteli és teljes élethez. Segít folyamatos kapcsolatot kialakítani a tao alapelveivel, melyek minden létező dolgot és jelenséget áthatnak. A lojong arra edzi az elmét és a szívet, hogyan lehetünk elfogadóbbak, engedékenyebbek és őszintébbek magunkhoz és a körülményeinkhez (további információk a témáról: Pema Chödrön: *Start Where You Are: A Guide to Compassionate Living* (Kezdd onnan, ahol tartasz: A könyörületes élet útmutatója. Boston, 1994, Shambhala.)

A tizenharmadik mondás így szól: „Légy hálás mindenért." Miért? Mert a tao mindenben, a legsötétebb helyzetben is jelen van. S minthogy a tao mindent áthat, légy hálás a rosszért, légy kedves azokhoz, akik fájdalmat, bánatot okoznak, azokhoz szintén, akik szétrombolják az életed. Háborgatásukkal nem tesznek egyebet, mint siettetik, hogy a tao keresésébe fogjunk. Ha nem rombolnák szét létezésünk eddigi kereteit, meglehet, elfelejtenénk a spirituális alapelveink szerint alakítani a sorsunkat. Következésképp a sötétség jelenlegi időszakában az összes kellemetlenség a tao keresésében támogat. Érdemes tehát „mindenért" hálásnak lenni, mindenkihez hálásan közeledni.

Gyakorold egy álló hétig a hálás alapállást. „Légy hálás mindenért" — mondogasd magadban, írd fel néhány papírlapra, ragaszd ki a kocsidra, tedd a fürdőszobádba a tükör fölé, tégy egy cédulát a hűtőszekrénybe és a hálószobádba is. Gyakorold a hálás magatartást, és figyeld, miként vezet rá a taóra.

fent: tűz

lent: tűz

30

A lángoló szivárvány

Kiolthatatlan, halhatatlan fény él benned. Azt a helyet keresi, ahol lobogó lánggal égve ragyoghat. Figyelj oda e belső hévre, menj és keresd azt, amire legbelső éned szeretne rátalálni.
– Lángoló Szivárvány Asszony, szellemi harcos

A tűzifa tápláló anyagai nélkül nem lobbanhat lángra a tűz; szó szerint bele kell kapaszkodnia valamibe, hogy éghessen. Mondhatnánk azt is, hogy a tűz mindig keresi lobogása feltételeinek forrását, és a lobogás forrása is keresi a tüzet, amit táplálhatna. Mindaz, amit a világ felé szeretnél kifejezni, legyen az bővelkedés, szeretet, barátság, szándék, cél vagy tréfa, ugyancsak szeretné megmutatni magát benned. A pénz értéktelen, festett papír marad mindaddig, míg kapcsolatba nem kerül azzal, aki a hasznát veszi. A szeretet adható és kapható (ez alól az önszeretet sem kivétel!). A barátsághoz legalább két ember kell. A terv kifejezéséhez kell a kifejezés igénye és az a személy, aki képes a tervet megvalósítani. A magadban hordott összes álom és szándék úgyszintén keresi hozzád az utat. Ezért állíthatjuk, hogy amit az ember keres, az is keresi őt.

Semmi nem tudja kioltani belső tüzünket, de a folyamatos visszaélés, az önrombolás képes gyengén pislákoló parázzsá változtatni azt. A belső tűz lángja akkor lobog szépen, amikor a spirituális forrás és a szellemiség alapértékei táplálják. Amennyiben hallgatsz a Ji csing előremutató tanácsaira, s az alapelvei szerint élsz, belső tüzed hevesebben lángolhat. Ez a hexagram arra buzdít, ragaszkodj az alapvető értékekhez, avégből, hogy életben tartsd a belső tüzet. Belső tüzed kizárólag akkor tud fellobogni, amennyiben valamilyen lényeges (és alapvető) dologhoz ragaszkodsz. A kételyekhez és az aggályokhoz való ragaszkodás csekély támogatást ad, illetve sosem hordoz igazi erőt. Tehát ragaszkodj a magasztos alapértékekhez, vagyis a reményhez, a szeretethez, az alkotókészséghez, s a belső tüzed lángja nem csupán fennmarad, de hevesebben lobog majd.

az első vonal ———

Ne engedd, hogy saját vagy mások kételyei megfertőzzék az álmaidat! Őszintén és türelmesen foglalkozz az álmaid megvalósításával.

a második vonal — —

A ragaszkodás lényege ezúttal az egyensúly és a mértékletesség. Miképpen tudnád a helyzet egyensúlyát létrehozni, megőrizni?

a harmadik vonal ———

Próbálj meg lassítani! Ne száguldj át sebbel-lobbal a serdülőkori éveiden! Az élet mértéktelen habzsolása, és a „gyorshajtás" gyorsan kiégeti az embert. Ne akarj mindent egyszerre megszerezni és átélni, mert ez egyáltalán nem szítja fel belső tüzed. Ha túl sok fát raksz a tűzre, elfojtod a lángját, az ilyen tűznek parazsa is alig marad, végezetül nagyobb lesz a füstje, mint a lángja. Lassíts, válassz okosan, így élvezd az életet.

a negyedik vonal ———

Tizenévesen a pozitív gondolkodás ereje segíthet át a nehézségeken, ez a legalapvetőbb érték, amihez érdemes ragaszkodni. Amennyiben átadod magad a gyötrő szorongásnak és az aggályoskodásnak, egyre többet fogsz gyötrődni, mert az aggodalmaid tüzét táplálod. Éltél már huzamosabb ideig vég nélkül panaszkodó ember társaságában? Észrevetted, hogy az illető mindig talált valamilyen okot (ürügyet) a panaszkodásra? Így van ez a szorongással és az aggályoskodással is: minél többet szorongsz, annál félősebb és aggódóbb természetűvé válsz, minthogy ezekhez az érzésekhez ragaszkodsz. De ragaszkodj csak kitartóan a türelemhez és a reményhez, rögvest türelmesebb és reménykedőbb leszel.

124   A lángoló szivárvány

az ötödik vonal — —

A felsőbb erőhöz és szellemi alapértékeidhez ragaszkodni érdemes, mert ezek idézik elő a valódi változásokat.

a hatodik vonal ———

Ismét a türelmetlenség és a kételkedés kútjából merítettél! Mit jelent ez? Azt, hogy egyelőre ragaszkodsz a negatív erőforráshoz! Térj vissza a türelmes és az elfogadó magatartáshoz, várd ki az időt, míg a dolgok megoldódnak. Türelmesnek lenni annyit jelent: tudomásul veszed, hogy: a dolgok annyi időt vesznek igénybe, amennyire szükségük van. Ezzel egyúttal elfogadod, hogy ami után kutatsz, az is keresi hozzád az utat (a saját ritmusában).

Érdemes megfontolni!

Áss tűzrakásra alkalmas gödröt, rakj egy tisztességes tábortüzet. Gyújtsd meg a rőzsét, azután telepedj a tűz mellé, és figyeld meg, miként függ a tűz lobogása és élete a tűzifától. Töprengj el arról, hogy amit keresel, az is keres téged. Most a téged foglalkoztató személy vagy álom ugyancsak „megrakta a maga tüzét".

Nélküled a téged foglalkoztató álmok, gondolatok és emberek léte nem teljes. Fa nélkül nincs tábortűz, tűz nélkül nincs láng. Föld nélkül nem nőhetnek a fák. Elmélkedj azokról az alapvető eszmékről, amelyek a belső tüzed felszításához elengedhetetlenek. Mérlegeld, mennyire és miképpen ragaszkodsz a felsőbb erőhöz, amelytől az energiáidat kapod. Teljesen természetes, hogy mikor elindulnunk megkeresni szellemi táplálékainkat, az is elkezd minket keresni — mert mi általa, az pedig rajtunk keresztül szeretné kifejezni magát. Tehát mi csupán a munka felét tudjuk elvégezni — felkutatjuk azt, ami hozzásegíti a rajtunk keresztül megnyilvánulni akaró erőt ahhoz, hogy eljuthasson hozzánk.

Miközben a tábortűz lángjai fellobognak, visszahúzódnak, majd ismét fellángolnak és a szivárvány ragyogó színeiben tündökölnek, töprengj az említett dolgokon.

Ahhoz, hogy bármely fényforrás kibocsáthassa a fényét, valamilyen rendületlen belső tulajdonságra van szüksége, különben idővel kiégne. Minden fénylő jelenség függ valamilyen forrástól, amely a ragyogását élteti, s amely, ha képes hozzá kellően ragaszkodni, folyamatosan élesztheti a tüzét.

– Richard Wilhelm és Cary F. Baynes, részlet az *I Ching or Book of Changes* 30. hexagram értelmezéséből

fent: tó

lent: hegy

31

A vonzás

*Észrevettem, azt kapom vissza, amit adok. Jót cselekszem, jó emberek keresik a társaságo-
mat. Nyomasztó elképzelés, mert ennek ismeretében bármit teszünk, mindenre nagyon oda
kell figyelnünk, de irtó jó érzés, amikor helyesen cselekszünk.*
– Coleman Peters, 18 éves

Hallottad már valaha, hogy aki sokáig ül a borbély székén, azt előbb-utóbb megnyírják? Né-
mely anonim alkoholista hasonló következtetésre jutott a gyógyulásukat segítő tizenkét pont
tanulmányozása közben: aki sokat jár kocsmába, előbb-utóbb inni kezd. S ugyanez érvé-
nyes, szinte mindenre: a gondolkodásra, a viselkedésre, a ragaszkodásra, a megrögzött szo-
kásainkra, sőt még az álmainkra és a reményeinkre is! Az fog megvalósulni, amivel törő-
dünk. Amennyiben a magasztosabb alapelvekre irányítjuk a figyelmünket, és a hasonló el-
vi alapokon állók társaságában töltjük az időnket, a jóakarat s a jóindulat légkörében élhe-
tünk. Amikor pedig pletykálkodunk, elnyomunk másokat, akkor a negatív szokásokat köve-
tő embereket vonzzuk magunkhoz. S ehhez már annyi is elég, hogy sokat tartózkodjunk a
pletykás, zsarnokoskodó hajlamú emberek társaságában; mert előbb-utóbb ugyanúgy fo-
gunk viselkedni, mint ők. Ez a hexagram jelzi, hogy valamilyen hatás/befolyás kezd érvé-

A vonzás

nyesülni a magatartásodban. A hatás forrása lehet a saját lelkivilágod, gondolkodási módod, lehet mások viselkedése, illetőleg valamilyen kellemes, esetleg kellemetlen esemény. Készülj fel arra, ami a hatást gyakorolhatja rád! Vizsgáld meg, milyen befolyást vonzol magadhoz, miféle hatás tükröződik a személyiségeden! Azt is derítsd ki, milyen hatásokat van hajlamod beengedni az életedbe?

Ahhoz, hogy bizonyos embereket és tapasztalatokat vonhassunk be az életünkbe, magunkban kell kifejlesztenünk azokat a tulajdonságokat, amelyeket bennük szeretnénk viszontlátni. Engedd, hadd uralkodjon el rajtad a pozitív gondolkodás és tettrekészség! Ügyelj rá, hová és kik közé jász rendszeresen, gondold át, milyen következményekkel járhat, amit teszel. Kellemes vagy kellemetlen helyek hatásának teszed ki magad? Ezt a hexagramot azért kaptad válaszul, hogy megértsd, akármi érkezzen is mostanában az életedbe, legyen az jó avagy rossz, mindenképp azért vonzódik hozzád, mert te magad vonzod a viselkedéseddel és a választásaiddal.

az első vonal —— —

Indulásra készen állsz az ajtóban – mondhatni. Olyan lehetőséget vonzottál magadhoz, amely akkor lesz jó hatással az életedre, ha nemes lelkűen és befogadásra kész állapotban várod.

a második vonal —— —

Soha ne vonzódj senkihez és semmihez pusztán a megnyerő külső alapján. Szánj rá időt, ismerd meg behatóbban az illetőt, illetve az ígéretesnek látszó jelenséget. A megjelenés jórészt „csomagolás és tálalás" kérdése, emiatt gyakran megtévesztő.

a harmadik vonal ———

Vigyázz, nehogy elhamarkodott (túl gyors) döntésekre ragadtasd magad! Akik valóban törődnek a jó közérzeteddel, úgysem sürgetnek, mert nem akarnak egy döntésbe sem belehajszolni. Vizsgáld meg az apróbb részleteket is. Ne zavarjon a tény, hogy a jó döntéshez idő kell. Viszonyulj óvatosan a hízelgéshez! A hízelgés valójában az ámítás egyik módszere, s egyáltalán nem tükrözi a hízelgő őszinte véleményét.

a negyedik vonal ———

Mondj le az előzetes elvárásaidról, ne akard előre eldönteni, miként kellene másoknak viselkedniük! Amennyiben erőlteted a dolgokat, kiprovokálhatod mások hűségnyilatkozatát, de a valódi vonzalmukat elveszíted. A kierőszakolt kapcsolat nélkülözi az igazi tisztaságot, és a józan ítélőképesség sem jut szóhoz benne. Engedd a kapcsolataidat a maguk természete szerint kibontakozni és fejlődni.

az ötödik vonal ———

Ne vadássz senkire! Ehelyett engedd meg, hogy természetes vonzódás alakuljon ki közted és a többiek között. Mindenképp létrejön a kapcsolat, ha megvan a kölcsönös szimpátia.

a hatodik vonal —— ——

Beszélj kevesebbet, cselekedj többször! A tetteiden keresztül mutasd meg, ki vagy te, és ne a szavaiddal! Ezúttal is bízz a felsőbb erőben, amely segítségedre lesz, hogy elboldogulj ebben a helyzetben.

Érdemes megfontolni!

Szánj rá némi időt, és mérd fel tisztességesen, miféle helyekre jársz rendszeresen, kikkel és miért barátkozol! Milyen szokásokra és magatartásformákra ösztönöznek kedvenc helyeid és közelebbi ismerőseid? Milyen képességeket hoznak ki belőled ezek a helyek és emberek?

fent: mennydörgés

lent: szél

32

A létezés hálója

Töprengj el valamely, tetszésed szerinti időszak fordulatairól. Bármilyen apró fordulat alkalmas a vizsgálódásra. Egyébként is minden a kerék körforgására emlékeztet, a Nap, a Hold, a csillagok járása...

És a fejedben, az agyad számos kis zugában, a gyönyörűen hunyorgó tekintetedben, ha igyekszel, tízezer kerékre lelhetsz a kerekeken belül.
– részlet Carl Sandburg, költő *Think about Wheels* (Gondolkodj el a kerekekről) című verséből, mely a *Poems for Children Nowhere Old Enough to Vote* (Versek gyermekeknek, akik még éretlenek a szavazásra) című kötetben jelent meg

Ez a hexagram a megmaradás kérdéseiről tudósít. Az élet, továbbá jelen esetben a kamaszkor, folytonos változásait úgy kell megélned, hogy közben megőrizd magadban a szeretetet, a könyörületességet, a toleranciát és a barátságaidat, vagyis a maradandó értékeidet. Mindegy tehát, milyen változás köszönt ránk, a valódi értékeink mellett híven ki kell tartanunk.

Minden jó és erős dolog kiállja a változások próbáját. A változások pedig teljesen áthatják a kamaszkort. Szerencsés megélését és személyes fennmaradásodat hihetetlen mértékben támogatja, ha megőrzöd értékes tulajdonságaidat, vagyis a könyörületességet, a türelmet, a szeretetet, a méltányosságod, az elfogadási készséget, a belső függetlenséget és a másság iránt tanúsított megértést (toleranciát). Jó tulajdonságainkat a kapcsolatainkba is magunkkal visszük. Amennyiben épp érdekelt vagy valamilyen kapcsolat, barátság elmélyítésében, tedd ezt annak tudatában, hogy a kapcsolat akkor lesz időtálló, ha mindketten beleszövitek értékes tulajdonságaitokat.

Sokat segít, ha észben tartod: valamennyien a létezés szövedékének (az élet hálójának) alkotóelemei vagyunk, és sorsunk szálainak a nagy mintázatban megvan a pontos helye, tehát mindannyiunk számára van hely, nem véletlenül születtünk. Mondhatnánk, minden ember kész tervvel, céllal jött világra, következésképpen megvan az egyedül rá jellemző helye az élők sorában. Ez a hexagram arra emlékeztet, azt tudatosítja benned, hogy a helyed a létezés szövetében van, mely szövedék életidőktől életidők utánig fennmarad. Még a halál is a lét szövedékének alkotóeleme, mert az *élet-halál-élet körforgás* eleme. Amikor meghalunk, valami teljesen újfajta dologgá változunk, ám a lelkünk épségben fennmarad. Ha vissza tudunk emlékezni a megszületésünket megelőző időre, amit az anyaméhben töltöttünk, sokunkban felderenghet néhány emlék a sejtállapotról is, amikor még mindössze egy pontként definiálható az ember, illetve a lelke. A születéskor a szülőanyánk ölel magához. Miután meghaltunk, lényegében visszatérünk a létezést megelőző állapotba, s a lelkünk ponttá zsugorodva távozik elhasznált testünkből, azon a szülőcsatornán át, melynek végén a Nagy Anya (az anyatermészet) ölelő karja vár ránk.

Ha mostanában veszítettél el valakit, ez a hexagram igyekszik értésedre adni, hogy a legértékesebb részét (amit, oly nagyra tartottál benne), a látszat ellenére sem veszítetted el.

az első vonal —— ——

Ne várj el túl gyorsan, túl sokat. A minőségi tulajdonságok kifejlődéséhez rengeteg idő kell. Ne várd el egy új partneredtől sem, hogy már az első találkozáskor meghitt, közeli viszonyba kerüljetek, elkötelezettség vállalására se számíts. A szeretetbe éréshez, a barátságok elmélyüléséhez idő kell.

a második vonal ———

Ha hibáztál, valld be magadnak, azután lépj tovább! Ne dédelgesd magadban a régi hibákat. Semmi szükséged az önsajnálatra és mások szánalmára. Legyen elég, hogy megvan benned a bátorság és a kellő éleslátás ahhoz, hogy levonhasd a vétked tanulságait és továbblépj.

a harmadik vonal ———

Ahányszor másokhoz próbálod mérni magad, illetve a fejlődésed mértékét, annyiszor téveszted szem elől önnön szellemi igazságaidat, pedig csakis ezeknek van megtartó ereje.

130 A létezés hálója

Aki folyvást másokhoz hasonlítgatja magát, hamar az ítélkezés, kételkedés és a szorongás csapdájába esik. Hadd járjon mindenki a maga útján, te is kövesd a saját ösvényedet, és ne a különbségek miatt rágódj.

a negyedik vonal ———

Összpontosíts a magatartásodra, az élethez való hozzáállásodra, és törődj kevesebbet a dolgok várható végeredményével. Az eredmény ugyan fontos, de az utazás számít, mert anélkül nem érhetsz célba.

az ötödik vonal —— ——

Hagyd, hadd fedezze fel mindenki a maga módján a saját igazságait! Nem a te tiszted a többieket irányítani és ellenőrizni! Ha a szeretet és a barátság jegyében találkoztatok, e két érzést máskor is (erőlködés nélkül) megtapasztalhatod.

a hatodik vonal —— ——

Az életünk folyamán meg kell tanulnunk elengedni a dolgokat és hagyni, hogy érvényesüljön körülöttünk és bennünk a létezés természetes körforgásának ritmikus tánca. Nem kellene örökösen tevékenykednünk. Nem szükséges folyton-folyvást tüsténkedni! Ezt a hexagramot bizonyára azért kaptad válasz gyanánt, mert ideje lazítanod és hozzáidomulnod az élet természetes ritmusához. Tehát ne erőltess semmit! Engedd, hadd érjen el hozzád és hasson rád minden a maga idejében.

Érdemes megfontolni!

Konfuciusz mondja:
A Nap és a Hold rábízza magát az égre; így hosszasan eltart a ragyogásuk.
A négy évszak változik és átalakul; így, amit létrehoznak, sokáig fennmarad.
A szent bölcs élethosszig kitart az útján; így éri el az ég minden teremtménye a maga teljességét.
Gondolkodj el a maradandóság taója felől!
Szemlélődj és elmélkedj az égről, a természetről és a földről, továbbá az összes létezőről.
    — idézet: **Alfred Huang taoista mester** *The Complete I Ching* **című művének**
32. kuájához fűzött magyarázatából

fent: menny

lent: hegy

33

A visszavonulás

Amikor haragszol, lealacsonyítottnak, kiszipolyozottnak érzed magad, lényegében annak a jeleit észleled, hogy az emberek elzárkóznak az energiáid elől.
– Sanaya Roman, a *Creating Money: Keys to Abundance* (A bőség ajtajának kulcsai, avagy a pénzcsinálás művészete) című mű szerzője

Néha ártalmas erőkkel és személyekkel kerülünk összeköttetésbe. A stabilitásunkat aláásó emberek tevékenysége esetenként rejtve zajlik, máskor nyíltan. Egyszer arra akarnak rábírni, vegyünk rész káros és ártalmas szokásaik gyakorlásában, másszor a kifejezetten mérgező hitrendszerüket akarják ránk tukmálni, de megpróbálhatnak a csatározásaikban a maguk pártjára állítani és részvételre késztetni. Minthogy, jelenleg épp az ilyesféle, sötét erők kerültek játékba, legjobb, ha visszavonulsz. Aki az ártalmas szokásait akarja rád erőltetni, kártékony cselekedetekben való részvételre buzdít, egyáltalán nem a te javadat akarja! A helyzet elől azonban nem tudsz teljesen kitérni. Legjobb megoldás a csöndes visszavonulás. Húzódj a háttérbe, és várd ki azt az időt, amikor az illető józanabb hangulatban van, s így elérhető. Amennyiben ehhez nincs türelmed, számold fel a kapcsolatot!

A visszavonulás

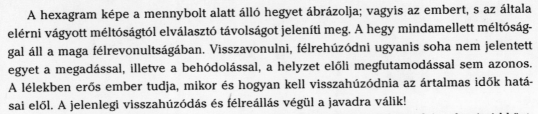

A hexagram képe a mennybolt alatt álló hegyet ábrázolja; vagyis az embert, s az általa elérni vágyott méltóságtól elválasztó távolságot jeleníti meg. A hegy mindamellett méltósággal áll a maga félrevonultságában. Visszavonulni, félrehúzódni ugyanis soha nem jelentett egyet a megadással, illetve a behódolással, a helyzet elöli megfutamodással sem azonos. A lélekben erős ember tudja, mikor és hogyan kell visszahúzódnia az ártalmas idők hatásai elől. A jelenlegi visszahúzódás és félreállás végül a javadra válik!

Ez a hexagram utalhat arra is, hogy valamilyen ellentét támadt közted és a barátaid közt. Jelenleg a barátaid alkalmatlanok a kölcsönös párbeszédre, megbeszélésekre, illetve a probléma megoldására. Ne erőltesd rá őket, úgysem tudják kidolgozni a megoldást. Mindössze a csalódottságodat fokozhatod, ha most ráerőlteted magad és a gondolatmeneted a társaidra. Vonulj vissza, adj rá alkalmat és időt, hogy mindannyian átgondolhassátok az egészet. Használd fel a szünetet, s vedd szemügyre távolabbról a másik embert, s kellő távolságot tartva az illető eszmevilágától és gondolkodási módjától, igyekezz megérteni. Természetesen nem kell vele egyetértened, de mindenképp érdemes a megértésére törekedni. Minden kapcsolatnak megvannak a maga korlátai. Ez idő tájt, talán valamelyik kapcsolatod határaihoz érkeztetek. Előfordulhat, hogy véget ér egy kapcsolatod. Figyelj, s az idő kivallja, miről van szó.

az első vonal — —

Még nyakig benne vagy egy helyzetben, amelyből minél előbb ki kellene kecmeregned. Talán olyasmibe egyeztél bele, amiről tudod, milyen előnytelen rád nézve? Avagy fennakadtál a harag, a félelem, illetve az aggódás horgán, s úgy érzed, be kellene bizonyítanod valamit? Fújj visszavonulót! Sürgősen hagyd abba a meddő töprenkedést és a helyzeted miatti aggódást!

a második vonal — —

A szándékaid természetesen tisztességesek, de hallatni akarod a hangod! Ám jó lesz ügyelni, mert ha ráerőlteted másokra a véleményed, attól még az érintettek egyáltalán nem válnak nyitottá az ötleteidre, akármit is akarj megértetni velük. Nyilván becsületes cél vezet, a jelen helyzettől mégsem várható el ugyanez. Abban az esetben számíthatsz a felsőbb erő támogatására, ha időben visszahúzódsz, és nem erőszakolod rá a nézeteidet senkire.

a harmadik vonal ———

Bár fizikai értelemben kivontad magad a szituációból, szellemileg még leköt a konfliktus. Találj más elfoglaltságot, és engedd, hadd bontakozzon ki a helyzet önmagától (az életedben rengeteg kapcsolat és dolog akad még, ezen a kapcsolaton és/vagy ügyön kívül). Írd le a naplódba őszintén, miért foglalkoztat rögeszmésen ez az ügy. A jegyzetkészítés segít a történtek feldolgozásában.

a negyedik vonal ———

A visszás helyzetek bűvköréből minden ember számára bonyolult feladat kiszabadulni, különösen, amikor nem eléggé elszántak még a visszakozásra. Most sikeresen kihátrálhatsz a konfliktusból, és ez óriási teljesítmény, mert miután kivontad magad belőle, a másik félnek nem lesz kivel küzdenie, és nem lesz kivel szemben feladnia a harcot. Bizonyos értelemben semlegesíted, hiszen a kisujjadat sem mozdítod, sem érte, sem ellene.

az ötödik vonal ———

Továbbra is maradj távol a negatív erőktől. Légy erős, tarts ki visszalépésed mellett. A másik fél emberei valószínűleg megpróbálnak újra bevonni a küzdelembe, mivel nincs kedvük önmagukkal harcolni, holott... Ne hagyd magad még egyszer lépre csalni! Maradj kívülálló, és türelmes. A bonyodalmak kedvelői könnyen visszarángathatják a küzdőtérre a türelmetlen embert, azt, aki repesve várja, hogy történjen *valami*. Őrizd meg nyugalmad és türelmed, tarts ki visszavonultságod mellett, akkor nem tud elcsábítani a harc eshetősége – így fest a méltóságteljes visszavonulás.

a hatodik vonal ———

Mihelyt ráeszmélünk, milyen előnyökkel jár kitérni a negatív erők elől, az eddiginél jobb lehetőségek tárulnak elénk. A méltóságteljes visszavonulás komoly feladat, végrehajtása alaposan elmélyíti az emberi kapcsolatok kezelésében való jártasságod, ráadásul felszabadít. Immár szabad vagy, a saját fejed után intézheted a dolgaidat, mert többé nem kell a negatív erőkkel csatároznod.

Érdemes megfontolni!

Mi segít eltávolodni, kihátrálni a helyzetből? Mi segít hozzá a jobb rálátáshoz? Talán tégy egy rövid kirándulást, igyekezz más dolgokra irányítani a figyelmed, látogass el a nagyszüleidhez, meditálj, hallgass meg egy számodra fontos dalt, esetleg ülj be egy moziba. Tedd ünnepélyessé, de legalább emlékezetes alkalommá, méltóságteljessé a visszavonulásod.

fent: mennydörgés

lent: menny

34

A hiteles erő

Felnőni, és azzá válni, aki valójában vagy, hatalmas bátorságot igényel.
– e.e. cummings, költő és festőművész

A spirituális alapelveidre és a felsőbb erőre támaszkodva hiteles erőt fejlesztettél ki magadban. Lehetőségek tárulnak eléd, és te feljogosítva érzed magad rá, hogy élj az alkalommal. Most azt tanulhatod meg, miként alakíthatod az eseményeket a saját kedvedre a spirituális forrásaidból eredő hatalom eszközeit bevetve. Érintkezésbe kerültél a taóval (*lásd még 29. hexagram),* amely most tetterővel és energiával tölt el.

Ne feledd, e hatóerő akkor maradandó, ha következetesen alkalmazod a jó szándékú szellemi alapelveidet. A Ji csing nyomatékosan figyelmeztet rá, hogy nem szabad kiszipolyozni a hatóerőt azzal, hogy jóindulatú magatartásunkat hirtelen pökhendivé, ítélkezővé vagy manipulatívvá alakítjuk. S elkél a figyelmeztetés, mert a magát hatalmasnak és erősnek vélő ember, sajnos hajlamos átgázolni másokon. Jóllehet a hiteles erő egyformán szolgálja mindazok érdekeit, akikkel kapcsolatba kerül. Minél több erőt és hatalmat nyerünk, annál nagyobb a felelősségünk azért, hogy ne félemlítsünk meg másokat. Tehát az erőd és hatalmad tudatában is bánj türelmesen azokkal, akik még nem tudták birtokba venni saját erejüket!

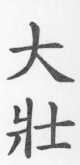

A Ji csing azt is tanácsolja: a cselekedeteink mellett a szavainkat szintén válogassuk meg gondosan, mert a kimondott szó ránk és az érintettekre egyformán nagy hatással lehet.

Kamaszkorodban valószínűleg igen gyakran számíthatsz személyes erőd (és hatalmad) rohamos növekedésével. Az erő növekedésének minden fokozódása olaj a nyugtalanság tüzére! Akárhogy is van, meg kell tanulnod megzabolázni az erőidet, kezeld ügyesen, és egyre több kedvező alkalom tárul föl előtted. Vedd fontolóra, miként akarod kiművelni erőd és belső hatalmad, s ha megfontoltan használod fel, mind téged, mind másokat támogathatsz vele az életutatok folyamán.

az első vonal ——— ———

Tudod anélkül használni a személyes erődet, hogy közben mások elismerésére vágynál? Amennyiben túlságosan kemény próbáknak veted alá magad, kínos helyzetbe kerülsz. Igyekezz józanabbul gondolkodni, s a dolgok egyből kiszámíthatóbbá válnak.

a második vonal ———————

Hogy ne élj vissza az erőddel és a hatalmaddal, maradj szilárd és tapintatos jellem. Javadra válik, ha az erőt nem kártékony módon használod. Ne félj, lesz alkalmad megismerni saját erkölcsi erőd mértékét, és nem is pusztán a bizonyítás kedvéért.

a harmadik vonal ———————

Fejjel rohansz a falnak, miből gondolod, hogy ez a falnak fog ártani? A fejlett személyiségű, igazán erős ember mesterien kezeli képességeit, és nem veszélyezteti magát merő hencegésből némi elismerés reményében. Alapos élet- és emberismeret, valamint éleslátás kell ahhoz, hogy tudd, mikor érdemes cselekedni és mikor nem. (Előbb gondolkodj, azután cselekedj!)

a negyedik vonal ———————

Éppen készülsz engedményeket tenni az erődnek, mert egyetlen hiba miatt kételkedni kezdtél egyéb képességeidben. Használd mértékadó, hiteles erődet és hatalmad okosan, és a segítségükkel a vétket változtasd áldássá. Meg tudod tenni!

az ötödik vonal ——— ———

Nincs szükséged önvédelemi manőverekre ahhoz, hogy megóvd az épségedet. Ne bástyázd körül magad, ne pazarold fölöslegesen az energiádat! Hihetetlenül sok életenergiát emészt fel falakat emelni magunk köré, és a védekezésre berendezkedni! Inkább könnyíts a terheiden. Bízhatsz benne, hogy a dolgok amúgy is ki tudnak, és ki is fognak alakulni. Engedd le a pajzsod, hiszen senki sem akar bántani!

a hatodik vonal —— ——

Az erővel történő visszaélés inkább nehezíti a helyzeted, ahelyett, hogy kisegítene a bajból. Remélem, rájöttél, és mostanában korrekt módon viszonyulsz önmagadhoz, így jutsz el a helyzet megoldásához.

Érdemes megfontolni!

Kutasd fel az erőállatodat, vagyis a totemedet! Találd ki, milyen tulajdonságokat vehetnél át tőle és fejleszthetnél magas szintre. A totemállat és az ember közti hagyományos kapcsolatok példáit az indián kultúrkörből, továbbá a japán sámánisztikus hagyományokból kölcsönöztem csakúgy, mint a gyógyító séták szokásának felelevenítését, a gyógyító sámán társaságának keresését, és az álmok felidézésének szokását.

Gyógyító sétákat a természet háborítatlan zugaiban érdemes tenni (erdőben, prériken, parkokban), ahol érdemes keresni az állatokkal való találkozások lehetőségeit. A séta azért gyógyhatású, mert az érintetlen környezetben helyreállíthatod kapcsolatodat a természettel és mindazzal, ami a zabolátlan természettel kapcsolatos. A gyógyító sétára szánj legalább egy órát, de legjobb három-négy órás útra indulni. Keress egy háborítatlan pihenőhelyet, ahol remélhetőleg összetalálkozhatsz a helyi „vadakkal", legyenek azok rovarok, madarak, farkasok, őzek kenguruk, a patakban vagy tóban fickándozó, partközelben úszkáló halak. Mikor elindulsz, keress egy jellegzetes helyet, illetve készíts néhány elhullott gallyból egy küszöböt, amin átlépve jelképesen magad mögött hagyod a mindennapi élet unásig ismert körülményeit, és belépsz a Szellem szent birodalmába.

Lassan, csöndesen lépdelj! Telepedj le valahol, s várd ki, mi jön oda hozzád. Aztán egyszerűen jegyezd meg, milyen madár sürgölődött a látótávolságodon belül, ezen kívül bármi, számodra figyelemreméltó jelenséget jegyezz meg. Talán állatok nyomaira, odúkra, vackokra bukkansz, ha szerencséd van, láthatsz is egy-két nyulat vagy egyéb kisállatot, amint kiugrik búvóhelyéről, vagy odébb surran az utadból. Előfordulhat, hogy a hangyákon kívül nem látsz egyetlen állatot sem, de hallod valamelyikük hangját. Lépdelj óvatosan, ügyelj rá, hová lépsz! A séták alkalmával rátalálhatsz az erőállatodra, akit álmodban is megláthatsz persze. Mielőtt elalszol kérd az általad tisztelt szellemi erőt, tegye lehetővé, hogy álmodban találkozz az erőállatoddal, aztán majd meglátod, milyen lény jelent meg előtted.

Számos CD és meditációs kazetta közül válogathatsz, melyek a meditációs utazás alkalmával segítségedre lehetnek a totemed felkutatásában. Ezek a hangfelvételek „sámáni utazások" vagy „sámánzene" címen kaphatók.

Szintén érdemes átgondolnod, hogy az alábbi kérdésekre adott válaszaid alapján melyik állat lehet a totemed/erőállatod.

1. Melyik hüllő, emlősállat, madár vagy rovar iránt érdeklődsz legjobban? Az ember mindig azokhoz az állatokhoz vonzódik, amelyek kifejeznek valamit erősségeiből, illetve amelyektől volna mit tanulnia.

2. Milyen állattal találkozol leggyakrabban, mikor elhagyatott helyekre mégy sétálni, és milyen állattal találkozol legtöbbször az álmaidban?

3. Reményeid szerint, melyik állat lehetne az erőállatod? Mindegyik állatnak jellegzetesen egyedi, hiteles ereje van.

4. Melyik állattól félsz? Amely állatoktól félünk, ugyancsak sok érdekes dologra megtaníthatnak, többek között az erejükről, a hatalmuk és a saját erőnk természetéről.

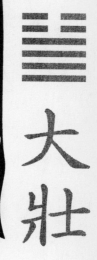

Az állatszellem tulajdonságait szemlélve a saját természetünk tükörképébe nézhetünk.

– Kenneth Meadows, az őshonos indiánok gyógyító módszereivel foglalkozó könyv szerzője

fent: tűz

lent: föld

35

A fejlődés

Mindenütt akad egy rés, ahol beárad a fény.
– Leonard Cohen, költő, énekes

A hexagram a föld fölé emelkedő Napot jeleníti meg. Amit a Nap fénye megérint, ösztönzést érez a növekedésre, fejlődésre, beérésre. A Nap maga szabályosan „felfalja" a sötétséget, hogy megteremthesse a fényt. A napsugár fénye a legkisebb résen is áthatol, és bevilágítja azt a teret, ahová behatol. Minden ember gondolkodásában akadnak rések; ahogy mindannyian hordozunk magunkban sötét, rossz hangulatú energiákat. Engedd be a fényt, és e reménytelenül sötétnek látszó zugokban világosság támad. A fény megváltoztatja e zugok jellegét. Be kell engednünk lelkünkbe és gondolataink közé a „Napot", hogy negatív érzéseinket, köztük a gyűlölködést, a féltékenységet eloszlassa, és szeretetté, könyörületességgé alakítsa fényének ragyogása.

Számodra most érkezett el a fejlődés és a megvilágosodás lehetőségének ideje. A fejlődés általában magától és könnyedén jön. A Nap felkel, és az életünket máris betölti a fény. Minél több fényt engedsz bejutni, annál nagyobbat fejlődsz. Engedd, hadd ragyogja be a fény életed minden zugát. Derítsd fel a sorsod pozitív, egészséges magatartással.

Ez a hexagram utalhat arra is, hogy te és a barátod méltó párjai vagytok egymásnak. Kiegészítitek egymást. Kiváló alkalom, hogy biztonságos, alkotó jellegű és tartós kapcsolatot alakíts ki vele.

az első vonal — —

Hiába cselekedtél helyesen, hiányzik az önbizalmad. Emiatt ne tétlenkedj, cselekedj legjobb belátásod szerint, idővel az önbizalmad is megjön.

a második vonal — —

Nincs az a kapcsolat, amely megérné, hogy megalkudj önmagaddal, és az ellenkezőjét tedd annak, amit helyesnek érzel. André Gide szavaival élve: „Jobb a szerelmünk gyűlölete azokénál, akik nem szeretnek". Mindenekelőtt önmagadhoz légy őszinte, mert akkor a szeretni képes, jó kapcsolattartó emberek társaságát fogod vonzani.

a harmadik vonal — —

Azért jönnek hozzád az emberek, hogy támogassanak, ám ők is hasznát látják majd annak, ha a belső igazságaidnak megfelelően élsz.

a negyedik vonal ———

A kapcsolatok fejlődésének idején fokozottan ügyelj rá, nehogy meggondolatlan, illetőleg mohó legyél, különben úgy járhatsz, mint a Titanic kapitánya, aki túlbuzgóságában nem ismerte fel hajója teljesítőképességének korlátait, és emiatt elveszítette a hajó feletti uralmát. A meggondolatlanságod a hajód összes utasát veszélyezteti. Minden hatalmi helyzetben lévő, fejlett embernek körültekintőnek, óvatosnak kell lennie, nem kellene szem elől tévesztened a korlátaidat! A figyelmesség viszont megóvhat a veszélyektől.

az ötödik vonal — —

Tizenévesen időnként nem látjuk át a kép egészét, azaz leragadunk egy-egy csalódásnál és a fejlődés bizonyos állomásain, mintha mindent rá lehetne húzni egy kaptafára. Igyekezz fenntartani magadban az utazás képzetét, a fejlődésed jelenlegi állapotát tekintsd az út egyik szakaszának. Igyekezz folytatni az utad, megszámlálhatatlanul sok élmény és fejlődési fokozat vár még rád!

140 A fejlődés

a hatodik vonal ———

A tapintatlanság visszafelé sül el. A támadás kizárólag a saját negatív alapfogalmaid ellen lenne indokolt. Őrizkedj a kifelé irányuló szigorúságtól, ha nem esel túlzásokba, a helyzet nyugodtan fejlődhet a maga természete szerint.

Érdemes megfontolni!

Kelj fel korán, és nézd meg a napfelkeltét! Még sötétben menj ki a szabadba, és várd meg odakinn a hajnalhasadást. Figyeld, miként érinti meg és árasztja el a Nap fénye az egész tájat, s benne mindent – téged is.

Hogyan képes a rózsa
feltárni még a szívét is
és odaadni a világnak
az egész
szépségét?

A fényből sugárzó bátorítást érzi
a léte ellenében,
ha nem így volna
valamennyien
túl rémültek
maradnánk.

– Háfiz, szúfi költő

fent: föld

lent: tűz

36

A sötétedés

A virágok, de még a termés is, csupán a kezdet. A magokban szunnyad az élet és a jövő.
– Marion Zimmer Bradley, költő

Bekövetkezett a sötét, nehézségekkel teli időszakok egyike, önmagad megőrzése a tét. A hexagram képe a lemenő Napot idézi emlékezetünkbe. Bőrödön érzed a körülötted mindent elborító sötétség hatását, ez most a külső körülmények következménye. Minthogy a Nap felkel (*lásd 35. hexagram*), le is kell nyugodnia. Miután épp csak elkezdett sötétedni, a folyamat hosszúnak ígérkezik, a haladás lassan, de végbemegy, jobbra fordul majd minden. Jelenleg reménytelennek látszik a helyzet, főleg mert elcsüggedtél. Attól félsz, soha nem találsz ki a sötétségből. A dolgok a maguk módján, idővel előteremtik a kiutat; te csak koncentrálj az ígéreteid betartására, és bízz a spirituális forrásod segítségében, amely átsegít a sötét időszakon.

Eredendő jóságod szintén hozzásegít a nehéz idők átvészeléséhez. Minekutána a sötétség elviselhetetlenül hosszúnak ígérkezik. A figyelmed irányítsd a belső erődre, legalább olyan odaadóan, mint a 35-ös hexagramnál leírt fényözön alkalmából fordítottad a fejlődésre. A fény nem létezhet sötétség nélkül, a nappal után óhatatlanul bekövetkezik az éjszaka.

142 A sötétedés

A sötét korszakok sikeres átvészelésének kulcsa a lelki tartás! Igyekezz magad épségben megőrizni, ne add fel a magadba, illetve a felsőbb erődbe vetett hitet!

Fogadd el a helyzetet, mint elkerülhetetlent, de ne feledd, hogy a világosság majd áthatol a sötétségen. Ez a hexagram arra is célozhat, hogy valamilyen értelemben mások tartanak sötétségben téged. Ilyenkor a saját érdekedben annyit tehetsz, hogy kivárod a derengést, s kitartóan bízol a megérzéseidben. Az elfogadó magatartás segít kivárni, míg maguktól elrendeződnek a dolgok, és újra felkel a Nap.

az első vonal ———————

Attól félsz, számodra eredménytelenül alakul minden, emiatt hajlasz rá, hogy lemondj nemesebb alapelveidről. Ne éld bele magad a kétségbeesésbe, mert ezzel is a sötétség esélyét fokozod! Őrizd meg nyugalmad, és bízd rá magad a felsőbb erőre! A sötétség leple alatt az alkotóerő munkálkodik – ezt sose feledd!

a második vonal —— ——

Alkalomadtán helyesebb szélnek ereszteni a sérelmeidet, és a sebeid nyalogatása helyett másokon segíteni. A segítőkészséged kimutatása számodra is hoz némi enyhülést.

a harmadik vonal ———————

Valamit megértettél a jelenlegi viszontagságaidról. Ettől azonban nem javul egy csapásra a helyzet. Továbbra is foglalkozz a kérdéssel, és tarts ki a lelked mélyén érzett igazad mellett, a dolgok lassan, de alakulnak.

a negyedik vonal —— ——

Miután rájöttél néhány a helyzetben, esetleg a személyiségedben rejlő áldatlan tulajdonságra, igyekezz tőlük megszabadulni. Hagyd el negatív szokásaidat, lépj tovább! Aki kitart rossz szokásai mellett, végül szuroksötétben kénytelen tapogatódzni (aki például kitart a reménytelenség mellett, s azt hiszi, örökké a hullámvölgyben marad, az lábol ki legnehezebben a szorongattatott helyzetéből). Ha elhagyod a negatívumok ösvényét, jó irányba haladhatsz, előnyös fordulatokra számíthatsz.

az ötödik vonal —— ——

A megpróbáltatás most elkerülhetetlen. Nyugodj bele a helyzetedbe, s törődj belső erőd fokozásával.

a hatodik vonal —— ——

A sötétség tetőzik. Könnyen úgy érezheted, hogy a körülmények megváltoztatására tett öszszes erőfeszítésed elhibázott. Ám amennyiben erős maradsz, és megőrzöd a függetlenséged, még ez a szurokfekete sötétség sem árthat neked. Ne ess a reménytelenség és egyéb negatív érzelmek csapdájába, mert már közel a hajnalhasadás, és újra mindent beragyog a fény.

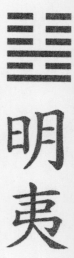

Érdemes megfontolni!

Keress egy csöndes, nyugodt helyet, nézz végig egy naplementét. Figyeld, hogy falja fel a hanyatló fénysugarakat a sötétség, s milyen színpompás az alkonyat. Töprengj el azon, miként foglalja el naponta a fény helyét a sötétség, hogyan pihen meg és várakozik valamennyi élet az éjszaka sötétjében. Gondolj bele: a sötétségben zajló élet is a létezés egyik változata.

fent: szél

lent: tűz

37

A család és a banda

*Elsőként
a hal kívánt szólni:
„Valamit nem értek a tevegelésről!
Olyan átkozottul
szomjas vagyok."*
– Háfiz, szúfi költő

Ez a hexagram az egészséges családi és társadalmi élet ismérveiről szól. Milyen családi körülmények között élsz? Kamaszként többnyire nem áll módunkban kivonni magunkat a családi körülményeink közül, de lehetünk óvatosak és gondoskodhatunk önvédelmünkről a családon belül is. Amilyen mértékben tökéletesítjük magunkat, olyan mértékben tudunk hatni családi körülményeink alakulására. Amennyiben pozitív készségeinket fejlesztjük, előnyös hatással lehetünk a környezetünkre. Ezen túlmenően, tekintet nélkül a családi helyzetünkre, dönthetünk amellett, hogy a magunk útját járjuk.

Az egészséges családi légkörben a családtagok megbecsülik egymást, őszinték, ragaszkodnak egymáshoz, biztonságban érzik magukat a hozzátartozóik között, és rokoni vonzalmat táplálnak egymás iránt. Ha szeretjük a rokonainkat, ösztönösen nyíltak, őszinték, kedvesek vagyunk velük és elfogadjuk egymást. A többiektől nem várhatod el, de személyesen sokat tehetsz annak érdekében, hogy tápláld magadban az összetartozást erősítő érzéseket. Ösztönösen vonzódsz majd azokhoz, akik hasonló, nemes lélekre valló alapelvekben hisznek. Attól függően, hogy a családod mennyi és miféle értékes tulajdonsággal rendelkezik, illetve mely képességeknek van híján, különféle típusú kihívással kell szembenézned odahaza.

Egy régi közmondás szerint, aki a világot akarja gyógyítani, annak először a társadalmat kell meggyógyítania. Értelemszerűen, ha a társadalmat akarod egészségessé tenni, előbb a család egészségét kell biztosítani. Amennyiben egészséges családi életre törekszel, előbb a saját egészségedet kell megalapoznod. Ha eléred, hogy kifogástalan legyen az egészséged, az rád és egész környezetedre jó hatással lesz. Ez a hexagram arra emlékeztet, ideje feltenned a következő kérdéseket: Mit viszel be a kapcsolataidba? A családotokban mit jelent a szeretet és az elkötelezettség?

Nagyritkán a család fogalma egyet jelent azzal a „csoporttal, klánnal (nagycsalád), érdekcsoporttal, bandával", ahová tágabb értelemben tartozik az ember. E csoportok egészséges légköre akkor tartható fent, ha ugyanazon elvek szerint biztosítjuk, amelyek az egészséges család fenntartásának alapjai. Amennyiben egy csoportban előtérbe kerül a kegyetlenség, a kockáztatás vagy a tisztességtelen életelvek gyakorlása, a társaság nem alkalmas az éltető szerepére. Ha nehézségekbe ütközik a csoport, banda stb. elhagyása, kérd és vedd igénybe kívülállók segítségét!

az első vonal ———

Közeli kapcsolataidban akad néhány ügy, melyekkel foglalkoznod kell! A megoldáshoz mindenekelőtt a Ji csing tanácsai alapján elsajátított alapelvekre lesz szükséged. Kezdd az elején, vagyis önmagaddal és legközelebbi hozzátartozóiddal.

a második vonal —— ——

Ügyelj rá, hogy a saját elveidet kövesd, ne azzal törődj, mit tartanak helyesnek, illetve mit helytelenítenek mások! A kapcsolatok ápolása közben könnyen esünk abba a hibába, hogy mások elvárásaira figyelünk, és hanyagoljuk a saját ügyeinket. Ez a vonal arra is figyelmeztet, hogy túl sokat foglalkozol a múlttal, illetve a jövővel. Térj vissza a jelenbe, foglalkozz a jelen kérdéseivel!

a harmadik vonal ———

Tanulj meg kedvesen, óvatosan bánni magaddal, s mihelyt ez megy, nem esik majd nehezedre kedvesen viszonyulni a többiekhez. Akkor bánsz figyelmesen magaddal és társaiddal, ha kerülöd a szélsőséges érzelmi és tettleges reakciókat.

a negyedik vonal —— ——

A jövő miatt érzett félelem és csüggedés miatt váltál lemondóvá, emiatt szigetelődsz el a többiektől. Minden embernek szüksége van a családi és társadalmi támogatásra a nehéz időkben. Nyújts kezet mindazoknak, akik szeretnek, engedd meg nekik, hogy bátorságot öntsenek beléd.

az ötödik vonal ———

A félelmetes embereket jobb nagyívben elkerülni! A folyamatos rettegés a belső erő és nyugalom elvesztéséhez vezet. Ezzel szemben a szeretet szélesre tárja előtted a kapukat. Tégy meg mindent, amit csak tudsz az ajtók kinyitása érdekében.

a hatodik vonal ———

A kapcsolataid jók, és híven tükrözik a tökéletesedésedért tett erőfeszítéseidet, kiviláglik belőlük, mi tesz valakit érett személyiséggé, értékes emberré. Magabiztosan jársz a szellemiség ösvényén, szerető társadalmi közegben élsz.

Érdemes megfontolni!

Mitől kultusz egy kultusz? Tanuld meg, miként határozhatod meg, mi a kultusz lényege, és mit jelent az egyén vezérlése. Olvass sokat, igyekezz minél alaposabban tájékozódni arról, milyen ismérvek jellemzik az érzelmi és lélektani visszaéléseket és az uraskodást, s miután alaposan tájékozódtál, kerüld el a visszaélésekre alapozott kapcsolatokat. Az alábbiakban a kultuszok és a birtokló jellegű kapcsolatok néhány ismérvét láthatod:

- Megtiltják az ellentmondást, nem adhatsz hangot az övékétől eltérő véleményednek.
- Más akar helyetted dönteni és gondolkodni.
- Többféle tekintetben kihúzzák a talajt a lábad alól.
- Minél több időt töltesz az illető vagy az adott csoport társaságában, annál jobban elszigetelődsz a barátaidtól és a családodtól.

fent: tűz

lent: tó

38

Nézeteltérések

Határtalan szél és Hold – tekintet a tekintetekben
Kimeríthetetlen Menny és Föld – fény, túl a fényen
A fűz sötét, a virág ragyogó – tízezer ház áll
Kopogj be minden ajtón – s az egyik nyitva vár
– Rúmi, szúfi költő

Nézeteltérést jelez a hexagram. Félreértés támadt közted és mások között. Talán különbözik a véleményetek az élet értelmét illetően, talán nem értesz egyet a Ji csing tanácsaival. Hatalmas a nézeteltérés, holott az alapja lehet belső ellentmondás is; emiatt ajánlatos szakavatott tanácsadó, spirituális oktató után nézned, akinek segítségével feldolgozhatod a benned dúló belső ellentmondásokat. Amennyiben van érettebb személyiségű pártfogód, először vele beszéld meg a dolgot, jelenleg az ő tanácsai is közelebb vihetnek a megoldáshoz.

Mint már említettem, ez a hexagram utalhat arra is, hogy közted és mások között merült fel nézeteltérés. Vagy te nem érted jól őket, vagy ők értenek félre téged. Ne erőltesd a gyors összehangolódást, ehelyett hagyd, hadd haladjon a másik fél a saját ütemében, azért közben elemezd őszintén, éleslátó emberhez méltón az ellentmondást. Miután valamelyest megértetted a helyzetet, bizonyára nyitottabbá válsz a másik fél érveire, s képes leszel odafigyelni rá. Máris megteremtettétek a nézetek egyeztetésének alkalmát azzal, hogy törekszetek a kölcsönös megértésre és odafigyeltek egymásra.

Alighanem nincs ínyedre elfogadni egy alapvető igazságot, esetleg valamilyen negatív magatartást akarnál átültetni a gyakorlatba. Például: amikor a kábítószerezés megtetszik valakinek, káros szokását úgy próbálja mentegetni, hogy igyekszik okot találni a viselkedésére, igyekszik magát meggyőzni a drogozás veszélytelenségéről. De mit érhetünk el hamis érveléssel? Milyen kilátásokkal kecsegtet az önáltatás? Mi a véleményed erről?

az első vonal ———

Még hatalmas ellentmondások esetén is van lehetőség a megegyezésre. Erőlködés nélkül, egyszerűen maradj nyitott a másik fél érvelésére, illetve legbelső igazságaidra.

a második vonal ———

A jóságba vetett bizalmad is hozhat némi áttörést, segít az ellentmondás feloldásában. A nyitottság mindig elvezet a megértéshez. Olyan ez, mint amikor egy szűk bezárt szobában ülsz, aztán ha kitárod az ajtaját és kinyitod az ablakait, kiderül, hogy sokkal tágasabb, mint amilyennek látszott. Mivel tágasabb, több dolog fér el benne.

a harmadik vonal —— ——

Mintha minden összefogott volna ellened! Tekintsd érettséged vizsgájának azt, miként kezeled ezt az akadályt. A válaszod legyen kiegyensúlyozott, semmiképp se ess túlzásokba! Ha türelemmel bánsz az üggyel, hamarabb megoldódik.

a negyedik vonal ———

Kérd a barátaid és közeli hozzátartozóid segítségét, hogy tisztázhassátok az ellentétek okait.

az ötödik vonal — —

Ha belebonyolódsz az ellentmondásokba, nehezen veheted észre a helyzetből kivezető utakat, lehetőségeket. Igyekezz a felszíni jelenségek mögé tekinteni, és egyből jobban ráláthatsz mindenre. Pozitív végeredményre számíthatsz, amennyiben képes vagy átfogóbb képet alkotni a helyzetről.

a hatodik vonal ———

Mással is előfordult olyasmi, mint most veled. Hagyd abba a szorongást, lazíts annak a tudatában, hogy minden dolog kimunkálásának megvan a módja, tehát lesz megoldás a te bajodra is.

Érdemes megfontolni!

Egyszer egy nő börtönbe került. Már olyan hosszasan raboskodott, hogy elfelejtette, miért került a rács mögé. A celláján volt egy kis ablak, amelyen át minden délben egy egész órán át besütött a nap. Az asszony mindennap a fény megjelenésére várt, hogy arcát a csöpp nyílásra tapaszthassa és megfüröszthesse a napsugár melegében. Naponta felhúzódzkodott az ablakig, s az arcát szorosan a nyílásra tapasztotta, így várakozott, míg a fény odébb nem kúszott. Aztán leugrott a sötétbe és ott kucorgott másnap délig. Időnként bejött valaki, s betett a cellába egy-egy tál ételt. Az asszony minden nap a sötétben kucorgott, és némán várta a fénykéve érkezését. Nap mint nap az erejét megfeszítve kapaszkodott fel a kis nyílásig, és erejét megfeszítve függeszkedett a rácsokba kapaszkodva, úgy élvezte kicsinyég a nap melegét és ragyogását. S így ment ez, míg meg nem halt. Az asszony olyan erősen várta a fény érkeztét, hogy egyszer sem vette észre: cellája ajtaja nincs kulcsra zárva. Nem vette észre, hogy bármikor szabadon kisétálhatna a börtönéből!

Talán te is azért érted félre a helyzeted, mert sötétségben élsz? Talán te is olyan erősen összpontosítasz egyetlen lehetőségre, hogy a többit észre sem veszed? Ha a bebörtönzött asszony egyszer is körbesétált volna a cellájában, amikor oda besütött a nap, és kihasználva a világosságot megpróbált volna körülnézni, mi több, lenyomni az ajtó kilincsét, menten kiszabadult volna a fogságból! Bármikor elhagyhatta volna raboskodása helyszínét, amennyiben körültekintő! Szóba elegyedhetett volna azzal a személlyel, aki az ételt hozta. Szóval, amennyiben lélekben készen állt volna a szabadulásra, bármikor könnyedén visszanyerhette volna a szabadságát!

Rabságban halt meg, és a fogva tartójának végtelenül könnyű dolga volt vele, mert a nő önmaga börtönőreként viselkedett!

Az igazság általában
Ott van az orrod előtt,
ne hagyd, hogy az orrod
elfogja előled a kilátást!
— **Jere Truer, költő**

39

Kősziklák között (Az őrlődés)

Az éhes kutya a kiaszott csontra is ráharap.
– **Soiku Shigematsu, műfordító**

A reménytelenség, a kétkedés, az alacsony szintű önbecsülés és a félelem vettek ostrom alá. Mintha gúzsba kötve kellene táncolnod. Egyetlen módon oszlathatod el a nyomasztó érzéseidet, éspedig ha elfogadod a kihívást, megismered félelmeid természetét, s ezáltal teszel szert új nézőpontra, melyből azután jobban átlátható minden. A helyzet nem azonos a 36. hexagramnál ismertetett sötétséggel, mert a gondot nem a külső körülmények, hanem a saját gondolkodásmódod okozza. Amikor a gondolataink komorak, homályosak, a legcsekélyebb fejlődésre sem vagyunk képesek.

A bennünk rejlő és másokban fellelhető negatív tulajdonságok dédelgetésével mi magunk gátoljuk az elménk nyugalmának kialakulását. A mahajána buddhizmus követőinek körében elevenen él a (tapasztalatokkal is alátámasztott) vélekedés, miszerint ha szereted önmagad és embertársaidat, egyidejűleg képtelen vagy haragosan gondolkodni. Tehát legfontosabb önmagunkon kezdeni – igyekezz megbarátkozni magaddal és megszeretni magadban mindazt, amit eddig megvetettél – mihelyt sikerül megszeretned önmagad, a többieket is képes leszel szeretni. Az ember hajlamos ugyanúgy érezni mások iránt, mint önmaga iránt. Foglakozz az önbecsüléseddel, s igyekezz megszeretni magad az összes adottságoddal, tulajdonságoddal együtt, akkor jó barátságban élhetsz mind magaddal, mind embertársaiddal.

az első vonal — —

Ideje okulni a felmerült nehézségekből. Többféleképp láthatsz hozzá. Kereshetsz valakit, akinek adsz a véleményére, szívesen kikéred a tanácsát, nyugodtan rábízod magad az irányítására. Másik lehetőség kissé eltávolodni a problémától, hogy alaposabban szemügyre vehesd a dolgot. Azonban soha nem fogod átlátni a helyzetet, ha rabja maradsz önemésztő, negatív gondolataidnak. Miután eltávolodsz kissé a problémától, könnyebb lesz átlátni azt és elszakadni tőle.

a második vonal — —

Nem te vagy az oka a kialakult helyzetnek! A gond mindensetre jó alkalom rá, hogy feltárd és fokozd a belső erődet. Ahelyett, hogy negatív gondolatokat forgatnál a fejedben, inkább szedd össze magad, és foglalkozz a személyiséged fejlesztésével! Túl szigorúan bánsz magaddal, sötét gondolatokat forgatsz a fejedben, leragadsz a negatívumoknál. E magatartás legnagyobb veszélye, hogy végül másokat is túl szigorú szempontok szerint ítélsz meg. Pedig csakis akkor láthatod meg a kiutat, ha előítéletektől mentesen, elfogulatlanul gondolkodsz.

a harmadik vonal ———

Jóra akkor számíts, ha nem ötletszerűen cselekszel. Aki mindenáron meg akar szabadulni a kényelmetlenségtől, csak ront a helyzetén. Ne osztogass tanácsokat, ne akard másoknak megszabni, mikor mit tegyenek, hagyd, hadd oldja meg ki-ki a maga módján a dolgait. Azon fáradozz, hogy te eltávolodj végre a negatív gondolkodástól.

a negyedik vonal — —

Meditálással és nyugalmad megőrizve gyűjtheted össze a továbblépéshez szükséges lelkierőt. Mi a teendőd? Időben eszedbe jut majd.

152 Kősziklák között (Az őrlődés)

az ötödik vonal ———

Kezded érezni a negatívumok szorításának enyhülését. Az segít a legtöbbet, ha a helytelen gondolatok korrigálásra összpontosítasz. Menni fog, mert a felsőbb erő is a segítségedre siet.

a hatodik vonal —— ——

Egyformán hajlandó vagy magadon és embertársaidon segíteni. E kellemes fordulat azért állt be, mert végre rábízod magad az emelkedettebb szellemi élet alapelveire, és hajlandó vagy a spiritualitás forrásából érkező támogatást elfogadni.

Érdemes megfontolni!

Tarts észben legalább egy pozitív gondolatot önmagadról, s figyeld meg, hogy ugyanakkor képtelen vagy rosszat gondolni magadról. Mihelyt a negatív gondolatok ismét betolakodnának az elmédbe, sürgősen gondolj valami jóra. Ez a kis gyakorlat végezhető rendszeresen vagy alkalmanként, amikor szükségét érzed. A pozitív gondolatokkal kapcsolatos meditáláshoz ülj le a padlóra vagy egy székre kényelmesen, de a hátad ne támaszd oda semmihez. Mindkét talpad érintkezzen a padlóval, amennyiben egy széken ülsz. Ülj kényelmesen, de egyenesen és éberen. Kezdd a légzőgyakorlattal: a figyelmed irányítsd a légzésedre, majd megtartva légzésed természetes ritmusát, lazíts. Közben egyszerűen képzeld lelki szemeid elé, amint a beszívott levegő átjárja a tested. Figyeld a légzéssel párhuzamos fizikai jelenségeket. Amikor teljesen átvetted légzésed ritmusát, a tudatodat irányítsd rá egy pozitív gondolatra, például gondold ezt: „szeretetteljes gondolatok hatnak át". Folyamatosan ismételgesd magadban ezt a kijelentést. Figyeld meg, hogy ezenközben képtelen vagy negatív gondolatokra figyelni. Maradj meditációs pózban néhány percen át, és sütkérezz a szeretet gondolatának fényében.

Legnagyobb bölcsesség a szívjóság.
— *Talmud*

fent: mennydörgés

lent: víz

40

A szabadság

Inkább oka legyél a létezésednek, mintsem a következménye. Bármilyen helyzetben vagy, ne feledd: szabaddá teheted magad a negatívumoktól és az ártalmaktól. A szabadságod abból ered, hogy tudod, azt kapod, amit szeretnél, vagyis az határozza meg a tapasztalataidat, amit a körülményeidről és lehetőségeidről gondolsz.
– Lángoló Szivárvány Asszony, szellemi harcos

Hamarosan felszabadulsz bizonyos gondok, feszültségek vagy veszély hatása alól. A valódi szabadság a magatartásod megváltoztatásánál kezdődik, s csakis ezután következhet a körülmények szükségszerű megváltoztatása. E cél érdekében szorgalmazza a Ji csing és a többi szellemi iskola a gondolatvilág figyelmes megtisztítását. Mert valójában az dönti el, miként alakul a dolog számunkra, amit gondolunk az adott helyzetről. Az életben jó és rossz egyaránt történik velünk – de szabaddá tehetjük magunkat a körülmények hullámvasútjának játékától, mihelyt megtanulunk az létezésünk okává válni. Élete változásainak kiindulópontjává az válhat, aki tudja, milyen válaszlépéseket kell tennie, hogy a neki megfelelő irányba befolyásolja a végeredményt. A dolgok senkivel sem történnek meg „csak úgy", ok nélkül. Egyáltalán nem vagyunk a külső erők kegyelmére utalva. Jóllehet a kamaszok, s oly-

A szabadság

kor még a felnőttek is úgy érzik, hogy nincs kellő energiájuk ahhoz, hogy szabadok legyenek, de ez tévedés –, mert van rá energiánk, meg tudjuk tenni. Mindig megvan hozzá a kellő szabadságunk, hogy saját döntéseinknek megfelelően kezeljük a nehézségeinket, az ügyeinket s a lehetőségeinket.

A hexagramhoz tartozó kép a mocskot (nehézséget) elmosó, viharfelhőkből alázuhogó, bőséges eső képét idézi. A szabadság megszerzése kiváló alkalom az újrakezdésre és a megújulásra. Hagyni kell, hadd mossa el a múltat a kiadós zápor! A kép nyíltan utal rá, hogy valakit, netán a hajdani énedet útjára kellene bocsátanod. Bocsáss meg, és engedd el! A vérbeli szabadsághoz nélkülözhetetlen, hogy az ember folyamatosan elengedje magától a múltat, a tehermentesítés pedig a megbocsátás gesztusán keresztül vihető végbe.

A hexagramnak a vonalai, a fentieken kívül, utalhatnak bizonyos sajátos bajra. Valószínűleg a hozzáállásod miatt nem tudsz szabaddá válni.

az első vonal —— ——

Okvetlenül le kell küzdened egy nehézséget, és te meg is teszed, – de ne kérkedj a sikereddel! A „hát nem megmondtam" stílusú, hetvenkedő viselkedés visszafelé sül el. Ellenségessé válhatnak azok az emberek, akiket sért a siker fitogtatása. Különben is, amikor hencegsz, jó-rossz kötődéseket építesz ki, és e kötődésekkel elveszíted az éppen csak kivívott szabadságod.

a második vonal ———

Óvakodj a hiúságtól, ne hidd, hogy különb vagy a többieknél! A kitűnni vágyás helyett foglalkozz jellemed csiszolásával, és a jó majd szorosan a nyomodba szegődik. Amikor az ember másokhoz viszonyítva szabja meg a saját értékét, nem érezheti szabadnak magát, mert mások véleményétől teszi függővé a boldogságát és az elégedettségét. Az emberek pedig szeszélyesek, hol elfogadják a másikat, hol nem.

a harmadik vonal —— ——

Miután megszabadultunk a bajainktól, kezdjük magunkat különbnek képzelni a többieknél. Ha ugyanebbe a hibába estél, a sors feltehetően gyorsan megtanít szerényebben viselkedni.

a negyedik vonal ———

Ne reagálj a jelen gondjaira ugyanúgy, miként a múltban tetted! Vizsgáld felül régebbi viselkedésed, figyeld meg, hányszor reagáltál ugyanúgy a hasonló helyzetekre, de ezúttal válassz másféle megoldást! Jó, ha tudod, a rutinszerű megoldáson kívül, átlagosan még legalább háromféle megoldási lehetőség érhető el könnyen.

az ötödik vonal — —

A saját viselkedéseden változtass, ne a másokén! Ez igen lényeges, minthogy nincs jogod másokat vezérelni, de a saját hozzáállásodat, magatartásodat bármikor módodban áll módosítani. Minél érettebb a hozzáállásod, annál hamarabb megszabadulsz a gondjaidtól.

a hatodik vonal — —

A baj oka néha az, hogy helytelen nézőpontból szemléljük a dolgokat. Keresd a felsőbb erő támogatását, és kérd, segítsen hozzá a helyes nézőpont megtalálásához! Előbb-utóbb megleled rá a módot, hogy megszabadulj a problémától. Ne feledd: a nézőpontod megváltoztatása a leghatékonyabb segítség.

Érdemes megfontolni!

Van fogalmad róla, milyen sok majmot kapnak el csellel a vadászok a japán erdőkben? Fából készített kalitkákat helyeznek ki a vadonba, melyek egyik oldala üreges. Az üregekbe éppen befér a majmok keze. A csapda belsejébe egy kupac mogyorót raknak. A mogyoró a majmok kedvenc eledele, és egyébként a japán erdőkben mindenfelé megterem. A majmok azonban roppant kíváncsiak, és egy kis potyázási lehetőségnek soha nem tudnak ellenállni. Mihelyt megpillantják a kalitka belsejében a csemegét, ellenállhatatlan vágy ébred bennük, hogy megszerezzék. Óvatosan körbejárják a kalitkát, nézegetik a mogyorót, amit egyre jobban megkívánnak, végül észreveszik, hogy a nyílásokon befér a kezük, és akkor benyúlnak a mogyorókért. A rések azonban kicsik ahhoz, hogy teli markukat visszafele is kihúzhassák, ráadásul a majmok többsége még a szabadulás érdekében sem hajlandó elengedni azt, amit megmarkolt. Még akkor sem, ha tudják: erdőszerte temérdek mogyorót szedhetnének. A vadászok tisztában vannak a majmok jellemhibájával, és ezt kihasználva nyugodt lelkiismerettel felvállalják a majmok befogását, hogy azután jó pénzért különféle állatkertekbe szállítsák őket.

Talán ragaszkodsz valamihez, amit ki kellene engedned a markodból? Valaki „lépre csalt" az ígéreteivel? Képes vagy felülkerekedni a szűken vett érdekeiden, és belátni, hogy az „erdőben mindenütt megterem a mogyoró", és te bármelyiket leszedhetnéd? Makacs konoksággal kitartasz valamilyen feltevésed mellett?

fent: hegy

lent: tó

41

A csalódás

Ha olyan ösvényre lelsz, ahol egyetlen akadály sem hárul eléd, valószínűleg olyan útra téved- tél, amely sehová sem vezet.
– Frank A. Clark, matematikus

Az életben mindennapos jelenség a csalódás, de a gyakoriságától sem lesz kellemesebb. Ka- maszként a csalódásainkat amiatt érezzük elviselhetetlennek, mert egyáltalán mi nem va- gyunk a sorsunk urai. A csalódások ólomsúlyként nehezednek a szívünkre, ezért muszáj mielőbb orvosolni a bajt.

A hexagram elárulja, hogy éppen csalódás ért, illetve hamarosan kiábrándító tapaszta- latra teszel szert. Valamilyen behatárolt lehetőségben kudarcot vallottál, visszautasítottak, az elvárásaiddal ellentétesen alakult egy ügyed, esetleg másfajta veszteséget szenvedtél. Mindenekelőtt légy elnéző magadhoz, akkor könnyebben tudod túltenni magad a kiábrán- dító időszakon. Az ember alkalmasint okosabban, erősebben kerülhet ki a csalódást okozó helyzetből, feltéve, hogy megfelelően kezeli az ügyet. Tehát kezeld tapintatosan az érzelme- idet! Második fontos tanács: ne hibáztass másokat! Aki másokat okol a csalódásaiért, illető- leg hosszasan dédelgeti a sérelmeit, csupán a saját lelki gyötrődését súlyosbítja.

Vigyázz, nehogy tartós szokásoddá tedd a kiábrándult alapállást. Ne neheztelj, ne csüggedj, ne kételkedj a jóság erejében, és főleg ne add búra a fejed!

Még akkor is keresd őszintén a helyzet megoldási lehetőségeit, amikor kiábrándítóan viselkednek veled szemben (előfordul ilyesmi a legjobb emberekkel is). Mentségükre legyen mondva, a szeretteid tudtukon kívül is okozhatnak csalódást. Amennyiben viszont a barátod, a szerelmed vagy egyéb ismerősöd folyamatosan csalódásokat okoz neked, barátkozz meg a gondolattal, hogy elérkezett a szakítás ideje!

az első vonal ———

Néha az a csalódás legjobb orvossága, ha a többiek szolgálatába állítod az energiáidat. Segíts a rászorulókon, ez elvonja a figyelmed a saját bajodról.

a második vonal ———

Ne törj le nagyon. Talán csalódtál, talán kiábrándító élményben volt részed, de ez nyilván nem érinti a léted egészét. Ne tedd ki magad a folyamatos visszautasításnak, ne állj szóba azokkal, akik amúgy sem hajlandók meghallgatni.

a harmadik vonal — —

Mihelyt abbahagyod önmagad hibáztatását, helyet teremtesz az elmédben a pozitív és egészséges gondolatoknak. Ez a vonal elárulja, hogy a szíved kitártad a felsőbb erő előtt, kész vagy elfogadni a segítségét. Kérd meg, támogasson. Aztán csöndesítsd le az elméd (meditálással, merengéssel), és töprengj el a problémádon. A higgadt gondolkodás óriási segítség, alapos bepillantást enged a csalódásod természetébe és kezelésének lehetséges módozataiba. A felsőbb erő támogatása továbbá, amikor hozzásegít kedvenc körülményeid egyikéhez. Figyelj éberen, milyen új lehetőség tárul eléd.

a negyedik vonal — —

Feldolgozod a csalódást. Egészséges szokásaidnak, józan hozzáállásodnak köszönhetően javul a helyzeted. Ez a vonal határozottan azt ajánlja, ne hasonlítgasd magad másokhoz, és ne cipeld tovább a múltad kiábrándító élményeit.

158 A csalódás

az ötödik vonal — —

Senki és semmi sem tarthatja tőled távol a kedvező fordulatot, ha a benned lakozó jóságot követed (amennyiben a szüleid alkoholisták, erőszakosak, okvetlenül olvasd el az „Ugyancsak érdemes megfontolni!" címszó alatt leírtakat).

Légy hű és őszinte magadhoz, és rád talál a jó szerencse.

a hatodik vonal ———

A helyzet viharos gyorsasággal változik majd, ha keresed a felsőbb erő pártfogását, és nem lazul az önfegyelmed. Itt az idő, hogy megoszd másokkal mindazt, aminek bővében vagy.

Érdemes megfontolni!

Segíts valakin névtelenül! Ne fedd fel a kilétedet! Figyeld meg, milyen érzés önzetlenül jót tenni. Figyeld meg azt is, hogy ez a művelet miként terelte el a figyelmed a csalódásodról.

Ugyancsak érdemes megfontolni!

Amennyiben alkoholista, erőszakoskodó szüleid vannak, a csalódásokkal, kiábrándító tapasztalatokkal teli életeden gyermekként keveset, meglehet semmit sem tudsz változtatni, mert még nem te irányítod a sorsod. Ettől függetlenül tégy meg mindent a magad érdekében, hogy kimozdulhass a reménytelen, elkeseredett helyzetedből. Kérd kívülállók segítségét!

Léteznek anonim alkoholista csoportok, és alkoholista szülők gyermekeinek problémáival is foglalkoznak. Keress egy ilyen csoportot, beszéld meg a gondjaidat az iskolai pszichológussal. Semmiképpen se próbáld egyedül magadra vállalni az alkoholista szüleid miatt támadt gondok és szégyenérzet megoldását! Minél hamarabb találsz hozzáértő segítséget, annál gyorsabban lelsz igazi támogatókra és valódi segítségre.

fent: szél

lent: mennydörgés

42

A lehetőség

Minél tovább élek, annál szebbé válik az élet.
– Frank Lloyd Wright, építész

Dúskálsz a jobbnál jobb lehetőségekben és a pozitív, hathatós energiákban. Használd ki a kedvező alkalmakban bővelkedő időszakot! Ez nem a visszavonulás és a lazítás ideje, éppen ellenkezőleg! Vesd bele magad az életbe, aknázd ki teljesen a lehetőségeidet. Ebben az időszakban még az előnytelennek látszó ügyekből is csupa jó származik; bármivel foglalkozz, mindenben további kedvező alkalmak rejlenek. Ne szalaszd el a mostanában felbukkanó alkalmakat! Mindegyik megragadott lehetőség közelebb visz az életcélod beteljesítéséhez. A Ji csing szerint a sorsod áldásosabb lesz, megragadod ennek az időszaknak a lehetőségeit, melyekre tényleg alapozhatsz. Az erőfeszítéseidért cserébe sokszoros jutalom vár.

Kétféleképpen fokozhatod a lehetőségek hatását: becsületesen viszonyulsz önmagadhoz, az embertársaidhoz, a világhoz és a tetteidhez. Őszintén megbocsátod mások hibáit, gyengeségeit. Keresd mindenkiben a legjobbat! Valamint: fordítsd az időt a személyiséged és a jó tulajdonságaid fejlesztésére.

160   A lehetőség

az első vonal ———

Az életed teli van lehetőségekkel, s végre jót tehetsz valakivel. Kövesd őszintén a szíved mélyén rejlő szándékot, s még többet is elérhetsz.

a második vonal —— ——

Amennyiben a jóságra és a bizalomra összpontosítasz, semmi sem tarthat vissza az álmaid megvalósításától.

a harmadik vonal —— ——

Ami nehézségnek látszik, még abban is óriási lehetőség rejlik!

a negyedik vonal —— ——

Válaszd a középutat! Ne reagálj a szélsőséges helyzetekre. A lehetőségek áradata nem ok rá, hogy okvetlenül kibillenj az egyensúlyodból. Segíts másokon, mert ez segít megőrizni belső egyensúlyodat.

az ötödik vonal ———

Az önzetlen kedvesség és szeretet szívből jön, és egyáltalán nem vágyik külső elismerésre. Természetesen bezsebelheted a dicséretet, ha észreveszik az igyekezeted. Jó dolog pusztán a segíteni akarás öröméért tevékenykedni, s a jó szándék önmagában hordja a jutalmát.

a hatodik vonal ———

Lényeges, hogy mindig segíts, ha megvannak rá az elképzeléseid, az erőforrásaid és a módod. Az önzetlen segítség megsokszorozza és meghosszabbítja a kiváló lehetőségek időszakát.

Érdemes megfontolni!

Egyszer meghalt egy ember. A halála után egy gyönyörű helyen találta magát, az elképzelhető legkényelmesebb körülmények között. Egy fehérköpenyeges ember termett előtte, és így szólt hozzá:

— Magának szerencséje van, itt bármit megkaphat! Minden étel, öröm és szórakozás a rendelkezésére áll!

A halottat elbűvölte a pazar lehetőség. Napokon át kóstolgatta a csemegéket, s mindent kipróbált, amiről az életében csak ábrándozott. Egy szép napon mégis elunta ezt a fényűző életet, megkereste a kísérőjét, és a következő kéréssel fordult hozzá:

— Mindent kipróbáltam! Szeretnék végre valamit tenni. Milyen munkát tud nekem ajánlani?

A fehérköpönyeges szomorúan lehajtotta a fejét, úgy felelt.

— Sajnos uram, a munka az egyetlen dolog, amivel nem szolgálhatok. Itt semmiféle munkalehetőség sincs az Ön számára.

A halott bosszúsan rávágta:

— Szép kis história! Ennyi erővel a pokolban is lehetnék!

A kísérője barátságosan megveregette a vállát, és halványan elmosolyodott:

— Miért, eddig mit gondolt, hol van?

**— idézet Margaret Stevens *Stories of the Spirit, Stories of the Heart*
(A Szellem és a szív meséi) című könyvéből**

fent: tó

lent: menny

43

Az áttörés

Minden látható felszín alatt valami sokkal hatalmasabb húzódik meg. Minden út, kapu, ajtó, ablak többre nyílik, mint önmaga.
– Antoine de Saint-Exupéry, francia író, pilóta

Most megtörtént, amire idáig vártál. Kinyílt egy ablak, ami eddig nehéznek tűnt, immár elérkezett az „áttörési pontjához", és megoldható. A Ji csing azt tanácsolja, bánj okosan az időddel, s a benne rejlő hatalmas lehetőséggel. Áttörést jelenthet, hogy megértettél, tisztáztál valamit, ami mostanában sok izgalmat és zavart okozott. Valószínűleg csalódott voltál, s már-már elbátortalanodtál, de most rájöttél, mekkora lehetőség húzódik meg a bosszantónak vélt ügy hátterében. Az áttörés a tudatossá válás jellegzetes átmeneti állomása, és (hoszszútávon) minden téren jótékonyan hat. Az áttörés különleges élmény, nem a külvilágban, hanem a gondolkodásunkban következik be, villámcsapásszerű felismerés, melyet követően pazar ötleteink támadnak, és több lehetőségünk adódik, mint korábban. Számos feltaláló köszönheti a találmányait ilyesféle áttöréseknek.

A hexagram arról is tájékoztathat, hogy valamely helyzetben, kapcsolatban áll be valamilyen átütő fordulat. Avégből, hogy learathasd a hirtelen felismerés eredményét, nem szabad elveszned az áttörés fergeteges lendületében. Az áttörés csodálatos élmény, te pedig képes vagy az összes előnyét kiaknázni. Ám, ha teljesen megmámorosodnál a változásoktól, elvesztenéd a rálátásod a helyzetre, s nem tudnád megállapítani, mit kell tenned annak érdekében, hogy az áttörésben rejlő lehetőségeket maradéktalanul igénybe vedd!

Az áttörés folyamán a Ji csing szerint legjobb, ha a magatartásunkkal igyekszünk példát mutatni a többieknek. Ilyenkor a családunk, ismerőseink és feljebbvalóink előtt eleven példává válunk annak, mit jelent az igaz szellemi törvényünket, és alapelveinket követve élni, pontosan úgy, ahogy erre a Ji csing útmutatásai buzdítanak. Egyesek a viselkedésünkön keresztül lehetnek tanúi az áttörésnek. A legnagyszerűbb és legtartósabb sikerre és örömre az számíthat, akinek az áttörés alkalmával is helyén van a szíve és az esze, tehát jó célokra fordítja váratlan felismeréseit.

az első vonal ———

Elakadtál. Mégse próbálj kötekedni! Ehelyett igyekezz őszintén magadba nézni, és megfejteni, mi az oka a megtorpanásnak. Amikor néven tudod nevezni a bajt, már félig-meddig meg is oldottad a helyzetet, például: „Leragadtam a haragnál."; vagy „Azért akadtam el, mert azt hittem, mindig mindent elhibázok." – s máris megvan, mit kell pontról-pontra megválaszolnod, átdolgoznod. Miután tehát rájöttél, miért akadtál el, hirtelen ráébredhetsz a megoldásra, áttörés várható (pl. az önértékelésedben).

a második vonal ———

Készülj fel rá tudatosan, hogy a mostanában hozott, valamennyi döntésed lehet veszélyes, illetve bajokat okozhat. Jobb felkészülni a veszedelmekre, s a buktatókra, mint hagyni, hogy váratlanul meglepjenek! A tudatos felkészülés többnyire elejét veszi a bajnak, és segít elkerülni a legrosszabbat!

a harmadik vonal ———

Mielőtt bármit tennél, szánj rá kis időt, és tekintsd át, mit tanultál az áttörésből. Az áttörés tudatosabbá tesz, s tudatosan már könnyedén eldöntheted, mi a teendő.

a negyedik vonal ———

Nyugtalan időszakod van. Foglalkozz körültekintően a nyughatatlanságoddal, igyekezz megérteni az okát! Egyszerűen ideje volna továbbmenni? Unatkozol, szükséged volna valami újra, ami feldob? Talán csalódás ért, és nem tudod biztosan, mit tehetnél, hogy lehiggadj? Nyugtalanságos esetleg a tini évek szokásos hangulatváltozásainak a tünete? Előbb derítsd ki, mi az oka a rossz közérzetednek, nevezd néven a zaklatottságod forrását, s csak ezután próbálkozz a helyzet orvoslásával.

az ötödik vonal ———

Fölszedtél néhány ártalmas szokást, melyek hatalmát okvetlenül meg kell törnöd, ha el akarod kerülni, hogy ezek alakítsák a jellemed. Serdülőkorban az ember tudatosan és akaratlanul folyamatosan azon dolgozik, hogy gyermekből felnőtté alakuljon. Mely szokásodat szeretnéd elhagyni még a felnőttkor előtt? Némelyik rossz szokás, például a lenézés, a dohányzás és a túlzott televíziózás kifejezetten gyerekes mulatságok. Tanuld meg elfogadni, támogatni magad és embertársaidat, s a szokásaid a jellemeddel párhuzamosan megváltoznak. A dacból és a vakmerőségből kitartó szeretet és bajtársiasság lesz, mely utóbbiak élethosszig jól szolgálják a valódi érdekeidet.

a hatodik vonal ——— ——

A Ji csing szerint a következő szabály mindig érvényes: Ki mint vet, úgy arat! Ez a természet és a karma szellemiségének törvénye. Ha kukoricát ültettél, a kukoricát gyűjtheted be, ha makkot ültetsz, tölgyfa fog belőle kinőni. Ha a szeretet magvait hinted el, a szeretet gyümölcseit szedheted később; ha gyűlölet a veteményed, ...!

Érdemes megfontolni!

Gondold el, hány találmány és műalkotás vezethető vissza nagy áttörésekre. Lényegében minden valamiféle áttörés eredménye. Amikor rugalmatlanná válik a gondolkodásunk, beleragadunk a feltételeink mocsarába, és elvesztjük alkotókészségünket. A rugalmas, széles látókörű gondolkodás viszont elvezet az áttörésekhez és a lehetőségeink felismeréséhez. A gondolkodás rugalmassága olykor azzal is fokozható, ha odafigyelünk az eltérő álláspontokat közlő beszélgetésekre és írásokra. A közszolgálati rádiók adásai kiválóan alkalmat adnak az eltérő vélemények tanulmányozására. Keress egy ilyen adót, és hallgasd figyelmesen egy-két órán át. Ugye, milyen sokféle nézettel és véleménnyel ismerkedtél meg máris?

Míg az adást hallgattad, megértettél valamit az eltérő nézőpontok és véleményalkotás összefüggéseiből?

Az élet meglepetések sorozata.
– Ralph Waldo Emerson amerikai esszéista, költő és bölcselő

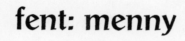

fent: menny

lent: szél

44

Találkozások

Múltamba merülve félúton, találkoztam visszatérő magammal.
– Claudia Schmidt, népdalénekes és dalköltő

Az élet találkozások sorozatából áll. Milyen hát az egészséges találkozás? Miről ismerhető fel az őszinte érdeklődés, mi különbözteti meg a színlelt érdeklődéstől? Honnan tudjuk, mikor akarnak kihasználni bennünket, mikor barátkoznak velünk érdekből, illetve mi ragadja meg legjobban a figyelmünket? Ez a hexagram arról szól, milyen fontos szerep jut találkozásainkban a józan megfontolásoknak, és miért kell elejét venni az ártalmas kapcsolatoknak. Máris adódik egy kérdés, amelyet érdemes feltenned: Kivel találkoztam össze mostanában?

Ajánlatos igen alaposan és körültekintően átvizsgálnod a friss keletű ismeretségeidet! Figyeld meg alaposan, milyen emberek kerültek közel hozzád! Mit gondolsz, miféle szándék és motiváció vezette őket! Az óvatosság nem jelent szükségszerűen gyanakvást, hiszen elsősorban elővigyázatosság. Viszonyulj rugalmasan, türelmesen és másságukat tiszteletben tartva mindazokhoz, akikkel érintkezésbe lépsz, de szánj időt arra, hogy feltérképezd a szándékaidat! Igyekezz megkülönböztetni, ki akar tőled valamit és ki nem. Bizonyosodj meg róla, hogy egyikük sem szándékozik hízelgéssel veszélyes, ártalmas kalandokba sodorni.

Találkozások

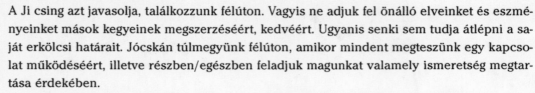

A Ji csing azt javasolja, találkozzunk félúton. Vagyis ne adjuk fel önálló elveinket és eszményeinket mások kegyeinek megszerzéséért, kedvéért. Ugyanis senki sem tudja átlépni a saját erkölcsi határait. Jócskán túlmegyünk félúton, amikor mindent megteszünk egy kapcsolat működéséért, illetve részben/egészben feladjuk magunkat valamely ismeretség megtartása érdekében.

Légy rendkívül óvatos azokkal szemben, akik gátlás nélkül elhalmoznak ígéreteikkel, netán körbehízelegnek. Gyanítod-e, mit várnak el cserébe az ígéreteikért? Mostanában arra is fokozottan ügyelj, hogy ismerőseid nehogy rosszra csábítsanak, nehogy belesodorjanak valamilyen kétes helyzetbe! Egyik újsütetű ismeretséged kedvéért se ugorj bele ész nélkül semmibe! Ha nagyon erőltetnék, hogy elkötelezd magad, mondd ezt: „Akármi lesz, kamatostól adom vissza". Adj időt magadnak, gondold át hűvös fejjel az egészet, s csak azután döntsd el, mit teszel, ha már tisztában vagy azzal, mit akarnak tőled, és te mit akarsz tőlük.

az első vonal —— —

A negatív érzelmek rendszerint apró hangulatváltozással kezdődnek. Ne engedd elharapódzni rossz érzéseidet azzal, hogy hagyod az eseményekkel sodródni. Használd a belső erődet, kerekedj felül ezeken az erőkön, még mielőtt ezek kerekedhetnének fölébed.

a második vonal ———

Sötét hangulat telepedett a lelkedre, rosszkedved nem múlik. Ideje kedvesebben bánnod magaddal. Raktározd el lelkedben e hangulatot, de ne érezz miatta cselekvési kényszert. Figyeld meg, mit tesz a rosszkedv, miként ösztökél negatív cselekvésre. Egyszerűen csak tanulmányozd a hangulatod és érzéseid összefüggéseit, s ennek hatására meglátod, a rosszkedved elpárolog.

a harmadik vonal ———

Valaminek vagy valakinek a hatására vitatkozni akarsz, hatni szeretnél másokra. Várd meg, míg vitakedved lecsillapul, s csak miután a mogorvaságod elmúlt, akkor mondd el a véleményed.

a negyedik vonal ———

Keményen dolgozol azért, hogy jobb ember lehess, közben kénytelen vagy végignézni, hogyan sodorják el az ismerőseidet a negatív szokásaik. Az idő kiválóan alkalmas a semleges alapállás gyakorlására: ne ítéld el a többieket, gyakorold a toleráns magatartást. A másokkal szemben tanúsított megértési szándék és türelem elmélyítheti a belső nyugalmad. Ne feledd: „Ki mint vet, úgy arat"!

az ötödik vonal ———

Ne mások elnyomása árán akarj érvényesülni! Függetlenül attól, milyen helyzetben próbálkozol vele, az akarnoksággal semmit sem nyerhetsz. Az igazi eredményeket a türelem és a kedvesség hozza meg.

a hatodik vonal ———

Vagy elveszítetted az önbizalmad, vagy másokban rendült meg a hited, de valamiképp alábecsülsz valamit. Legjobb visszahúzódni ilyenkor, és az igaznak vélt belső értékekre összpontosítani. A helyzet beavatkozás nélkül is hamarosan megoldódik.

Érdemes megfontolni!

Az ámítás elemeit bevinni a kapcsolatokba hibás lépés, mert minden esetben megbosszulja magát. Ámítás például a hízelgés, amivel általában olyasmiről akarjuk a másik embert meggyőzni, amiben egyébként nem érdekelt. A hízelgés tartalmazhat igaz közléseket, például: „Szép vagy; illetve: Csak csodálni tudlak, olyan okos, értelmes és tehetséges vagy" – ám azt, aki ilyesmit állít rólunk, többnyire sanda szándék vezeti a kiadós dicséret hangoztatásakor. A közhelyszerű bókokkal hízelkedők szándékai sohasem őszinték. A hízelgők kivétel nélkül mindig akarnak „még valamit", és még véletlenül sem árulják el őszintén, hogy mi a valódi céljuk velünk. Például, a hízelgő azt állítja, hogy szép és tehetséges vagy (és állítása ráadásul igaz), de kisvártatva kiderül, hogy nem pusztán a szépségedért kedvel, hanem mert vagyonosnak tart, és pénzt szeretne szerezni tőled, esetleg könnyű szerelmi kalandra vágyik, ezért mindent bevet, hogy minél hamarabb levehessen a lábadról.

Ajánlatos feltenni magadnak a következő kérdést valamennyi ismeretségeddel kapcsolatban: Törődik velem ez az ember/társaság? A szíveddel kérdezz és ne az eszeddel! Azután figyeld meg, hogyan reagál a tested a kérdésre. Kérdezd meg magadtól: Képes az illető a törődésre? Amikor valakit nagyon vonzónak érzünk, gyakran mutatunk olyan tüneteket, mintha elkábultunk volna, mivel tényleg elcsábítottak bennünket, de a zsigeri ösztöneink riasztórendszere ettől még hibátlanul működik, és a testünkben keletkező halvány vagy erősebb rossz érzések figyelmeztetnek rá, hogy valami nem stimmel!

Ha beadod a derekad, és áltatod magad, a hízelgéstől bódultan becses értékekről mondasz le, mert feladod önálló személyiséged bizonyos részeit. Mi az, aminek a kedvéért kiszolgáltattad magad az illetőnek?

fent: tó

lent: föld

45

A gyülekezés

Napjainkban mindenki rettenetesen siet, sietteti a fejlődést, a gazdagodást és a többit, így a gyermekek egyre kevesebb időt tölthetnek a szüleikkel. A szülőknek is nagyon kevés idejük jut egymásra, s az otthonokban lassan megkezdődik a világ békéjének a felbomlása.
– Teréz anya, Béke Nobel-díjas katolikus apáca

Ez a hexagram arról vall, miért és hogyan gyűlnek csoportokba az emberek, emellett szól az ember lehetséges szerepeiről a csoportokon belül. Minden csoportnak szüksége van egy vezetőre. A hexagram többek közt arra bátorít: fejleszd ki vezetői képességeidet. Ahhoz, hogy jó vezető lehess, össze kell szedned legjobb képességeidet, s ezek birtokában vélhetően másokat is rávehetsz csodálatraméltó dolgokra. Az emberek valószínűleg számítanak az ötleteidre és az útmutatásodra. Az a vezető bír a legnagyobb hatalommal és befolyással, aki előbb a saját képességeit fejleszti magas szintre.

Minél erősebb, becsületesebb és tisztább lesz a jellemed, annál többen követik önként és szívesen a példádat. Hallgatni fognak rád és odafigyelnek a tanácsaidra, mert tanúi annak: nem prédikálsz vizet, miközben bort iszol, vagyis hiteles, szavahihető ember vagy.

Az igazi vezetőnek mindig van ideje rá, hogy az összes kapcsolatában jelen legyen. Ha túl elfoglaltnak tűnsz, bizonyára túl sok kötelezettséget vállaltál, s már nem te irányítod az időbeosztásodat. Ilyenkor az összes kapcsolatod ellaposodik. Ekkor ismét össze kell gyűlnötök, neked pedig össze kell szedned magad, hogy mégis ott lehess és részt vehess valamennyi kapcsolatodban, és eleget tégy a felvállalt kötelezettségeidnek.

Ettől képes egyetlen ember hatalmas változásokat előidézni. Ettől elegendő egyetlen jó vezető ahhoz, hogy sokan összegyűljenek egy zászló alatt. Az idő kedvez az egészséges és erős személyiségre jellemző magatartásod kialakításának, döntéseid alapos átgondolásának. Felvállalhatod azt a kockázatot, amivel eltérő tapasztalatok sokaságához juthatsz. Ideje tehát kifejleszteni és elmélyíteni a vezetői képességeidet. A jövőd a mostanában hozott döntéseiden múlik.

az első vonal — —

Ne tétovázz, ha tudod, mire van szükséged, illetve tudod, mit kell mondanod, az idő nem alkalmas a vonakodásra! Ne hátrálj meg a kikívánkozó belső igazságaid és alapeszméid elől. Légy erős és nyílt, s a többiek köréd gyűlnek.

a második vonal — —

Maradj nyitott és jóindulatú a többiek és magad felé. Az erőltetett megoldások egytől-egyig fokoznák a nehézséget. Nemsokára maguktól jönnek el hozzád azok, akiket szeretnél magad köré gyűjteni, összefogásuk érdekében semmiféle erőfeszítést sem kell tenned.

a harmadik vonal — —

Jelenleg olyan társaságot gyűjthetsz magad köré, amilyet akarsz. Cselekedj a felsőbb erő és a belső bölcsesség jegyében nyugodtan, türelmesen.

a negyedik vonal ——

Cselekedj a többiek javára, de ne várj semmit viszonzásul! A legnagyobb vezetők képesek feláldozni saját érdekeiket a köz érdekének oltárán.

az ötödik vonal ——

Miközben összehozod a társaságot, kísérd figyelemmel, ki miért csatlakozik hozzád! Őszinték a szándékaik? Amennyiben nem, akkor is boldogulhatsz velük, ha tovább fokozod belső erődet és még az eddiginél is nyíltabban, egyértelműbben viselkedsz. Viselkedésed csökkenti a negatív visszahatásokat.

a hatodik vonal — —

Embereket összehozni nehéz feladat. Te most mégis a külső körülményeket akarod hibáztatni. Szedd össze magad, és értékeld újra, mi volna a teendőd. Az önvizsgálat némi haladást eredményez.

Érdemes megfontolni!

Milyen vezetők példája lebeg a szemed előtt? Nyilván azért hatnak rád ösztönzően, mert a tulajdonságaikat szívesen elfogadnád. A nyugalmuk imponál inkább avagy az őszinteségük? Milyen vezetők a példaképeid, a csöndesebbek, a nyíltabbak? Tanulmányozd alaposan az általad nagyra becsült személyek életét és vezetési stílusukat, olvass róluk és tőlük, járj el az előadásaikra — és sokat fejlődhetsz. Ha a példaképed már nincs az élők sorában, mint például Gandhi, nézz meg róla szóló filmeket, olvasd el a hozzáférhető írásait. Hagyd, hogy az általad csodált és sokra tartott vezető képességei benned is meggyökerezzenek és kifejlődjenek. Természetesen nem muszáj világhíresség választanod példaképedül, előfordulhat, hogy az általad csodált vezető egy kis közösség élén állt vagy áll.

Magadnak légy a változás, ha a változást a világban akarod viszontlátni.
– Mahátma Gandhi, indiai nemzeti politikus és szellemi vezető

fent: föld

lent: szél

46

Valamivé válni (Emelkedés)

Legmélyebb vágyunk megosztani gazdagságunkat a többiekkel. Ez a vágy a világmindenség mozgási törvényeiben gyökerezik. Ami a tűzgolyóként izzó mindenségben bekövetkezett, külső expanzióval kezdődött, az bennünk érett meg, mint a mindent elárasztani akaró jóság vágya (jó szándék). Valahányszor eltölt a vágy, hogy széthintsd ajándékaidat a világban, részesévé válsz a világot mozgató erők szertartásának, és ellenállhatatlan késztetést érzel rá, hogy széthintsd a kincseidet, ahogy a csillagok is ellenállhatatlan vágyat éreznek rá, hogy szétszóródva betöltsék a mindenséget.
– Thomas Berry, amerikai költő

A hexagram a felfelé tartó mozgás, az emelkedés jelképe. Számodra a „valamivé válásról" szóló hírek hordozója. Az leszel, amire születésed óta törekedtél és vágytál, vagyis tinédzser éveid lázas forgatagában végre önálló felnőtté válsz! A tizenéves időszak természetes velejárója az átváltozáshoz szükséges energia, mely abban különbözik a későbbiektől, hogy ugyanezt a kirobbanó felhajtóerőt kizárólag most tapasztalhatod, s még egyszer nem lesz részed benne.

172 Valamivé válni (Emelkedés)

A hexagramot a fölből felfelé törekvő facsemete képéhez társítjuk (mert az alsó trigram ugyan a Szél, de a jelentését számos fordításban gyakran társítják, sőt azonosítják a fa fogalmával). Ahhoz, hogy a fa kinőhessen a földből, a növénynek az energiái zömét erre a célra kell összpontosítania. Nem tudná megtenni, ha bármi eltéríthetné a felnövekvés szándékától. A fához hasonlóan most neked is a felnőtté válás folyamatára kellene összpontosítanod a legtöbb energiádat. Légy nagyon óvatos, ne engedd magad eltéríteni ettől a céltól. A figyelem egy pontra irányítása különösen hosszú időn át, kiegyensúlyozott hozzáállást kíván. Valamivé válni pedig komoly és hosszadalmas feladat, a túlzásba vitt lézengés, vásárolgatás, evés-ivás, szórakozás, önmagad csúcsra járatása, az örökös nyüzsgés és internetezés, továbbá a versenysportok megszállott űzése, a gyötrelmes szerelmi kalandok hajszolása mind-mind eltávolít attól, hogy lehessen belőled valaki.

Elegendő időt szentelsz a felnőtté válásra? Úgy véled, sok idődet köti le valamilyen dolog, elterel valami a figyelmed a fejlődésedről? Az ember néha leragad a külsőségeknél, rengeteget törődik a megjelenésével, s emiatt szem elől téveszti az igazi és tartós boldogsághoz vezető utat. Az étkezési rendellenességek is a tévelygés tipikus példái, ráadásul alaposan eltérítik az érintetteket a felnövekvés valódi folyamatától, hiszen az illetők gondolatai a valódi fejlődés helyett örökké az evés és a koplalás körül forognak.

Pedig a serdülőkor többre méltó, mivel az élet áldott és különleges fejezete.

az első vonal — —

Legyen meg az önbizalmad és az erőd, hinned kell a természet adta képességeidben! Lesz, aki szívesen segít a képességeid kibontakoztatásában. Vállald fel az önkifejezést, ne rejtsd el a világ elől a tudományod, ha felvállalod, akkor válhatsz valóban önmagaddá.

a második vonal ———

Csiszold nyílt őszinteséged, válj szavahihető emberré, és örömteli életed lesz. Kérj meg valakit még ma, hogy segítsen őszinte, megbízható személyiséggé formálni magad, s máris egy lépéssel közelebb kerültél ahhoz, hogy legyen belőled valaki, és boldogabb lehess, mint voltál.

a harmadik vonal ———

Kamaszkorod éveiben a nagyszerű és hatalmas ismeretlen tárul fel előtted. Éppen valamivé/valakivé válsz, de tudod-e mivé és kivé, s valójában mi vár rád? Majd meglátod, csak lépj az útra, és mindenképpen bízz meg a felsőbb erő támogatásában.

a negyedik vonal — —

Őszinteséged és a felsőbb erőbe vetett hited rengeteg boldogság forrása.

az ötödik vonal — —

A legtöbb változás és fejlődés nem rohamszerűen, hanem lépésről-lépésre, fokozatosan következik be. Járd végig az utat lépésről-lépésre, ne akarj átszáguldani a serdülőkori éveken! Következményekkel jár, ha ilyenkor sürgetjük a dolgokat, s nem engedjük a természetes ritmusukban kifejlődni. Tiszteld meg türelmeddel a kamaszkorod és mindazt, ami lehetővé teszi, hogy felnőtté serdülj. A játékosságod azonban őrizd meg.

a hatodik vonal — —

A felnőtté érési folyamat közben sem mondhatsz le arról, hogy figyelemmel kísérd, mikor adódnak jó alkalmak és mikor nem. Fogadd el, ha itt-ott zárt ajtókra lelsz, ne dörömbölj hiába, inkább menj tovább. Bőven lesz még alkalmad megvalósítani bizonyos terveidet.

Érdemes megfontolni!

Készíts egy kollázst (többféle anyagból alkotott újabb kép) a felnőtté válásodról. Gyűjts hozzá fényképeket, újságkivágásokat, reprodukciókat, verseket és olyan prospektusokat, melyek híven tükrözik azt, amivé válsz. Végy egy nagy rajztáblát, és tűzd ki rá a képeket, művedet tedd jól látható helyre, hogy újabb darabokkal gazdagíthasd a képet, amikor találtál arra érdemes elemeket. Némelyik tini a szobája egyik falára kezdi el felrakni a felnőttkorba tartó út képének részleteit, s átváltozása háttérképe előtt éli az életét.

Ki nevettet majd meg, és ki szeret minket?
Talán a kisbabákat szerető anyák,
talán egy meleg, barátságos tekintet.
Vagy talán az összes talánon túl,
talán te és én, talán.

– James Kavanaugh, költő

fent: tó

lent: víz

47

A kimerültség

...az állkapcsom belesajdul a szavakba, melyekkel ki fog mondani valamit.
Ráveszem magam az emlékezésre;
Ki vagyok én, mi vagyok én,
és miért vagyok itt...?
– részlet Philip Levine *Finding What You Didn't Lose*
(Az el nem veszett dolgok felkutatása) című könyvéből

Kimerültél. Ideje tudomásul venni. Pihend ki magad! A pihenés az élet elengedhetetlen része. A hexagram egy teljesen kiszáradt tó képét jeleníti meg. Víznek semmi nyoma, az utolsó cseppig elhasználták. Ha kihagyod a pihenést, pontosabban megtagadod magadtól, egyre fáradtabb leszel, végül kimerülsz és valószínűleg megbetegszel. Most egyszerűen lehetetlen bármiféle teljesítményre törekedni. Képes vagy elengedni a kényszert, hogy örökké sürgesd, noszogasd magad? Ebbe az is beleértendő, hogy elengeded amiatti félelmed, hogy esetleg lemaradsz valamiről! Most valóban magaddal kell törődnöd! Ne félj, nem maradsz le semmiről, a jövő lehetőségeit úgysem lehet elszalasztani!

Ez a hexagram figyelmezethet arra is, hogy valamilyen értelemben túl messzire mentél, és egy időre megálljt kéne parancsolni magadnak. Amennyiben továbbra is hajszolod magad, teljesen kimerülhetsz! S fáradtságod miatt tartós búskomorságba eshetsz. Ha már kimerültél, ügyelj, nehogy emiatt eluralkodjanak rajtad a sötét gondolatok, a negatív érzelmek és a káros szokások. Az ember fáradtan sokkal kiszolgáltatottabb a negatívumoknak, mint kipihent állapotban. Ideje pihenni legalább egy nagyot és visszaszerezni lelki, szellemi és fizikai erődet.

az első vonal — —

A külső helyzet akkor javulhat, ha rendet teszel belső világodban: a magatartásod, az érzéseid és a gondolataid között. Szoktasd rá magad a pozitív hozzáállásra, egyúttal fogadd el a helyzetet olyannak, amilyen.

a második vonal ———

A világ súlya nyomja a szívedet, s te belefáradtál. Ügyelj rá, hogy se magaddal, se másokkal ne türelmetlenkedj. Amikor az ember szíve elnehezül, legjobb kíméletesen bánni magunkkal és pihenni egy nagyot.

a harmadik vonal — —

Fölösleges erőltetni, hogy jobban menjenek a dolgok! Inkább figyelj arra, hogy áldásos legyen a tevékenységed. Az ügyeid megfelelő kezeléséhez most túl fáradt vagy.

a negyedik vonal ———

Kérd a felsőbb erő segítségét. Kezdesz rendkívül szigorúan bánni magaddal, bár pont ez akadályoz a haladásban. Amikor túlságosan fáradtak vagyunk bizonyos dolgok elvégzéséhez, a test jelzi, hogy ideje volna visszafogni a tempót. Fogadd jóindulattal a tested jelzéseit, pihenj!

az ötödik vonal ———

Függetlenül attól, mennyi erőfeszítést ölsz abba, hogy jobb ember legyen belőled, olykor nehéz az élet, mit több, jelenleg meglehetősen ijesztő. Ne tegyél rá még egy lapáttal, ne nehezítsd még te is!

A kimerültség

a hatodik vonal — —

Azon tépelődni, ami nem sikerült, kimerítő elfoglaltság. Az efféle negatív gondolkodás a kúszónövényekhez hasonlóan lassan, de biztosan elborít mindent. A kúszónövény eleinte szerényen nő, aztán lassan befed mindent, benövi az ablakokat, a tetőt, s a gyökere átszövi az egész talajt, apránként teljesen elzárja fényt. Ne hagyd, hogy borús gondolataid elborítsanak: a dolgok mindenképp megoldódnak! Pihenj egy keveset!

Érdemes megfontolni!

A pihenés egyik remek módja, átgondolni mi mindentől áldásos az életed. Mielőtt elaludnál, minden este vedd sorra mindazt, ami jó/áldásos az életedben. Lazíts és pihenj abban a boldog tudatban, hogy van miért hálát adnod a sorsnak.

Többféleképp közelíthetünk a kimerültség fogalmához. Az ember kimerül, amikor valamiből nincs elegendő a birtokában, és kimerül, amikor túl sokat birtokol. Aki észreveszi, hogy kifáradt, jól teszi, ha mindenekelőtt azt állapítja meg, mi okozta a kimerültségét: a hiány vagy a fölösleg? Ahogy a bölcsek is teszik, fel kell tárni az okot, hogy ráleljünk a megoldásra. A merő panaszkodás és sértődöttség csak ront a helyzeten.

– Alfred Huang taoista mester; részlet a *The Complete I Ching* 47. hexagramjához adott magyarázatból

fent: víz

lent: szél

48

A jó közérzet (A kút)

A természetben minden folyamatosan arra ösztökél, hogy azok legyünk, akik vagyunk. Sokszor hasonlítunk a nemtörődöm, erőteljes, félénken tovafutó, veszélyes, áttetsző, iszapos, örvénylő, csillogó és csöndes folyókhoz.
– Gretel Ehrlich, közíró

A hexagramot egy forráskút képe jeleníti meg. A forráskút, különösen fontos az aprófalvakban, ahol egyszerre a felfrissülés helyszíne és a víznyerő hely. Az ilyen kis településeken a piacozók gyakran telepednek a kút köré. Életbevágóan fontos volt tisztán tartani és megőrizni a falusi kutat, a víz egyetlen forrását. A (jó) kút vize, akár a Ji csing bölcsessége, kimeríthetetlen forrásból ered.

Minden emberben van valami, ami az erői forrásaként működik. Némelyek ezt a részünket hívják léleknek, belső énnek, pszichének, hiteles énnek, igaz természetének. Nevezzük bárminek, innen töltekezhetünk, ez a jó közérzetünk kiapadhatatlan forrásra telepített belső kútja.

Bőségesen áradó vízlelőhelyre talál, aki (mély) kutat ás. Ahhoz, hogy felleljük belső erőforrásainkat, s e forrásból nyerjünk éltetőerőt, magunkban kell mélyre ásnunk. Ez a hexagram arra buzdít: ellenőrizd belső éned állapotát. Milyen állapotban van a kutad, a lelked?

teszel valamit azért, hogy érintkezhess az erőid és a bölcsességed forrásával? Meditálsz, alkotó életet élsz, nem ártasz senkinek? Netán olyan dolgokkal jegyezted el magad, melyek elszennyezik a kutat, veszélyeztetik a forrás tisztaságát? Ideje felülvizsgálni, mivel traktálod magad – mivel traktálod tekintet nélkül arra, miként szolgálják érzelmi, szellemi és lelki táplálékaid a jó közérzeted.

az első vonal — —

Ha te sem méltányolod önmagad, és nem ügyelsz magadra, ne számíts rá, hogy mások majd megbecsülnek. Ideje komolyan áttekintened, mivé fejlődik, miként alakul az életed! Gondatlanul bánsz magaddal? Mivel veszélyezteted a jóllétedet?

a második vonal ———

Meglehetősen nemtörődöm módon viszonyulsz az életedhez. A viselkedésed következményei máris meglátszanak rajtad. Milyen hatásait észleled a testeden, a lelkeden és az elmédben? A kamaszkor arra való, hogy felderítsd belső erőkészletedet és leáss a forrásáig, hogy folyamatosan táplálhasd magad. Használd ki okosan ezeket az éveket, kezeld figyelmesen a valódi igényeidet, és akkor egész életedben erőt meríthetsz önmagadból.

a harmadik vonal ———

Számtalan készség és tehetség áll rendelkezésedre, de te még egyiket sem vetted elő. Mindenki veszít azzal, ha veszni hagyod az adottságaidat. Figyelmetlen nemtörődömséged miatt odalesz a jó közérzeted. Tégy erőfeszítéseket a képességeid kibontakoztatása érdekében, s meglátod, ez mindenkire jó hatással lesz.

a negyedik vonal — —

Vigyázz a jó közérzetedre! Még nem tanultad meg, miként húzz fel elegendő vizet a kútból, azaz hogyan meríts eleget bölcsességed és belső erőd forrásából. A serdülőkor a jövőre való felkészülés időszaka, most kell megtanulnod belső erőforrásaidat kezelni, hogy számíthass rá a későbbiekben.

az ötödik vonal ———

Hatalmas lehetőségek rejlenek benned és a társadalomban, ahol élsz. A jó emberek minden erejével és tudásával rendelkezel. Meríts az erődből és a tudásodból, mert ez kell ahhoz, hogy megoldhass egy jelenlegi helyzetet. Ha fel tudod használni belső lehetőségeidet, időben tágabb értelemben is minden rendeződik.

a hatodik vonal —— ——

Minthogy könyörületes szívű és széles látókörű vagy, a családod, a szűkebb és a tágabb közösséged számára magad válhatsz kiapadhatatlan forrássá. A jóakaratod és könyörületességed számodra és számukra egyformán meghozza a szeretetet és a boldogságot.

Érdemes megfontolni!

Csatlakozz valakihez, aki hozzásegíthet belső erőforrásaid feltárásához és jó közérzeted megteremtéséhez. A terapeuták (általában pszichológusok), a mesterek, a spirituális tanácsadók és a meditációk vezetői segíthetnek megkeresni, hol erednek a belső forrásaid. Ha a hexagram első négy vonala között változó (minőséget jelező) vonal akad, okvetlenül keress fel egy megbízható, jó szakmai hírnévnek örvendő terapeutát.

Mitől jó egy terapeuta? Jegyezd meg az alább felsorolt ismérveket, és figyelj, mit fedezel fel az illetőben az első találkozás (valamint az első terápiás foglalkozás) során. Ne feledd, nem kell annál a pszichológusnál maradnod, akiben nem bízol! Megvan rá a lehetőség, hogy másikat keress!

Figyeld meg, és dönts!

- Válaszol-e a személyeddel és a terápiával kapcsolatos kérdéseidre! Ha vonakodva felel, netán egyáltalán nem válaszol, érdemes már az elején otthagyni, és másik szakembert keresni.
- Méltányos, odafigyel rád? Esetleg szörnyen elfoglalt, mert örökké jegyzetel? A terapeutáknak nem a foglalkozás alatt kell elkészíteniük a jegyzeteiket — akkor figyelniük kell, jegyzetelni pedig a foglalkozás után szokás.
- Figyeld meg mennyire nyitott az új gondolatok, ötletek és újszerű eszmék iránt! Van némi fogalma a téged foglalkoztató dolgokról?
- Figyeld meg szereti-e a munkáját. Meg is kérdezheted tőle, de legbiztosabb, ha alaposan megfigyeled, hogyan viselkedik. Nincs rémesebb egy kelletlen, kedvetlen és boldogtalan pszichológusnál.

A boldogtalan/elégedetlen terapeuta:
1. érzéketlen a kívánságaidra, kéréseidre; illetve nem érdeklődik azok iránt (úgy érzed, mintha ki akarna térni előled);
2. fáradtnak, közömbösnek és unottnak látszik;
3. nincs semmi humorérzéke;

4. hiányzik belőle az őszinte érdeklődés, nem érdekli sem a személyed, sem a mondandód;
5. bíráló megjegyzéseket tesz rád és másokra;
6. zavart a viselkedése (kapkodó, szórakozott, bizonytalan);
7. szemlátomást nem leli örömét abban, amit tesz, ezenkívül
8. neked panaszkodik a dolgairól!

• Hogy érzed magad annál, akihez eljársz? Ellenőrizd, miként hat az illető az ösztönös megérzéseidre. Hallgass a tested, az elméd és a lelked jelzéseire! Milyen környezetben rendel? A szobája kellemes hangulatot áraszt, biztonságos és derűs? Amennyiben nem, akkor keress másik terapeutát!

A forrás a természet ajándéka. A víz az emberi létezés alapja. Se szeri, se száma a földalatti forrásoknak, ám, ha nem ásunk le a vizükig, számunkra elvesznek.
– idézet Alfred Huang, taoista mester *The Comlete I Ching* című művének 48. hexagramhoz fűzött magyarázatából

fent: tó

lent: tűz

49

Felnőtté válás (Átalakulás)

Toto, az az érzésem, hogy már egyáltalán nem Kansasban vagyunk!
– Dorothy szavai kutyájához az *Óz a nagy varázsló* című meséből

A hasonlatok révén egyik tudatállapotból a másikba kerülhetünk, örökké kísérletezhetünk gondolatban – teremthetünk, haladhatunk úgy, ahogy ezt az univerzum teszi. Látó mivoltunk azonos azzal a szellemi állapottal, melyben a rózsa bimbójának fakadását figyeljük – hol kertészkötényben, hol olvasószobában, hol az élet fagyos ösvényéről. Ez az elmeállapot néha az alkotási vágy öntörvényű szökelléseivel érkezik, néha a tehetség kegyelméből fakadó nyugalommal.
– Burghild Nina Holzer, szakíró

Nagy változások tűntek fel a láthatáron. A gondolkodásod, kapcsolataid és a tested egyszerre alakul át, felnőtt lesz belőled – az érettség küszöbéhez érkeztél. S érthető okokból mostanában életed homlokterébe kerül e jelenség. A régi dolgok eltávolításával helyet csinálsz az életedbe kívánkozó új dolgoknak. Szokás a serdülőkort a felnőtté válás időszakának nevezni, ugyanis ekkor érsz gyermekből felnőtté. A változás gyors ütemben következik be, és minden kamaszt rohamosan eltávolít régebbi dolgaitól, és minden érintettet erősen vonz az

Felnőtté válás (Átalakulás)

új tulajdonságok kifejlesztése felé. Azért jött ki ez a hexagram válaszul a kérdésedre, mert tettél már olyasmit a fejlődésed érdekében, ami segítségedre van ebben az életszakaszban. Tisztában vagy a serdülőkor jelentőségével, és a lehető legteljesebb mértékben kiaknázod a lehetőségeit. Megnyíltál az átalakító változások előtt, mely változások már javában zajlanak benned.

Ám az ilyen nagy horderejű változásoknak sodró a lendülete, bárkit képesek kibillenteni az egyensúlyából. Igyekezz megőrizni lelki egyensúlyodat például úgy, hogy tárgyilagosan megfigyeled, miként hatnak a döntéseid rád és a többiekre. A környezetedben is észlelik a felnőtté válásban közreható erők pozitív befolyását, tanúi a jelenségnek, és örömmel szemlélik, miként érsz felnőtté a társaságukban. Őrizd meg a kiegyensúlyozottságod és ép teljességedet! Amennyiben sikerül, a felnőtté válás áldásos hatással lesz rád.

az első vonal ———

Most kezdesz felnőtté változni, lényegében azt a folyamatot éled meg, amiről a „valamivé válás", azaz a 46-os hexagram is tájékoztat. A folyamat független attól, hány éves vagy valójában. Sokan egy életen át sem érnek el a felnőttkor küszöbére! Légy okos, cselekedj megfontoltan, és várd ki az előrehaladásra legkedvezőbb időt. Némi türelemre lesz szükséged.

a második vonal —— —

Ha időben felkészíted magad (testileg, szellemileg és lelkileg) a szertartásra, könnyedén megteheted a ceremóniához szükséges további lépéseket (*lásd e rész végénél, az: Érdemes megfontolni címszónál*). Miután meghoztad a döntést és készen állsz az előtted álló dolgok elfogadására, ne kezdd el újra felmérni magad, illetve az esélyeidet, ne hezitálj, de ne is légy agresszív. Fogadd tisztelettel a fejlődést.

a harmadik vonal ———

Elérkezett a cselekvés ideje, de csak miután alaposan megfontoltad a teendőidet! Mindenképpen vedd sorra, milyen gyermekkori jellemvonásaidtól és egyéb szokásaidtól kellene végleg megválnod.

a negyedik vonal ———

A változások minősége a hozzáállásodon múlik. Óriási és tartós eredményekre számíthatsz, amennyiben megtalálod a megfelelő hangot a többiekkel. Ha negatív a hozzáállásod, és rosszszul bánsz embertársaiddal, a jelenleg már zajló pozitív változások eredménye gyorsan szertefoszlik.

az ötödik vonal ———

Az őszinteség, jószívűség és kedvesség magasrendű alapeszményeihez hűen élsz, ennek köszönhetően töretlenül fejlődsz, és a társaid elismernek.

a hatodik vonal — —

Lassan a mostani változások végére érsz (de még rengeteg, a felnőtté válással kapcsolatos élményed lesz az átalakulás évében). Mindaddig sikeresen veheted az akadályokat, míg kitartasz a magasztosabb életelveid mellett.

Érdemes megfontolni!

Olvass el néhány könyvet és tanulmányt a felnőtté avatási szertartásokról, tervezd meg a saját szertartásodat, illetve kérd meg valamelyik felnőtt bizalmasodat a közreműködésre. Amennyiben nem ismersz egyetlen ilyen ceremóniát sem, avagy egyiket sem tartod hitelesnek, találd ki és valósítsd meg a saját felnőtté avatási szertartásodat, kortársaiddal közösen vagy egyedül, ahogy a kedved tartja. A gyermekkorból a felnőttek világába bejutni ősidőktől fogva komoly eseménynek számít, de sajnos a nyugati társadalmakból teljesen kiveszett az avatási kultúra. Ideje visszahozni az avatási szertartásokat az életünkbe.

Jacob felnőtté avatási szertartása

Jacob a mentora, a keresztapja és az édesanyja közreműködésével tervezte meg az avatási szertartását. Hangsúlyozni akarta indián származását, de nem kívánta túlbonyolítani a dolgot. Az indián szokásokhoz híven szeretett volna hozzájutni a felnőttkori nevéhez is. A cél érdekében a mentora és hat fiú barátja építette fel az ilyenkor használatos izzasztókunyhót. A kunyhóhoz meghívtak egy tekintélyes helyi indián öreget is, aki a fiúkkal és a mentorral együtt mindent a hagyományoknak megfelelően rendezett el.

A gőzkamrában töltött idő után valamennyien a szabad ég alatt aludtak, hogy ezzel is hozzásegítsék Jacobot a „látomáshoz". Másnap reggel az öreg indián és a mentor által rakott tábortűz mellé telepedtek. Jacob az öreg indiántól megkapta spirituális nevét, a barátaitól pedig az avatási ajándékait. A résztvevők egy emberként osztoztak Jacob szabadtéri élményeiben, és éjszaka hozzásegítették őt a nagy látomás megleléséhez. Az ünnepélyes (kb. kétnapos) szertartás után mind a hat barátja szerette volna, ha ők is megrendezhetik saját avatási ceremóniájukat. Délután a fiatalok szülei egy vacsorával egybekötött fogadást rendeztek, melyen a társadalomba immár felnőtt férfiként visszatért fiút köszöntötték.

fent: tűz

lent: szél

50

Az üst

A kelták az örök ifjúság földjének tartották a másvilágot, melynek ajtaja az üstben található,
s a következő titokra nyílik: A halhatatlanság titka, hogy az élet és a halál örök körforgásá-
nak részeként tekints a halálra. A világmindenségben semmi sem vész el örökre: az újjászü-
letés bizonysága maga az élet, melyben minden vég egyúttal valami új kezdete.
– Starhawk (Csillagsólyom), szertartásmester, békeaktivista

Ez a hexagram az ősidőktől fogva szentnek tekintett edényt, az üstöt jeleníti meg, amely a vi-
lágon szinte mindenütt jelentős múlttal büszkélkedhet. Kínában az üst az ősök (szellemi for-
rásaink) táplálásának jelentőségét jelképezi, mert aki (az üst kincseivel) élteti e szellemeket,
az egész társadalomra áldást hoz. Azt is megmutatja, milyen fontos nagyrabecsülésünket és
tiszteletünket kimutatni e források iránt ahhoz, hogy őseink az élet minden terén a segítsé-
günkre legyenek. Leglátványosabban azzal mutathatjuk ki a tiszteletünket, ahogyan élünk.
    Neked kell előkészítened szent üstödet, szent kelyhedet – az életed –, hogy belekerül-
hessen mindaz, amit bele szeretnél tölteni. Az életre történő felkészülés a tettre váltott szó,
a gesztusaid révén a világmindenséghez címzett üzenet, amely világosan elárulja, mit re-
mélsz a jövőtől. Tizenévesen bármit teszel, minden a felnőttkorra való előkészület része,

többek közt, éppen emiatt olyan értékes életszakasz. Mit szeretnél viszontlátni az üstödben vagy a kelyhedben? Mit forralsz az üstödben? Ugye tudod, hogy az összes gondolatod, érzésed, tudásod, kíváncsiságod, elképzelésed, ötleted, eszméd, valamint az alkotó terveid, álmaid, egyéb céljaid, a kapcsolataidról szövögetett ábrándjaid mind ott rotyognak benne? Ügyelj rá, mit pakolsz e varázsüstbe, ahol a belerakott anyagokból kell kiforrnia a felnőtt személyiségednek.

az első vonal —— ——

Ideje nagytakarítást rendezni a tetteid terén, azaz esetünkben tisztára sikálni az „üstöt". Ugye, nem akarsz szent eledelt mocskos edényben készíteni? Vess véget az ártalmas kapcsolataidnak, hagyd abba káros szokásaidat, vagyis ne kábítsd magad drogokkal, italokkal; fejezd be az önromboló viselkedést. Szüntesd be a negatív gondolkodást. Gyerekes allűrjeid dédelgetése helyett készülj fel becsületesen mindarra a jóra, ami máris elérhetne, ha volna hely számára az „üstödben".

a második vonal ————

Okosan és körültekintően válogasd meg a barátaidat! Az érési folyamatod megalapozásánál tartasz, a szellemi alapjaid minőségére is ügyelned kell. Egyesek bizonyára gőzerővel igyekeznek eltéríteni az utadtól (valószínűleg már mindenki találkozott ilyenekkel), meglehetősen felelőtlenül viselkednek, ráadásul többnyire a sikereid miatti féltékenység mozgatja őket. Barátaidat a céljaidat támogató és téged bátorítólag a sikerre ösztökélő emberek (fiúk, lányok, felnőttek) közül válaszd ki!

a harmadik vonal ————

Átmenetileg akadályoz valami. Ha nem veszted el a türelmed, az akadály gyorsan elhárul. Amennyiben belső gátakat kell leküzdened, határozd meg mielőbb a baj forrását, és változtass a hozzáállásodnak azon a részén, amelyen gátoltnak érzed magad.

a negyedik vonal ————

Ne vedd félvállról a spirituális kötelezettségeidet! Tiszteletteudóan alkalmazd a Ji csing útmutatásait. Ám, amennyiben csupán egymagad volnál tisztességes a világon, rengeteg problémád lenne belőle, igyekezz tehát másokat is hozzásegíteni ehhez az életfelfogáshoz.

az ötödik vonal — —

Használd ki tevékenyen a helyzetet. Tudod a módját, hogyan lehet belső összhangodat megőrizve élni az alkalom kínálta lehetőséggel? Amikor a hozzáállásod kiegyensúlyozott, minden a maga természetes ütemében következik be, s házhoz jön a maga idejében.

a hatodik vonal ———

Úgy bánj másokkal, ahogy szeretnéd, hogy veled bánjanak! Ezt az aranyszabályt a világ öszszes szellemi hagyománya nagy becsben tartja. Élj eme aranyszabály jegyében, és az életed összes fordulata jól alakul.

Érdemes megfontolni!

Keress egy öblös bronz vagy vörösréz edényt, illetve egy igazi üstöt, vasbográcsot, esetleg egy természetes „edényt", például valamelyik kidőlt fa tönkjének mélyedését/esetleg egy kelyhet. Az edény mérete lényegtelen. Miután ráleltél a megfelelőre, végezd el az alábbi üst meditációt:

Az arcod legyen tizenöt centiméternyire az üst szájától, ha nagy az edény, ülj le mellé. Alapozd meg a helyzeted (lásd a 15. hexagramnál), nézz bele az üstbe, és képzeld magad elé az üreg terének erejét. Most képzeld el magad szent üstként. Fogadd el az életed és mindazt, amit az életed kivételes és egyedi utad során adni tud. Még csak az első lépéseket tetted meg ezen az úton, az út tehát még újdonság. Mit szeretnél összegyűjteni, mit akarsz kifőzni a szent üstben? Képzeletben töltsd meg az üstödet mindazzal, amit felajánlasz az őseid tiszteletére, amit szívesen megélnél, azután ajánld fel az egészet a szellemiséged forrásának. Képzeld lelki szemeid elé az üstbe szólított erőket, helyzeti energiákat és lehetőségeket. Most pedig töltekezz fel e sokféle erővel és lehetőséggel! Miután csordultig teltél velük, fejezd be a meditálást, maradj még ülve csöndesen néhány pillanatig. Adj hálát az általad tisztelt istennek/felsőbb erőnek és mindenkinek, aki lehetővé tette, hogy itt lehetsz és megtöltheted a magad szent üstjét.

fent: mennydörgés

lent: mennydörgés

51

A mennydörgők

A tavaszi vihar mennydörgésére élőlények milliárdjai ébrednek fel.
– kínai közmondás

A mennydörgés energiájának a jelképe számos indián törzsben a viharmadár, Kínában a hexagram. Világunkban jelenleg ti, fiatalok vagytok a mennydörgés erői. Nektek kell a felnőtteket és a társadalmat kényelmetlen helyzetbe hoznotok a harsogásotokkal. A ti dolgotok észrevetetni magatokat velünk. Aztán ti hozzátok meg a változások frissítő záporát a saját életetekbe és közös társadalmunkba. A mennydörgés életadó esőt hoz. Nektek kell ezt az elevenséget a társadalomra zúdítanotok, de anélkül, hogy bárkinek ártanátok! Így kellene, s meg is tudjátok így csinálni.

Ez a hexagram arra buzdít, játszd végig a darabot, emeld fel a hangod, s a mennydörgés harsogásával zúzd szét a korábbi állapotokat.

A hexagram neve sok Ji csing fordításban a „megrázkódtatás". S valóban, tizenéves energiáddal szükségképpen megrázkódtató élményt nyújtasz a társadalom számára. Engedd szabadjára a mennydörgésed, és hagyd magad is sokkolni az alkotókészséged ellentmondást nem tűrő energiáitól. Semmiképp se tarts a tömeggel és/vagy a bandákkal csupán a kényelem kedvéért! Lehet, hogy azért kaptad ezt a hexagramot válaszul, mert másoknak már kínos gondot okoz kirobbanó vitalitásod kezelése, illetve ideje lenne alkotóbb módon felhasználni és megzabolázni az energiáidat. Légy kissé irgalmasabb és megértőbb! Ne bánts senkit! Tiszta szívvel és jóindulattal fogj hozzá az elavult, megcsontosodott dolgok felszámolásához.

az első vonal ———

Megtenni valamit, sokkolni, kényelmetlen helyzetbe hozni másokat a véleményünkkel s a viselkedésünkkel nem jó, és nem rossz. Ne higgy azoknak, akik el akarják hitetni veled, hogy rossz! A többiek sokat tanulhatnak tőled, s később meg is értik, mi zajlik.

a második vonal —— —

A megrázó események a környezeted minden tagjára nagy hatással vannak. Ismerd be, ha valakinek ártottál, és sürgősen orvosold a bajt, tedd jóvá a kárt. Okulj az esetből, ismételten ne kövesd el ugyanezt a hibát. Ez azon alkalmak egyike, amikor sokat tanulhatsz a hibáidból.

a harmadik vonal —— —

Amikor nem ártasz senkinek, de botrányosan viselkedsz, elképeszted és sokkolod a többieket, mégis sokat tanulnak tőled. Az emberek ugyan megjegyzéseket tesznek, de figyelnek.

a negyedik vonal ———

Te, esetleg a környezetedből valaki „beleragadt az iszapba". Sürgősen abba kellene hagyni a dagonyázást! Maradj nyugton, s várd ki, hogy az események sora a dolog természetének megfelelően alakuljon. A hadakozás, kapálódzás nem használ, sőt! Lehúzhat a mocsár mélyére.

az ötödik vonal —— —

Nem valami termékeny időszak. A megrázkódtatás jelei kiütköznek rajtad, és azonnal kibillentenek az egyensúlyodból. Legjobb, amit tehetsz, ha megpróbálsz erős és összefogott maradni. Gondold át újra, milyen hozzáállással sikerült hatásosabban kezelni a hasonló ügyeket. Menni fog.

a hatodik vonal —— —

Mostanában valami tényleg keresztülhúzta a számításaidat! Ideje rájönni, mi a teendőd: maradj ki, és hagyd, hadd dolgozza fel a megrázkódtatást ki-ki a maga módján. Előfordulhat, hogy a többiek megijedtek tőled, esetleg rólad pletykálkodnak. Ne avatkozz be! Rengeteg dolgod van, és mindre érdemesebb odafigyelni.

Érdemes megfontolni!

Hogyan szerepelhetnél és mondhatnád el a magadét anélkül, hogy megbánts másokat? Szeretnél beszélni valakivel, de tétovázol, mert az illetőnek hatalma van fölötted? Nem törvényszerű, hogy az ember ne mondjon igazat egy tekintélyes ember előtt pusztán amiatt, mert az illető ül a magas székben. Tedd meg, amit akarsz, de tisztelettejesen és körültekintően!

Ugyancsak érdemes megfontolni!

Az indiánok körében a viharmadár személyesíti meg a mennydörgést. A madár a szárnyalásával kelti a vihart, a pislogásával teremti a villámokat. A dakota indiánok szerint az álomfejtő (hejoka) emberek szintén képesek ugyanerre, mert őket tulajdonképpen a viharmadár álmodta meg.

Felkavaróak az álmaid? Tudod-e, hogy az álmaidból segítséget nyerhetsz, hiszed-e, hogy üzeneteket hordoznak és bepillantást engednek az ismeretlenbe? Időnként előfordul, hogy amit ében elhallgatunk, az jelentős ügyként jelentkezik álmunkban. Szokott veled beszélgetni a viharmadár (vagy más álomalak)? Ezentúl figyelj oda jobban az álmaidra!

fent: hegy

lent: hegy

52

A megnyugvás

Minden emberi gonoszság oka, hogy az ember képtelen nyugton ülni a szobájában.
– Blaise Pascal, 17. századi francia tudós, filozófus

Csendesedjetek, és ismerjétek el, hogy én vagyok az isten!
– Zsoltárok könyve 46,11

Ez a hexagram világosan jelzi, hogy a meditálást (csöndes, nyugodt elmélkedés) rendszeres, napi elfoglaltsággá kell tenned. A meditációt az ókortól napjainkig sokhelyütt az egészséges és boldog élet alapfeltételének tekintik. A megnyugvás azt jelenti, hogy lecsendesítjük a testünket, az elménket és a szellemünket. A bölcsesség őrzői egytől-egyig kiválóan értenek a meditáláshoz, azért csöndesítik le magukat, mert tudják, hogy a bölcsesség hangjai a csöndes, nyugodt elméből erednek. A rendszeres meditáció a test, az elme és a lélek közös tápláléka. A meditálás, a szokásaidtól és spirituális hiedelmeidtől függetlenül gazdagít. A meditáló csöndes, nyugodt, mégis eleven, akár a hegyek. A hexagramot a hegy felett álló hegy jeleníti meg. Tehát ülj nyugodtan a helyeden, akár a hegyek, és figyeld a patakok csörgedezését (vagyis a légzésed). A meditálás készíti fel a testet, elmét és lelket a közelgő eseményekre.

A meditációval megnyugtatott elme és ember a nyugtalanoknál jobban rá tud hangolódni a lehetőségek és a sorscsapások kihívásaira. Ha nagyon belebonyolódunk gondolataink hálójába, általában szem elől tévesztjük a valóságot. Pedig nem árt tudni, mi a helyzet. Olykor tárt ajtókkal fogadnak minket, olykor mindegyiket becsapják az orrunk előtt; Huang mester erről a hexagramról a következőt mondja: „A fejlődés kulcsa a tudás. Tudni kell, mikor érkezett el a haladás ideje és mikor kell megállni."

A hexagram arra is utalhat, hogy ideje lenne pihentetni az elméd, csillapodj le, mert az agyad már szinte fuldoklik a gondolataid áradatában. Stephen Levine, a nagy meditációs oktató véleménye szerint a gondolkodás az emberek mákonya, egyúttal a legerősebb kábítószer. Általában túl erősen kötődünk mindahhoz, amit kigondolunk, emiatt eleinte irgalmatlanul nehéz megállni, hogy ne gondolkodjunk. Ráadásul a gondolatok feltűnően gyakran erednek az aggodalmainkból, öncélú töprengéseinkből, a folyamat leginkább a kérődzésre emlékeztet. Képes vagy „szabadon áradni, mint egy patak vize"? Képes vagy lazítani a gondolkodási kényszereden, van időd meditálni?

az első vonal — —

Lazíts és nyugodj meg! Ez a vonal arra int, hogy időnként meg kell állnod. Állj meg, és nézd meg jól, mi az, amibe fejest készülsz ugrani! A dolgaid kedvezően alakulnak, amennyiben az első vonal tanácsához tartod magad.

a második vonal — —

Légy óvatos azokkal szemben, akik szeretnék, hogy kövesd őket. Mindig légy őszinte önmagadhoz, és várd ki a cselekvésre legalkalmasabb időt. Mostanában akkor se mozdulj, ha körülötted mindenki tevékeny. Maradj nyugton.

a harmadik vonal ———

A rendszeres meditálás segít megfelelően kezelni heves érzelmeidet, azaz kioltja az elhamarkodott tettvágyat. Gyakorold a meditálást, tanuld meg idegen jelenségként átereszteni magadon az érzéseidet, ne engedd, hogy irányítsanak. Nyugtalanságot okozó érzelmek a láthatáron! Maradj nyugton, őrizd meg stabilitásod és ne reagálj rájuk. Miután elérted a lelki nyugalmad, sokkal könnyebben eldöntheted, mi a legjobb, amit tehetnél.

192 A megnyugvás

a negyedik vonal — —

Amikor kétségek és félelem gyötörnek, ne tégy semmit; ez különben sem a tettek ideje. Meditálj. Az elmélkedéssel tisztázhatsz egyet s mást, a belső nyugalmad is helyreállíthatod. Csak a higgadt mérlegelést követően szánd rá magad a cselekvésre!

az ötödik vonal — —

Jobb hallgatni, mint meggondolatlanul megszólalni. Amit kimondtál, nem tudod visszaszívni. Gondolj ezentúl a kimondott szavak erejére, s akkor képes leszel okosan és figyelmesen beszélni.

a hatodik vonal ———

Tökéletesítsd meditációs technikádat és igyekezz részvéttel viszonyulni a világhoz, mert e két módszer birtokában boldogan élhetsz. Tarts ki a nyugalom ösvényén, és semmi sem szakíthat el lelki békédtől.

A figyelmesség alapja – meditációs gyakorlat

Az alábbi szöveget a meditáció alatt hangosan szokás felmondani. Vedd kazettára, s ahányszor gyakorolni akarod, játszd le!

Ülj kényelmesen, de éberen...

Helyezkedj a szokott módon meditációs pózba, ülj nyugodtan, de éberen, akár egy hegy... elevenen, nyugodtan felmagasodva (egyenes háttal). Lassan hunyd be a szemed, és kezdd elengedni az élményeidet, a gondolataidat és az önmagaddal kapcsolatos elvárásaidat, ... engedd el... mindet... A hangulat oldódik körülötted, az élményeid emlékei és a gondolataid ellágyulnak. Engedd őket, hadd jöjjenek-menjenek kedvükre... ahogy az óceán hullámai. Engedd át magad teljesen a meditálásnak, engedd távozni a megmaradt félelmeidet is. Amint megfigyelheted – a gondolataid ritkulnak, és a tested működése által keltett érzések vannak csak jelen benned. Engedd ezeket hadd áramoljanak, jöjjenek és menjenek tetszésük szerint. Tekintsd a tested egy tartálynak. Figyeld meg e tartály, vagyis a meditáló test működésének fizikai jeleit. Figyeld meg, milyen érzeteket kelt az ülő tested egésze. Igyekezz nem gondolni másra, lehetőleg ne gondolj semmire. Amikor egy gondolat merül fel benned, ne gondold tovább, engedd távozni úgy, ahogy keletkezett. Miközben ezt teszed, a figyelmed lassan irányítsd a légzésedre. Tudatosítsd , hogy lélegzel.

Érzékeld, amint a keletkező és elmúló gondolatok és érzetek közepette lágyan lüktet a légzésed. Figyelj a légzésedre..., de ne erőltesd. Hagyd meg légzésed természetes ritmusát, a figyelmed fordítsd a levegővétel által keltett fizikai érzetekre. Érezd a beszívott levegő hűs áramlását az orrlyukaidtól a tüdőd mélyéig és a kilehelt levegő melegét. Figyeld, hogyan emelkedik és süpped a mellkasod. Kövesd a levegő útját a testedben. Engedd el magad, érezd az életadó lélegzeteket. Pihenj meg légzésed ritmusában, pihenj meditáló tested biztonságában... lágyan, de határozottan tartsd ott a figyelmed e nyugalmon.

A tudatod egy részével észleld, amint a tested még mindig nyugodtan, de éberen ül. Tudatosítsd magadban a test meditációját. A figyelmed egy részével kísérd a meditáló testet, a másik részével ügyelj a testet éltető légzés folyamatosságára...

Néhány levegővétel után azt észlelheted, hogy egy gondolat magával ragad öntörvényű érzésvilága és élményanyaga szárnyán. Figyeld meg, mikor ragad el egy-egy gondolat; engedd kissé vele tartani a tudatod, de aztán finoman tereld vissza a légzésre és a meditáló testre. Pihenj újra meg újra a légzésedben az által, hogy a figyelmed lazán e műveleten tartod... engedd magad, szabadon, természetes ritmusodban lélegezni. Figyeld meg, mikor ragadja el figyelmed a fizikai jelenségekről az agyadon átsuhanó újabb gondolat. Tudatod finoman tereld vissza a légzésre és a meditáló testre.

Most, mikor úgy érzed vége a meditációnak, apránként figyelj az egész testedre. Világosan érzékeld, ahogy ott ülsz meditációs pózban, egyenes háttal... közben lassan nyisd ki a szemed, és a figyelmed terjeszd ki ismét a környezetedre.

A titok magvai a zavaros vízben hevernek.
Hogyan vehetném észre e titkot?
A nyugodt víz kitisztul.
Hogyan nyugodhatnék meg?
Együtt haladva az árral.

– Lao-ce, taoista bölcs

fent: szél*

lent: hegy

53

Mi a rohanás?

Ha boldog akarsz lenni, élj!
– **Ralph Waldo Emerson, amerikai esszéista, költő és bölcselő**

Semmihez sem vezet királyi út. Egyszerre csak egy dologra figyelj, s akkor mindent elérhetsz. Ebből (a láncolatból) fejlődik ki lassan a megmaradás.
– **Josiah Holland, a *Lessons in Life* (Az élet tanításai) című mű szerzője**

Ehhez a hexagramhoz egy hegy tetején álló fa képe tartozik. Minthogy a fa a hegy tetején áll, a gyökereivel erősen és mélyen kell kapaszkodnia a hegybe. Gyökereit mélyre ereszti, s ezt a folyamatot nem lehet elkapkodni. A kép a természet bölcsességét visszhangozza: az erő és a megalapozottság fokozatosan fejleszthető. Ahhoz, hogy a fa valóban erős, dús lombkoronájú, szép fa lehessen (akár az élet), a külső és belső fejlődésének kiegyensúlyozottan kell végbemennie. Amikor rohanvást intézzük a dolgainkat, hajlamosak vagyunk átugrani egyes igen fontos lépcsőfokokat, és emiatt sok értékes és fontos lehetőségtől esünk el. Pél-

* A felső trigram kettős jelentésű, mert a „szél" és a „fa" elemet is képviseli. Jelen hexagram esetében jobban érthető a magyarázat, ha „fa" elemnek tekintjük.

dául, aki elhamarkodottan fejest ugrik egy kapcsolatba, különösen ha meg is házasodik, többnyire csalatkozik a reményeiben. Rendszerint a rejtett félelmeink miatt vetjük bele magunkat a dolgokba nagy sietve. Félelmünknek belső oka van: attól tartunk, hogy amennyiben nem sietünk, valami fontos dolog történik, illetve nem történik meg.

Tekintettel az érdeklődésedre, különösen most lépésről-lépésre kell megközelítened a dolgokat! Másold a természetet, amely lassan, de szívósan halad, tehát az elejétől a végéig tarts ki! Még, ha szíved szerint rohannál is, fogd vissza a tempód, és szép sorban, kapkodás nélkül tedd meg az összes szükséges lépést. Az egymásutániság a dolgok elemi rendjének alapja, aki túl gyorsan igyekszik haladni, óhatatlanul elvéti a természetes sorrendet. Igyekezz ráhangolódni a természet szabályára, a természetes sorrendiségre. Időzítsd pontosan a lépéseidet, lassan közelíts az érdeklődésed tárgya felé, s akkor azt éred el, amit akarsz; közben pedig gyönyörködhetsz a dolgok kibontakozásának szépségében.

az első vonal —— ——

A dolgok a fejlődés első szakaszában a legsérülékenyebbek. A gyökerek még nem hatoltak mélyre, ahhoz idő kell. Ugyanígy az új kapcsolatokat is lassan kell kialakítani. Hagyd természetes ritmusában kifejlődni a dolgokat, végül boldogabb leszel, mintha siettetted volna.

a második vonal —— ——

Amikor jó ér, oszd meg a sikerélményt és az örömöd a többiekkel. A fa sem titokban gyűjti be a napfényt. Osztozz jó sorodban és örömeidben a többiekkel, és a boldogságod megsokszorozódik.

a harmadik vonal ———

Azon töprengsz, miért is hallgatnál a megérzéseidre, esetleg máris ellenkező irányba haladsz. Az ösztöneid azt súgják, ne kapkodj el semmit, és ne akarj túl sokat markolni egyszerre. Ez a vonal ehelyütt arról árulkodik, hogy rámenősen erőltetsz egy olyan kapcsolatot, amit nem kellene. Mihelyt tudatosul benned, mit teszel, megváltoztathatod a viselkedésed az illetővel szemben. A tartós barátság kialakítására később lesz alkalmad.

a negyedik vonal —— ——

Némi akadályba ütköztél. Ne küzdj ellene. Engedd a dolgot természetes úton kibontakozni, s az magától kifejlődik, majd jó véget ér.

196   Mi a rohanás?

az ötödik vonal ———

Rajtad múlik a saját szellemi és személyes fejlődésed, s nagyot haladtál. Akik veled hasonlítják össze magukat, azokban ez irigységet kelthet. Tűrd türelemmel, de ne hagyd, hogy a viselkedésük vitákhoz vezessen. Maradj az igaz úton. Légy hű magadhoz, és sikeres maradsz.

a hatodik vonal ———

Fokozatos fejlődésednek köszönhetően elnyered a felsőbb erő támogatását. A társaidat fellelkesíti a példád.

Érdemes megfontolni!

A lassú fejlődés olykor idegesítő. Sikerre, szerelemre, boldogságra, ismertségre és pénzre vágyódsz, s mindezt most szeretnéd elérni. Szeretnéd, ha kapcsolatodban most azonnal sor kerülhetne a következő lépésre. Valamit még ma be akarsz fejezni.

Mindezt szeretnéd, és ebben semmi rossz nincs. A kihívás inkább az, képes vagy-e kitartani az összes kívánságod mellett, ha tudod, hogy a hétköznapi élet ügyes-bajos dolgaira is figyelned kell? Képes vagy már a következő lépésre összpontosítani, ahelyett, hogy a kívánatos végeredményre koncentrálnál? Képes vagy úgy viszonyulni a végeredményhez, mint a távoli horizonton felmerülő táj látványához, miközben a felé vezető úton a következő lépésre figyelsz? Igen? Akkor a kívánatos eredmény ösztönző erővé válik ahelyett, hogy elriasztana a kikerülhetetlen aprólékos haladástól, és bizonyára valóban megteszed a célhoz vezető összes lépést szép sorjában.

fent: mennydörgés

lent: tó

54

Aláaknázva

Amit eltitkoltunk, azok voltak a gyengéink, amíg rá nem jöttünk, hogy mi magunk voltunk azok.
— **Robert Frost, amerikai költő**

Jelenlegi helyzetedben nem befolyásolhatsz senkit, valószínűleg aláaknázott „terepen" élsz. Úgy érzed, mintha észrevétlen porszemként léteznél, s így is van, mert egy bizonyos kapcsolatodban egyáltalán nem tartanak becsben. Bár hozzájárultál ahhoz, hogy így alakuljon a dolgod, mégis jólesne, ha elismernék a képességeidet. Talán olyasmi mellett álltál ki, amiről kiderült, hogy kifejezetten rossz ötlet. Amennyiben komolyan érdekel ez a kapcsolat, légy óvatosabb, fontold meg mivel értesz egyet, mibe egyezel bele, illetve gondold át, mivel értesz egyet voltaképp. Azért egyeztél bele valamibe, mert hízelgéssel levettek a lábadról, és egészen össze vagy zavarodva, mert nem tudod, mi köze ennek az igazi szerelemhez? Bizonyos dolgokat túl gyorsan akar nálad elérni az illető? Netán azt várná tőled, hogy mindent feladj a kedvéért? Jegyezd meg: pusztán azért, mert vonzódsz valakihez, még nem biztos, hogy az illető a neked való társ! Ez a hexagram riadójel, arra figyelmeztet, hogy vég-

zetes önfeladásra készülsz egy kapcsolat ápolása kedvéért! Már-már az alapelveid megtagadására is hajlandó vagy!

Rajtad múlik, mit engedsz meg másoknak! Személyes elhatározásodon múlik, miként bánhatnak veled, tehát amikor nem akarod bizonyos viselkedési normákon túltenni magad, akkor ne hagyd a másikat dönteni a saját ügyedben! A másik fél érzelmeinek próbája, ha nem vállal elkötelezettséget, nem bizonyítja a szerelmét állhatatos várakozással. Nyilván nem méltó a bizalmadra.

A hexagram arra nézve is tartalmaz jelzéseket, mi a teendőd, ha rossz hírbe keveredtél. Jóllehet képtelen vagy másokat megváltoztatni, bizonyos mértékben hatni tudsz rájuk (bár a befolyás érvényesítése időbe telik). Belső igazadra, függetlenségedre és önmagad iránt érzett könyörületességedre építve pozitív hatással lehetsz a helyzetre.

az első vonal ———

Jelenleg alig van némi befolyásod. Húzódj a háttérbe, s figyeld, miként alakulnak a dolgok.

a második vonal ———

Ne veszítsd el az önbizalmad a korlátozó körülmények miatt. Figyelj arra, ami jó benned, másokban és a helyzetben. Bár a helyzet pillanatnyilag reménytelennek látszik, a „mese" vége jó lesz.

a harmadik vonal — —

Nincs mit tenni, várni kell! Taktikád gyümölcsét később arathatod csak le. Tarts ki rendületlenül!

a negyedik vonal ———

Ajánlatos kivárni a megfelelő társat, mielőtt bármiféle hosszú távú ígéretet tennél! Ugyancsak jó, még a kapcsolat komolyra fordulását megelőzően tisztázni, hol húzódnak a szexualitásod határai. Kész volnál intim szerelmi kapcsolatra lépni bárkivel, aki elkötelezi melletted magát?

az ötödik vonal — —

Sorold első helyre spirituális alapelveidet, s akkor minden más is rendben következik majd.

a hatodik vonal — —

Ez a vonal arra emlékeztet, hogy minden kapcsolatod alapja a kölcsönös becsületesség és tisztelet kell legyen. Van valakid, akiben nyugodtan megbízhatsz? Esetleg valaki be akar csapni?

Érdemes megfontolni!

A farkas és a szürke gém

– Ezópus fabulája

A farkas túl mohón falt, s véletlenül egészben nyelt le egy csontot. A csont megakadt a torkán. Rémülten szaladgálni kezdett, segítségre szorult. Végül összetalálkozott a szürke gémmel, akinek köztudottan jó hosszú és vékony a csőre. A farkas megkérte a madarat, szabadítsa meg őt a torkán akadt csonttól. Szorult helyzetében hatalmas jutalommal kecsegtette.

A gém halált megvető bátorsággal bedugta a fejét a farkas szájába, s a csőrével kicsippentette a csontot a fenevad torkából. Majd így szólt:

– Kiszedtem a csontot, kérem a jutalmamat!

– Ó drága barátom, hiszen már megkaptad, mert azok után, hogy a fejedet bedugtad a torkomba, és mégsem haraptam el a torkodat, fogalmam sincs, miféle jutalmat remélsz még!

fent: mennydörgés

lent: tűz

55

A bőség

Előbb-utóbb mindenkinek le kell ülnie a következmények vendégasztalához.
– Robert Louis Stevenson, skót irodalomtörténész, regényíró, költő

A hexagramhoz a mennydörgés és a villámlás, vagyis a tomboló energia képe tartozik. A tomboló energia sokféle bővelkedést hozhat: dúskálhatsz az ötletekben, a barátságokban, az alkotóerőben, a kiváló lehetőségekben, pénzben; élményekben, tapasztalatokban, óriási befolyásra tehetsz szert. Használd ki jól ezt az időt, és a bőség újra meg újra visszatér hozzád vendégeskedni.

Tini éveid folyamán valószínűleg többször is átélheted az energiaszinted túlcsorduló dúsulását – a mennydörgő és villámló energiaáradást. A jelenség élettanilag tökéletesen a helyén van, így kell lennie. Ezt a fékezhetetlen energiát arra kellene használnod, hogy hajtóerejével a gyermekkorból a felnőttkorba röppenj. Törekedj szándékosan az életedben és társadalomban kívánatos, egyúttal szükséges változások végrehajtására, s tégy meg minden tőled telhetőt e cél érdekében a bőségesen áradó energiád segédletével. A serdülőkori energia különleges és roppant hathatós. Spirituális jelentősége maradandó, minekutána az, ahogy fiatalként használod az energiáidat, az egész további életedre óriási hatással lesz.

Az energiák bőségének napja akkor köszönt rád, amikor már kifinomítottad magadban a könyörületességet, a belső függetlenséget, a bátorságot és a felelősségtudatot. Tudnod kell azonban, hogy mint mindennek, ennek a féktelen állapotnak is megvannak a határai, és jelenleg még csak rövid ideig örvendezhetsz erőid tombolásának, de ez ne szegje kedved, élvezd, amíg tart! Ám vigyázz, ne lépj túl e bőség határain, ne vállalj magadra túl sokat, ne költekezz túl! Készülj fel a szűkösebb időkre, a „hullámvölgyekre", amikor néha egyetlen csepp erőd sem lesz, mert az energia a körforgása során a saját holtpontjához érkezik. A körforgás természetes, de a mélypontján roppant lehangoló. Semmi sem maradhat örökké a bőség állapotában.

az első vonal ———

Figyelj oda az életedben bekövetkező, véletlennek látszó, egyidejű, jelentőségteljes eseményekre, vagyis a szinkronicitás megnyilvánulásaira!

a második vonal — —

Egyesek gyanakodva lesnek, s talán irigylik a rád köszöntő bőséget. Jelenleg semmit sem tudsz tenni ellenük. Mindenesetre tarts ki a saját meggyőződésed mellett.

a harmadik vonal ———

Bővelkedésed felpiszkálja mások egóját, s az illetők is ki akarják próbálni a szerencséjüket. Bízz a felsőbb erőben, s a helyzet kedvezően alakul. Te semmi rosszat sem tettél!

a negyedik vonal ———

Keresd az egészséges kapcsolatokat és tápláld azokat. Sokat elárul a világhoz és önmagadhoz való viszonyodról, valamint arról, milyen ember lesz belőled az, ahogyan most viselkedsz e kapcsolatokban. Azokkal érintkezz, akik segítségedre vannak és támogatnak.

az ötödik vonal — —

A szellemi ösvény végig áldásos élményekkel teli. Kövesd a Ji csing, a felsőbb erő, továbbá a belső igazságérzeted útmutatását, mert így mindig lesz miben bővelkedned.

a hatodik vonal — —

Immár nincs több hely a további energiák befogadására. Amiben bővelkedsz, azt használd fel okosan, célszerűen, hogy boldogságod élménye kitarthasson a nagy dúskálás időszakán túl is.

Érdemes megfontolni!

Figyelj fel az életedben egy időben történő eseményekre! A szinkronicitáson keresztül a szellem szól az emberhez, hogy kisegítse. A szellem többek közt e példák révén közli velünk: „Igen, a jó úton jársz"; illetve ezzel vonja magára a figyelmünket, és tudatja: „Jó lesz vigyázni"; A szinkronicitás eseteihez tartozik két ember véletlennek látszó, váratlan találkozása akkor, amikor éppen az illetőre gondolsz, s az olyan esetek bekövetkezése, amelyekről éppen ábrándoztál (vagy amelyeket egyetlen porcikád sem kíván). Tehát a szinkronicitás olyan esemény, amelynek bekövetkezése egybeesik a gondolataiddal és/vagy az álmaiddal.

Vegyük például az én esetemet az egyetemi felvételivel. Hiába érdeklődtem a felvételi irodán afelől, hogy s mint juthatnék a hallgatók sorába, mert algebrából nem rendelkeztem az előző iskola igazolásával arról, hogy elegendő algebraórán vettem volna részt, és teljesítettem a követelményeket. Ugyanis egy alternatív szabadiskolában fejeztem be középiskolai tanulmányaimat. Nagyon elkeseredtem, mert érzésem szerint a megfelelő úton haladtam – tudtam, hová jelentkeztem, és akartam az egyemre járni, és határozott terveim voltak választott tanulmányaimmal. Tudtam, miért akarok tanulni, és hová, mire szeretném a tudásomat felhasználni. Addig azt hittem, velem van az Isten, de akkor kezdtem egy kicsit csodálkozni, hogy értsem ezt az akadályt? Mit lesz most velem?

Bánatosan bekullogtam a helyi kávéházba, leültem a pult mellé. Csüggedten kortyolgattam az ásványvizemet, aztán csak ültem, tétlenül, lehorgasztott fejjel. Aztán egyszerre, magam sem tudom miért, hirtelen felnéztem, s kit láttam! Nyilván kitaláltad. Igen. A volt algebratanáromat (micsoda szerencse, hogy éppen akkor felnéztem)! Gyorsan elhadartam neki, mi történt, ő pedig készséggel vállalta, hogy igazolja a megfelelő óraszámot az egyetem felé, hiszen valóban ott voltam csaknem minden órán! Ezt a papírt már elfogadták, és felvettek, sikeresen elvégeztem az egyetemet, és tudásom birtokában megírhattam ezt a könyvet.

Természetesen a szinkronicitás egyszerűbb eseteivel is volt már dolgom, amikor például az egyik barátnőmre gondoltam, s ő abban a minutában felhívott telefonon, vagy három embernek is elmeséltem melyik könyvet szeretném mostanában okvetlenül elolvasni, s egy negyedik ismerősöm a beszélgetést követő egy órán belül éppen azzal a könyvvel lepett meg! Az is érdekes volt, amikor elkezdtem ábrándozni valakiről, s nemsokára rá már együtt jártunk.

Mikor, hol és hogyan jelentkezik a szinkronicitás a te életedben? Elegendő rá odafigyelni, és rájöhetsz, hogy szinte állandóan jelen van az életünkben a szinkronicitás, minthogy a szellemnek sűrűn akad közlendője. Nézz fel időnként, mert akit keresel, lehet, hogy a szomszéd asztalnál ül.

fent: tűz

lent: hegy

56

A vándor

Kétszer nem léphetünk ugyanabba a folyóba.
– Heraklétosz, ókori görög bölcs mondása

Ideje haladni. Valószínűleg valaminek a végére értél, s most szedd a sátorfádat és állj odébb. Az élet a változások sorozata, ezért mindannyiunknak tudnunk kell, miképpen tarthatunk a változások sodrával. Számtalan jó történik velünk, de amikor elérkezik az ideje, mégis ott kell tudnunk hagyni a jót, hogy átélhessük a következő élményt. Az ember általában igyekszik hosszasabban marasztalni a jót, mint ahogy az maradni szándékozik. A nehezebb idők is ugyanolyan természetességgel köszöntenek ránk, mint a jók, s a rossz élményeken is túl kell esnünk. Az utunk hepehupás. „Kétszer nem léphetünk ugyanabba a folyóba" – mert a folyó állandóan változik, folyamatos mozgásban van! Hiába járunk vissza ugyanarra a helyre, nem ugyanabba a folyóba lépünk, mert a víz szakadatlanul változik. Vedd tudomásul, hogy kamaszkorod éveiben meglehetősen gyorsan változik minden, és folyamatosan áradnak feléd az új dolgok. Tanulj meg vándorolni, tanuld meg, miként válhat belőled jó utazó, és akkor élvezheted is a változatosságot.

A vándor

Tudod, mi történik veled? Átvándorolsz a serdülés évein. Többféleképpen viszonyulhatsz ehhez: talán minél előbb túl akarsz jutni a kamaszkoron, mert repesve várod a felnőttséget, vagy talán arra vágysz, hogy soha ne érjen véget a kamaszkor. Igazság szerint tart, ameddig tart! Ez a hexagram azt sugallja, igyekezz élvezni a tini lét éveit, és mindazt, amit az ifjúság önként felkínál. Ne siettesd az idő múlását, de ne is akard feltartóztatni. Tekintsd magad utazónak, aki az élet nagy körtúráján vesz részt, és épp a tizenéves „tájakon" barangol.

A hexagram szinte felszólít rá: bízz az ismeretlenben! Fogadd el a tényt, hogy sok dolgot nem tudunk (pl. a jövőről, a felsőbb erőről, a szellemről, önmagunkról). Ennek ellenére minden egyes napban határtalan lehetőségek rejlenek. Aki túlságosan ragaszkodik megszokott gondolatvilágához és szokásaihoz, lemaradhat a nagy lehetőségekről. „kétszer nem léphetünk ugyanabba a folyóba" – mert minden tapasztalat és élmény különbözik az előzőktől, nincs két egyforma jelenség. Minden tapasztalat és pillanat új élményeket tartogat számunkra. Bízz meg a titokzatosságban, ami maga a Nagy Ismeretlen, bízd rá magad a felsőbb erőre, mintha a létező legtökéletesebb utazási irodára bíznád magad. Mostanában a pezsgő változások töltik be az életed! Fogadd nyíltan az új élményeket és kapcsolatokat, és mindazt, amit számodra tartogatnak.

az első vonal —— ——

Ha szűklátókörűen viselkedsz, és keveset vársz el magadtól, szerény és meglehetősen egyhangú lesz, amit visszakapsz! Ne gubózz be! Tárulj ki, fogadd el most (a megfelelő életkorban) a tinikre váró élményeket és lehetőségeket.

a második vonal —— ——

Szívesen segítenek neked a többiek, mert kedves, megértő és figyelmes vagy velük. Igyekezz a jóindulatot állandó tulajdonságoddá fejleszteni, fogadd valamennyi új tapasztalatodat megértően.

a harmadik vonal ————

Éppen beleártottad magad mások dolgába, netán erre készülsz, holott semmi közöd az ügyhöz. Igen kellemetlen helyzetbe kerülhetsz, ha nem változtatsz gyorsan a hozzáállásodon. Tárgyalj tisztelettel, viselkedj méltányosan, hogy mások is így bánjanak veled.

a negyedik vonal ————

Belegabalyodtál a félelmeid és kétségeid hálójába. Bogozd ki a szálakat, szedd össze magad, gondold végig tiszta fejjel a dolgot, akkor előbbre jutsz.

az ötödik vonal —— ——

Valamilyen ügyed befejezéshez közeledik. Jóllehet némi nehézséget okoz, de amennyiben helyesen cselekszel, sikeresen zárhatod az ügyet. Valószínűleg elismerik a jó érdekében tett erőfeszítéseidet.

a hatodik vonal ————

Vigyázz, ne szálljon a fejedbe a dicsőség! Élvezd a helyzeted maradéktalanul, de viselkedj megértően azokkal, akiknek most nem jutott ki a dicsőség. Amennyiben elhatalmasodik rajtad az önzés, elveszíted, amit eddig elértél.

Érdemes megfontolni!

Elmélkedj a változások törvényének lényegéről – az átmenetiség természetéről. A törvény rámutat, hogy a világon minden a folyamatos változás állapotában létezik. Még a gyémánt sem marad örökké ugyanolyan. Töprengj el ezen, gondold át: minden változik. Miután felismerjük a világ, és alkotóeleminek változó természetét, boldogabban és nyugodtabban élhetünk, mert elfogadjuk a változékonyságot, és nem akarjuk feltartóztatni a mozgásban lévő jelenségeket; nem akarjuk időn túl marasztalni a jót, és nem akarjuk kikerülni a nehézségeket. Nem érezhetjük egyfolytában jól magunkat, de a szomorúságunk sem tart örökké. Ha ráhangolódunk a változások természeti törvényének ritmusára, boldogabbak leszünk, minekutána nem az ár ellenében kapálódzunk, hanem együtt úszunk a létezés természetes áramlatával. Hagynunk kell, hogy a változások végbemenjenek. Engedd magad áthaladni a serdülőkoron. Engedd el magad, ússz együtt az árral! Élvezd e csodálatos időszakot, és a mostani változások sodrában megerősödve túljutsz majd a nehezebb akadályokon is. Miként a vándor az esőben és napsütésben, haladj előre a magad útján, és élvezd a világ változatosságát, mert szép.

Minden áramlásban van.
– Hérakleitosz

fent: szél

lent: szél

57

A maratoni futás

Az élet összes törvényszerűsége közül legegyszerűbb ez: ha el akarsz érni valahová, oda kell menned.
– **Norman Vincent Peale, amerikai lelkész, író**

Az energia célirányosan árad, tehát ajánlatos ügyelni a szándékainkra.
– **Colleen Brenzy, orvos, filozófus**

Energiára van szükséged, gondold át, mi kell a maratoni versenyfutáshoz. Ezért hát tartsd szemed előtt a célt, szilárdítsd meg a nyugalmad, és őrizd meg a lendületed. Ha már a rajtnál túlerőlteted magad, nem fogsz eljutni a célvonalig. A maratoni verseny komoly feladat, több hónapos előzetes felkészülés nélkül fölösleges kockázatot vállalni. A jelen helyzetben az állhatatosság, tested és elméd rugalmassága, szívóssága segíthet rajtad.

Mindegy, milyen távlati célt akarsz elérni, az alapos, hosszas felkészüléstől nem tekinthetsz el! Tarts ki a célod mellett, és a buldog szívós ragaszkodásával dolgozz azért, hogy elérd! Takarékoskodj az erőddel, hogy a célegyenesben is kitarthass. Azt se feledd közben, hogy a társaidra is csak szívós kitartással tudsz hatni.

Tudatosítsd magadban, mire törekszel jelenleg. Mit remélsz, mit szeretnél kihozni belőle? Mi a célod? Szándékodban áll elejétől a végéig követni az eseményeket? Ha felkészültél a helyzetre (saját maratoni versenyedre), és eltökélt, egyértelmű szándékod végigfutni a távot s elnyerni a díjat, akkor elérheted, amit akarsz, de a kitartásról menet közben se feledkezz meg.

az első vonal —— ——

Amikor érzésed szerint felkészültél, tedd félre a kétségeidet, a félelmeidet, rajt!

a második vonal ———

Nézz utána a háttérben lappangó rejtett dolgoknak. A tanácsadód, a mentorod, a mestered segítségével kideríthetd, mi rejlik a téged elrémisztő dolgok mögött, s ezt a tudást a javadra fordíthatod. Jelen esetben érdemes felderíteni az összes érdekelt fél indítékait és szándékát.

a harmadik vonal ———

Összpontosíts a célra, de ne aggódj görcsösen a végeredmény miatt! Cselekedj legjobb képességeid szerint, ha közelebb akarsz jutni a célodhoz. Senki nem tudhatja előre egy-egy helyzet végső eredményét. Tartsd bizonyos távolságra magad az ügytől, hogy tárgyilagos maradhass.

a negyedik vonal —— ——

Minél gyakorlottabban élsz a Ji csing alapelvei szerint – türelmesen, könyörületesen, belső függetlenséged és erőd fejlesztve, állhatatosan –, annál előnyösebben alakul a sorsod. Minél alaposabban felkészülsz az élet maratoni versenyére, annál biztosabb, hogy boldog és hosszú utat járhatsz be. Képzeld tinédzser éveidet a maratoni futás startvonalának, és mostantól fogva ügyelj rá, hogy ne pazarold el az erődet mindjárt az első pár méteren. Ne merítsd ki az erőkészleted a táv elején, útközben úgyis rájössz, mitől lesz hosszú és boldog az életed.

az ötödik vonal ———

Ügyetlenül és gyengén indultál útnak, de ne búsulj! Rengeteg időd lesz még útközben. Ledolgozod a rossz startolás hátrányait. Minden jóra fordul, mihelyt visszapártolsz a magasz-

tosabb alapelveidhez. Ez a vonal arra is figyelmeztet, hogy a vállalt kötelezettségeidet be kell tartanod!

a hatodik vonal ———

Kedvességed, előzékenységed és visszafogottságod az állóképességedet javítja. A maratoni versenyen ez nélkülözhetetlen, különben nem bírnád az iramot. A versenyben az veszíti a legtöbbet, aki feladja. Takarékoskodj az erőddel, hogy maradjon energiád az utolsó kilométerekre! Vigyázz magadra, nehogy lelassulj ezért, mert mindenáron meg akarod tudni, miért alakulnak úgy a dolgok, ahogyan éppen alakulnak. Maradj mindvégig elszánt, a feladatra összpontosíts, így érhetsz sikeresen célba.

Érdemes megfontolni!

Richard Wilhelm és Cary F. Baynes ezt a hexagramot „A behatoló" és „A szél" címen tárgyalják a könyvükben. Vedd fontolóra, amit a magyarázatban írnak: „A behatoló észrevétlenül, lassan hat. Nem erőszakos, nem heveskedik, hanem csendes, de nem áll meg. Az ilyen hatás eredménye kevésbé szembeötlő, mint az erőszakoskodóké, de sokkal tartósabb és hatékonyabb. Az ilyen hatáshoz hibátlan pontossággal kell meghatároznia a célt, mivel a behatoló befolyása csakis akkor eredményes, ha tartósan egy irányba hat."

– részlet Richard Wilhelm és Cary F. Baynes
I Ching or Book of Changes című könyvéből

fent: tó

lent: tó

58

A boldogság művészete

A boldogságunk a gondolataink minőségén múlik.
– Marcus Aurelius Antoninus, római császár

A Ji csing szerint a tartós boldogság a magasztosabb eszméikhez és alapelveikhez híven élők osztályrésze. Az elfogadás hajlandósága az alapeszmék egyike. Lényege, hogy ne akarjuk örökösen megváltoztatni magunkat, társainkat, szűkebb és tágabb környezetünket s a helyzetet. Ehelyett igyekezzünk nyitottan viszonyulni a valósághoz, és fogadjuk el azt, amit eleve nekünk szán. Az ember folyton-folyvást mást akar, mint a mi van: idősebb, fiatalabb, kövérebb, soványabb, gazdagabb, híresebb, erősebb akar lenni, s elégedetlenségével temérdek boldogtalanságot kelt. A világi siker egyáltalán nem garancia a boldogságra. Ki ne hallott volna a kábítószer-élvezővé vált milliomos atlétáról, a világhírű író magányosságáról és depressziójáról, hogy csak két példát említsek a siker, a boldogság és a lelki tényezők összefüggéseiből.

A belső függetlenség a boldogság forrása. A lelkileg és gondolkodásában független ember képes a szabad, önálló létezésre, mert nem áll mások (gondolati, érzelmi, anyagi) befolyása alatt. Amikor befolyásolhatóvá válunk, embertársaink ítéleteire bízzuk a személyisé-

A boldogság művészete

günk értékelését, elveszítjük helyes nézőpontunkat és a boldogságunkat. Mások gondolatvilágára alapozva, kevés jóra számíthatunk! E hiábavaló törekvés helyett érdemesebb saját belső igazságunkat követni, amely elvezet a saját boldogságunkhoz és igazi sikereinkhez.

A boldogság útját érdemes előkészíteni. A hexagram arra céloz, hogy az áhított boldogság elérhető közelségben van. Élj továbbra is a méltányosság és a belső függetlenség magasztos alapeszméi szerint, hogy elérhesd és fokozhasd az örömöd.

A hexagram egésze örömteli végkifejletre utal.

az első vonal ———

A mondás azt tanácsolja: „Örülj annak, amid van". Vagyis amire szükséged van, azzal már rendelkezel, tehát fölösleges időpazarlás állandóan többet, mást akarni. Fejezd be a kíméletlen önostorozást, és ne másokhoz mérd magad. Rengeteg kivételes és csodálatos képességed van! Becsüld meg azt, aki valójában vagy! Az önbecsülés boldogabbá tesz.

a második vonal ———

Légy őszinte önmagadhoz! Ne add fel önálló elképzeléseidet pusztán azért, hogy a tömeggel tarthass! Belső függetlenségedre hallgatva érheted el a tartós boldogságot.

a harmadik vonal —— —

A kábítószerfüggő a pillanatnyi mulatság reményében rongálja önmagát, s közben elveszíti az időtálló, valódi öröm és élvezet lehetőségét. Maradj erős (józan), független, hogy megtapasztalhasd az igazi élvezeteket. A kábítószer-élvezet villámgyorsan megfosztja az embert a belső függetlenségétől (mert a drogos közérzete külső ráhatástól, a drogtól függ), megfosztja továbbá a boldogságától (mert rongálja az agyat, a gondolkodási képességeket és a közérzetet). A tartós boldogság és örömérzet nem érhető el kívülről bevitt szerekkel, sem a velük mesterségesen elért csúcsélményekkel, sem más emberek által.

a negyedik vonal ———

Készülsz valamire, talán már megtettél valamit? Olyasmire készülődsz, ami aláaknázza az igazi boldogságod. Ha bizonytalankodsz, várj a döntéssel, míg kiderül, mit szeretnél igazán. Kényelmesnek látszó megoldás átengedni másoknak, hogy döntsenek helyettünk! Viszont mások észjárását és érzelmeit követve ritkán számíthatunk élvezetes tapasztalatokra és örömteli végkifejletre!

az ötödik vonal ——————

Valaki a kedvedet keresi, de nem becsületes a szándéka. Első szóra megbízni senkiben sem nem szabad, mert a hiszékenység óriási veszélyeket rejt! A bizalmat ki kell érdemelni, s ehhez időre van szükség. Derítsd ki az igazságot az illető szándékairól, és csak azután engedd közel magadhoz, ha még mindig úgy gondolod, hogy hihetsz neki.

a hatodik vonal ——— ———

Elérted a boldogságot. Most valóban itt az ideje a magasztos alapeszmék és életelvek szerinti életnek! Sose feledkezz meg arról, hogy belső meggyőződésednek, vagyis az alapvető életelveknek köszönheted a boldogságot. Pontosan mely tulajdonságaid és elképzeléseid segítettek hozzá? Milyen összefüggés van a jelenlegi boldogságod és a legalapvetőbb erkölcsi elveid, belső törvényeid között? Ha kiderítjük, hogyan keletkezett, akkor hosszabb időre megőrizhetjük a boldogságunkat.

Érdemes megfontolni!

Az önálló elfoglaltság a legjobb szórakozás, mert valódi örömök forrása. Te hogy állsz ezzel? Belső igényeidből táplálod az elégedettséged, avagy túlságosan is másokra hagyatkozol? Azt várnád, hogy mások gondoskodjanak a boldogságodról? Olyan kapcsolatrendszerben élsz, melyben jól érzed magad? Kifelé sikeresnek látszol? Mások szerint boldognak kellene lenned?

Belülről fakad a boldogságod? Milyen belső értékek tesznek boldoggá? Természetesen nem várható el teljesen a kapcsolatok teljes mellőzése, azt sem állítom, hogy a külső kapcsolatok egyike sem boldogíthat – mert valótlant állítanék. Ám tudnod kell, hogy az ember akkor is lehet boldog, ha éppen egyetlen kapcsolata sincs! Aki kapcsolatok nélkül képtelen boldog lenni, attól a tartós boldogság mindig gyorsan kereket old.

Keress olyan dolgokat, amelyek másoktól független örömök forrásai. Gondolkodj! Bizonyára szeretsz verset, levelet írni, festeni, kézműveskedni, meditálni, olvasni, zenét hallgatni, főzni, táncolni, tornázni, futni, lovagolni, kertészkedni, akvarisztikával vagy más kisállatok tartásával foglalkozni stb. Foglalkozz többet a hobbiddal, ezzel fokozhatod belső függetlenséged és belső forrásból eredő örömeid! Tanulj meg bízni önmagadban, hiszen te magad vagy a boldogságod forrása!

fent: szél

lent: víz

59

A megbocsátás

A víz ősszel még csak megdermed, télen megfagy. A jég merevsége az enyhe tavaszi szél hatására oldódik, s a jégtáblákká torlódott elemek folyékonnyá válva, víz alakjában egyesülnek újra. Ugyanez a folyamat megy végbe az emberek gondolkodásában...
– részlet Richard Wilhelm és Cary F. Baynes *I Ching or Book of Changes* című művéből

A hexagramhoz társított képen a langyos tavaszi szél lágy fuvallatának érintése fokozatosan olvasztja fel a jeget. Elérkezett az ideje a „jég megolvasztásának". Ideje feloldani belső keménységed, illetve a másokhoz fűződő kapcsolataid merevségét. A jég keménységének jelképe a hajthatatlanságodra, a konokságodra, az ítélkező gondolkodási módodra utal. Az életfelfogásod megdermesztette a szíved és/vagy az elméd. A pozitív és alkotó energiáid képtelenek zavartalanul áramolni, mert a ridegséged, a kemény (megcsontosodott) hozzáállásod eltorlaszolta az útjukat.

A hexagram világosan az értésedre adja, hogy ideje lazítani fagyos kimértségeden, hagyd felolvadni a „jeget". A megbocsátás egyetemleges érvényű oldószer! Meg kell bocsátanod önmagadnak vagy másoknak? Tedd meg! A megbocsátás képes feloldani a legkeményebb érzéseket is. Megbocsátani egyet jelent az „elengedéssel", más szóval: a feloldással.

A megbocsátás, amennyiben rászánod magad, lehetővé teheti, hogy felvedd és helyreállítsd a kapcsolatod valakivel. Megbocsátani annyi, mint: lemondani önmagad és mások megbüntetéséről az ellened elkövetett vétkek ellenére.

Az eltorlaszolt energia azonnal felszabadul, mihelyt a jég fölenged. A merevség s a konokság kemény páncéljába dermedve lendületes és alkotóképes energiák várják az enyhülést. Engedd feloldódni kemény érzéseidet, engedd szabadon alkotóképes, pozitív energiáidat, hogy a dolgok ismét mozgásba lendülhessenek.

Bocsáss meg másoknak!

Sokszor félreértjük, mit jelent megbocsátani. Szeretnénk ugyan megbocsátani, de zavarosak az érzelmeink, sőt megrémiszt az, amit e fogalom jelenthet. Ideje tisztázni néhány dolgot.

a megbocsátás azt jelenti, hogy:
- „abbahagyod" negatív érzelmeid pátyolgatását;
- feloldod indulataidat, korlátolt gondolataidat;
- lerázod magadról azt a sérelmet, vétket, amely megkeményítette a szíved, így többé nem gyakorolhat rád ártalmas hatást;
- feldolgozod azokat az érzelmeket, amelyek összekötnek egy bizonyos személylyel, eseménnyel;
- megengeded magadnak, hogy érezz;
- a magatartásod függetleníted mások szokásaitól, viselkedésétől;
- elfogadod magad és a többieket olyannak, amilyenek: esendő embernek;
- igyekezz a jelenben élni ahelyett, hogy újra meg újra a múlton rágódnál, és az elmúlt eseményekre reagálnál;

A megbocsátás fokozza a cselekvési szabadságod, mert függetlenít a többiektől, így kisebb hatással lesznek rád és közérzetedre. Ám ne feledd: a megbocsátás lassú folyamat, hagyj elegendő időt a „jég" olvadására.

Azt sem árt tudni, mi minden nem tartozik hozzá a megbocsátáshoz!

A megbocsátás nem jelenti azt, hogy:
- ezután becsülnöd vagy szeretned kellene azt, akinek megbocsátasz;
- a másik fél magatartását elnézően kellene kezelned;
- felejtesz;

Soha nem kell azok közelségét eltűrnöd, akiktől félsz, és akikkel nem szívesen szívsz egy levegőt! A megbocsátás nem jelenti azt, hogy akár egyetlen pillanatra is el kellene viselned a társaságukat! A megbocsátással nem adsz engedélyt a „vétkes félnek" arra, hogy ismételten megbánthasson, megsérthessen vagy fizikai épségedre törhessen. A megbocsátás azt sem jelenti, hogy az illető megúszhatja a tettéért

járó törvényes büntetést. Erről nem kell lemondani. A megbocsátás tehát senkit sem tesz sebezhetőbbé.

Mindezeken túl, nem kell „mindent megbocsátani", pusztán a megbocsátás kedvéért. De a magad érdekében megteheted, hogy felhagysz a régi dolgok feletti tépelődéssel. Engedd el a múltat, semmilyen negatív érzést se őrizgess túl sokáig!

az első vonal — —

Egy félreértés miatt makacskodsz. Ideje kigömbölyödni a sündisznóállásból, nyiss és vedd fel a kapcsolatot a másik féllel. Emlékezz rá: akkor is megértheted a másik ember mondanivalóját, ha nem értesz vele egyet (38. hexagram). Tökéletesen megérthetsz valakit annak ellenére, hogy semmiben sem osztod a véleményét.

a második vonal ———

Úgy érzed, a társaid elidegenedtek tőled és kiközösítenek. Igyekezz megolvasztani a jeget, tégy valamit a helyzet javítása érdekében. Igyekezz őszintén és jóindulattal közeledni a többiekhez, változtass a hozzáállásodon.

a harmadik vonal — —

A siker teljes mértékben attól függ, képes vagy-e megszabadulni egy bizonyos, mindmáig táplált ellenséges érzületedtől.

a negyedik vonal — —

Munkálkodj az összes érintett boldogsága és jó közérzete érdekében, akkor elégedett leszel az eredménnyel. Ha kizárólag a magad érdekeit nézed, önzésed jutalma a csalódás lesz. A következő rövid fohász talán segít önzetlenebbnek lenni:

Kívánom, hogy az ügyünk mindannyiunk számára a lehető legjobban végződjön!

Ismételd el magadban ezt a kis fohászt, ahányszor aggasztani kezd az ügyed végeredménye.

az ötödik vonal ———

Felmerült egy nehézség, legjobb válaszlépés, összehívni az érdekelteket egy beszélgetésre vagy egy kisebb ünneplésre.

a hatodik vonal ————

Ne a negatív érzéseidre és gondolataidra koncentrálj! A Ji csing a problémák semleges megközelítését javasolja, bizonyos mértékű távolságtartást. Akkor se tégy semmit az ügy érdekében és ellenében, ha a cselekedeteid ellenkeznének az alapelveiddel. Kerülj kívül a gondjaid bűvkörén!

Érdemes megfontolni!

Mi jellemző egy jó „jégtörőre"? Többek közt a megbocsátás képessége. Ám a megbocsátás néha nem mindig belső ügy. Tettleg is elősegíthetjük a lefagyott energiák oldódását és mozgásba lendülését. Ehhez mozdulni kell: a dobolás, a tánc, az éneklés, a csoportos meditálás, a közös szertartások – a betokosodott energiák legvastagabb páncélját is képesek megtörni. Az említett tevékenységek az akadály feloldásán túl további alkotóerőt és lendületet hoznak az életedbe.

Egy jégtörő

Függetlenül attól, milyen mélyen járta át a személyiségedet a fagy, milyen mértékben akadtak el az érzelmeid, a mozgás mindig segít. Az alábbi négy lépésből álló gyakorlat segít felolvasztani a jeget. A művelethez szükséged lesz nagyméretű nedvszívó papírra (itatós- vagy akvarellpapír), egy CD-lejátszóra, négy zeneműre; festékre, amit az ujjaddal kenhetsz fel a benedvesített papírra és némi vízre; ha nincs úgynevezett ujjfestéked, akkor keress néhány varázsirónt, akvarellceruzát vagy vízfestéket.

Állítsd be a lejátszót a négy legkedvesebb dalodra, melyekre jól lehet táncolni. Készíts ki a szobába egy nagy papírt, festéket, ceruzát stb. Indítsd el az első dalt, jó hangosan énekeld az énekessel együtt. Azután tedd fel a második zenét, majd a lábszárad aljától fölfelé a tenyereddel lágyan ütögesd végig az egész tested. Paskold végig a combjaidat, a feneked, a csípőd, a derekad, a hasad, az oldalad, a mellkasod, a vállad, mind a két karod, a hátad, a nyakad, az arcod, a fejed. A paskolás ne legyen fájdalmas, de vigyél bele annyi erőt, hogy felpezsdítse a vérkeringésed. Azután táncolj a harmadik zenére. Végezetül a negyedik dal hangjai mellett fess valamit a zene ütemére, dallamára és hangulatára. Fess gyorsan és minden megfontolás nélkül, végig maradj együtt a zenével. Amikor a zene elhallgat, hagyd abba a festést.

Miután mindezt megtetted, menj ki, és sétálj legalább fél órát. Ha kedved van, hívd el egy barátod, találkozzatok valahol útközben. Figyeld meg, hogy érzed magad a bőrödben most. Figyeld meg, milyen érzések töltenek el, miként változtak, lazulnak az érzelmeid és a gondolataid.

fent: víz

lent: tó

60

Az ésszerű határok

Aki nem bír magának parancsolni, annak mások parancsolnak.
Ilyen az élőlények természete.
– Friedrich Nietzsche, 19. századi német filozófus és költő

Jóllehet „határ a csillagos ég", mégsem szerencsés Ikarosz szerepében tetszelegni. Nem szerencsés megfeledkezni róla, mi történik az emberrel, ha viaszos szárnyakkal túl közel merészkedik a Naphoz. Daidalosz mestert és fiát, Ikaroszt a király a Minotaurusz (félig bika félig ember) labirintusába záratta büntetésül, ahol a biztos halál várt volna rájuk. Ám az apa feltalálta magát, és viaszból szárnyakat készített kettejüknek. Sikeresen megszöktek, de Ikarosz az apja intelmei ellenére a röpüléstől megrészegedve mégis közel férkőzött a Naphoz. A viasz megolvadt, a fiú pedig belezuhant a tengerbe és szörnyethalt. Ez a hexagram arra figyelmeztet: számolj a korlátaiddal és a határaiddal!

Nietzsche állítása igaz, ha mi nem korlátozzuk magunkat, majd megteszik ezt a körülmények vagy az embertársaink. Ám, amennyiben kiismerjük és elfogadjuk a határainkat, észrevehetjük, milyen nagyszerű dolgokat vihetünk véghez a saját lehetőségeink keretén belül. A serdülők elviselhetetlenül szűknek érezhetik a határaikat, és könnyen azt hiszik, akadálytalanul áttörhetnek minden gáton.

Ikaroszhoz hasonlóan néha ki kell szöknünk „börtönünkből". A sikeres szökés érdekében kifejezetten ajánlatos odafigyelni a lehetőségeink határaira és környezeti korlátozásokra.

Minden kapcsolatnak és tapasztalatnak megvannak a természetes határai, melyeket tiszteletben kell tartani: a tanárok nem kezdeményezhetnek szexuális kapcsolatot a diákjaikkal; még a kerékpáron is bukósisakot kell hordani, ha egy esetleges esésnél nem akarjuk betörni a fejünket; a mértéktelen italozás, valamint a drogok és a szeszesitalok keverékének fogyasztása miatt meghalhat az ember stb. A határok, például az említett határok betartása viszont mindannyiunk számára lehetővé teszi, hogy biztonságos módon szerezzük be tapasztalatainkat.

A tizenéves kor a határaink kitolásának természetes időszaka. Terjeszkedj, de ne feledd, hogy bizonyos határokat mindenkinek tiszteletben kell tartania! A határaink elismerése nélkül az élet romboló természetűvé, zavarossá válhat. A korlátaink és határaink segítenek eldönteni, mi az, amit még szívesen megteszünk, és mi az, amit már nem. A hexagram jelzése alapján gyanítható, hogy te most feszegeted a korlátaidat, vagy mások társaságában készülsz átlépni bizonyos határokat. Légy óvatos és körültekintő! Szárnyalj, törj magasra, de kíváncsiságból se merészkedj túl közel a Naphoz!

az első vonal

Minden figyelmeddel egy célra összpontosítasz, de még szűk a mozgástered. Ügyelj rá, mit beszélsz, mit teszel mostanában. Még nincs itt az ideje megkérdőjelezni a határaidat, nem érdemes bedőlni a látszatnak. Viszont kiváló alkalmad adódott megtanulni, hogy léteznek behatárolt lehetőségeket kínáló időszakok.

a második vonal ———

Ne korlátozd a mozgástered ésszerűtlen megszorításokkal! Félsz valamitől, ez hátráltat. Ragadd meg az alkalmat és cselekedj!

a harmadik vonal — —

Ne okolj másokat a fejleményekért! Vállald a téged illető felelősséget a saját választásaid és viselkedésed következményeiért!

a negyedik vonal — —

Tanuld meg felismerni, mikor fogékonyak mások a személyedre: ilyenkor az ajtók nyitva állnak előtted, s a nagy lehetőségek várnak rád. Ugyanígy tanuld meg felismerni, mikor nem fogékonyak rád, vagyis mikor nincs egyetlen lehetőséged sem. Szerfelett üdvös tudni, mikor, mire számíthatsz, mert villámgyorsan felbecsülheted az esélyeidet, s megállapíthatod, érdemes cselekedni vagy sem. A korlátok felismerésének készsége az élet minden pillanatában hatalmas segítség. Vonulj vissza átmenetileg, ha a környezetedben jelenleg senki sem fogékony az ötleteidre. A nyitásra is sor kerül majd.

az ötödik vonal ———————

Kiváló lehetőséged van valamire, menj elébe, használd ki a helyzetet. Sok múlik azon, mit kezdesz ezzel az alkalommal, kihat a többiek későbbi, veled kapcsolatos viszonyára. Vigyázz, nehogy vizet prédikálj, miközben bort iszol! Ahhoz, hogy imponálj a társaidnak, bizonyos határokat nem szabad átlépned.

a hatodik vonal ——— ———

Vigyázz, ne szabd túl szűkre a mozgástereteket! Kövesd érzékenyen a változásokat! Türelmesen tapogatódzva ismerd ki egyedi korlátaidat és közös határaitokat.

A hegy tetején ülve – gyakorlat

Pontosan megállapíthatod, hol tartasz jelenleg, csak szánj némi időt erre a gyakorlatra! Képzeld el, amint egy hegy tetején állsz. Minden irányban messzire ellátsz. A táj az életed vidéke, nézz körül alaposan, és felmérheted milyen volt, milyen lesz. Most jó rálátásod van az egészre.

Mögötted a múltad... mögötted látható mindaz, amiben eddig részed volt. Mit látsz? Mi történt eddig veled? Milyen saját és idegen döntések alakították eddig a sorsod? Hogyan használtad fel a múltban a rendelkezésedre álló időt? Látod már, hogy az egyik döntés/választás miként készíti elő a következő döntéshelyzetet? Látod, miként vezet egyik dolog a másikhoz? Milyen veszteségek, megrázkódtatások és fájdalmak miatt gyötrődtél? Mit kaptál? Milyen örömök értek, mi-mindenre volt alkalmad mostanáig? Figyeld meg, miképpen hatottak a múltbeli élmények a sorsod jelenlegi állapotára!

Tekints jobbra, majd balra, mert oldalt látható a jelened tájképe. Kik a barátaid? Mire fordítod az idődet? Milyen fájdalmas élmények gyötörnek? Milyen ajándékokat és lehetőségeket kínál számodra most az élet? Mit gondolsz, a mostani döntéseid közül melyiknek milyen hatása lesz a jövődre nézve? Miről álmodozol? Mitől félsz? Milyen gondokkal és kihívásokkal kell neked, a hazádnak és egész bolygónknak mostanában szembenéznie?

Előtted a jövő látképe. Mit látsz? Észrevetted, hogy ez a terület jóval túlnyúlik a látóhatárodon? Azt azonban tisztán látni, mi vár rád a közeljövőben! Megtudhatod, ha belegondolsz, mi következik abból, ahogyan jelenleg élsz! Mi vár rád a távolabbi jövőben, ha továbbra is úgy él az emberiség, ahogy mostanában? Képes vagy az eléd táruló jövőképet végtelen tájként és a határtalan lehetőségek birodalmaként látni magad előtt? Érzed, milyen sokféle lehetőséget tartogat?

Most pedig, írd le a gondolataidat, az érzéseidet és mindazt a hatást, amit az életed áttekintése keltett benned! Dátumozd a feljegyzést, és később olvasd el, amit most írtál. Várd meg, míg még néhányszor a Ji csinghez kell fordulnod útmutatásért, végezd el ismét ezt a gyakorlatot, azután írd le az újabb észrevételeidet. Ezúttal hogyan értékeled a múltat, a jelent és a jövődet?

Az önként vállalt korlátok a fejlődést támogatják.
– részlet Brian Browne Walker *I Ching or Book of Changes* 60. hexagramjához írott magyarázatából

fent: szél

lent: tó

61

Bízz a megérzéseidben!

Nem cél egyszerűen vakon megbízni a jóslatokban; a cél inkább az, hogy megértsük a helyünket az adott helyzeten belül.
– Alfred Huang, taoista mester

Ahhoz, hogy megérthessük a helyünket egy helyzetben, bíznunk kell belső bölcsességünkben, vagyis a megérzéseinkben. Lényegtelen, milyen nemesnek és okosnak tűnik mások tanácsa, mindig a saját igazunkat kell követni! A tibeti közmondás, miszerint: „Két szemtanú közül bízz az egyetlen igazságban" – úgy értendő, hogy amennyiben két nézőpont szerint dönthetsz valamilyen ügyben, a kívülállók véleménye helyett bízd magad a belső igazságérzetedre. Mindig a magad igaza felé mozdulj! Amikor ellentmondásos helyzetben, többféle lehetőség terhe nyomja a vállunkat, nagyon fontos önmagunkba tekinteni és megtudni, mit érzünk igazi és helyes megoldásnak. Különösen érdemes az intuícióinkra hallgatni, amennyiben megérzésünk feltűnően eleven vagy átütő erővel jelez.

Olykor irgalmatlanul nehéz eltekinteni a velünk szemben támasztott követelményektől és elvárásoktól. Ilyen esetben sokat segít, ha kirekesztjük a külső elvárásokat, és kizárólag a belső hangjainkra, hangulatunkra és érzéseinkre, röviden: a belső igazságérzetünkre hallgatunk. Olykor irgalmatlanul nehéz a gondolkodásunkat függetleníteni a többiek gondolkodásától, nehéz kiszakadni mások cselekedeteinek vagy tétlenségének bűvköréből! Ám meg kell tenni, mert a kérdéseinkre kapható igazi válaszok és a tartós lelki béke alapja nem az igazodási készség, hanem a valódi önismeret. Okos válaszok, jó döntések csakis a belső igazság követéséből eredhetnek. Természetesen nem szükséges minden külső tanácsot elvetni, a megérzésekre azért van szükség, hogy mérlegeljük a különböző javaslatokat.

A Ji csing tanácsait sem kell vakon követned. Mindig mérlegeld, miként illik a tanács a helyzetedhez, és miként tudnád hasznát venni. Mindig adj rá időt magadnak, hogy alaposan átgondold, mit jelent számodra egy-egy tanács (jóslat).

az első vonal ———

Születésed percétől fogva összeköttetésben állhatnál belső bölcsességeddel és ösztönös erőiddel! Állapítsd meg, milyen szokásaid és gondolataid tartanak távol ösztönös megérzéseid forrásától. Igazságtalanul szigorú vagy önmagaddal, kétségeid vannak a saját értékeiddel kapcsolatban? Italozol, kábítószerezel? Egyéb szenvedély rabja vagy? Pedig megbízhatsz a zsigeri érzéseidben, ha összeszorul vagy felfordul valamitől a gyomrod, ne tedd! A zsigeri érzésnél nincs hitelesebb vészjelző a világon. Olyan társaságba jársz, ahol lenéznek, és lekicsinylik a megérzéseid jelentőségét? Ettől függetlenül keresd meg belső erőforrásaidat, és figyeld meg, milyen hihetetlen hatalmad van (a saját sorsod felett), ha a megérzéseidet követve élsz, a közted és belső világod közti akadályokat pedig módszeresen számold fel.

a második vonal ———

A viselkedésed mindig a társaid tudomására jut (ha meg sem szólalsz, akkor is)! Az emberek megérzik egymásról, ki, mikor kötelezi el magát jó ügy mellett, és mikor nem. Ez a vonal azt szintén tudatja, miféle társasághoz tartozol, és ez hogyan befolyásol téged. Milyen társaságba jársz? Bíztatnak, szárnyakat adnak vagy lekicsinyelnek? Amennyiben ihlető, támogató a társaságod, bízhatsz benne, hogy a többiek szívesen segítenek hozzá belső igazságod megismeréséhez, és nagy becsben tartják a megérzéseidet.

a harmadik vonal — —

Ez a vonal óva int attól, hogy túl sokat adj mások véleményére. Igyekezz jól érezni magad a saját bőrödben, a saját elképzeléseid szerint, és semmiképp se kövesd mások tanácsát, ha e „tanácsok" ellenérzéseket keltenek benned. Amennyiben örökké mások jóváhagyását keresed, képtelen leszel a megérzéseid útmutatásait követni (legpontosabb iránytűd használatát veted el).

Bízz a megérzéseidben!

a negyedik vonal — —

Felismerted, hogy a felsőbb erőtől függsz, s ebből csak jó származhat. Belső igazságérzeted és a felsőbb erő végre összeköttetésben állnak egymással. A felsőbb erő a megérzéseiden keresztül adja tudtodra a közlendőjét.

az ötödik vonal ———

Megvan rá a képességed, hogy negatív viselkedésedet pozitívvá alakítsd, így kellemes hangulatúvá varázsolhatsz egy eddig nehézkesen döcögő kapcsolatot. Másokhoz is légy kedvesebb és megértőbb, s miután a pozitív magatartásod állandósul, a többiek megtisztelő figyelme is rád irányul.

a hatodik vonal ———

Betekintést nyersz a megérzéseid világába, mellyel állandó összeköttetést sikerült kiépítened a meditálás és a megérzésekre adott válaszaid révén. Valami fontosat értettél meg erről az összefüggésről. Bízz meg a tudásodban és az ismereteidben. Mindamellett ne erőltesd rá senkire az igazadat. Mindenki a maga lehetőségei szerint és módján jut hozzá saját igazságaihoz, s mindenki a számára legalkalmasabb időben.

Érdemes megfontolni!

Az alábbi gyakorlat segítségével fejleszd a megérzési képességed, ahányszor alkalmad nyílik rá:

Hosszabb időn át (míg szokásoddá nem válik) kérdezd meg magadtól: Hogy érzem magam? Mit gondolok? Mit akarok? A kérdésekre adott ösztönös válaszaiddal egyszerűen ellenőrizheted magad, különösen hasznosak zavaros időkben. Ne erőltess semmiféle választ, egyszerűen lazíts, nyílj meg a válaszok előtt. Tehát, tedd fel a kérdést, aztán figyelj befelé, figyeld, milyen választ ad ösztönös bölcsességed. Amikor ilyen nyitott állapotban azt kérded: Hogy érzem magam? – a valódi érzéseid világába pillanthatsz be. Őszinte képet kaphatsz magadról, tehát ne feledd el rendszeresen ellenőrizni a megérzéseid segítségével az érzéseidet, gondolataidat és kívánságaidat.

Ahhoz, hogy valóban érzékelhessük a teljességünket, alkotó emberként, őszintén kell fogadnunk a megérzéseinket.

– Colleen Brenzy, ösztönös gyógyító, filozófus

fent: mennydörgés

lent: hegy

62

Apró lépések

Egyetlen jelentős dolog sem jön létre hirtelen, időbe telik, míg a füge és a szőlő megérik, és kiforr a bor.
– Epiktétosz, görög sztoikus filozófus

Túl sok ember költ olyan pénzt, amiért nem ő dolgozott meg, túl sokan vásárolnak olyasmit, amit nem akartak megvenni, túl sokan akarják olyanok tetszését elnyerni, akiket nem szeretnek.
– Will Rogers, amerikai színész és humorista

Ideje odafigyelni az apróságokra s a kis részletekre! Most csak apránként lehet haladni. A saját valódi szükségletedre és igényedre legyen gondod, és semmiféle értelemben se vállalj magadra túl sokat azért, hogy másokra jó benyomást tehess. Mostanában ne módosítsd jelentősen a terveidet. Jobb kevesebbet tenni, mint túl sokat. Keresd a kis lépések értelmét, mert ezekre van szükség. Mi az a következő lépés, mi visz közelebb a célodhoz? Ne feledd, a füge és a szőlő sem érik be egyetlen éjszaka alatt. Amit szeretnél, ahhoz is idő kell és sok-sok apró lépés.

Az életed változóban van, sok az energiád, a munkában és a játékban is hajlamos vagy a túlzásokra. Mégis boldogabb leszel, megtanulsz lemondani a vágtatásról. Haladj lassan,

Apró lépések

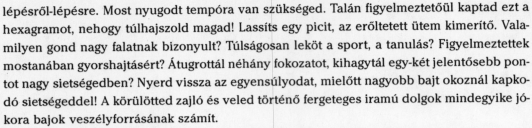

lépésről-lépésre. Most nyugodt tempóra van szükséged. Talán figyelmeztetőül kaptad ezt a hexagramot, nehogy túlhajszold magad! Lassíts egy picit, az erőltetett ütem kimerítő. Valamilyen gond nagy falatnak bizonyult? Túlságosan leköt a sport, a tanulás? Figyelmeztettek mostanában gyorshajtásért? Átugrottál néhány fokozatot, kihagytál egy-két jelentősebb pontot nagy sietségedben? Nyerd vissza az egyensúlyodat, mielőtt nagyobb bajt okoznál kapkodó sietségeddel! A körülötted zajló és veled történő fergeteges iramú dolgok mindegyike jókora bajok veszélyforrásának számít.

Amikor új ismeretségeket kötsz, ne feledd, hogy a tartós, elmélyült kapcsolatokat szintén apránként, lépésről-lépésre lehet kialakítani. Legyen időtök alaposan megismerni egymást.

az első vonal —— ——

Ne lépd túl a határaidat. Tudod: aki túl sokat markol, keveset fog! Ha eddig netán rendszeresen nagyobb adagot mertél, mint amennyit meg tudsz emészteni, hagyd abba! Légy mértéktartóbb! Idő és alapos odafigyelés kell ahhoz, hogy jobban megértsd a helyzetet.

a második vonal —— ——

Kérj segítséget egy általad tisztelt felnőttől. Egyedül nem mégy sokra, most szinte semmit sem tehetsz segítség nélkül. Ha azonban kinyújtod a kezed a segítségért, jól alakul a dolog, és sikerül, amit terveztél.

a harmadik vonal ————

Korrekt játékos vagy, de a környezetedben nem mindenki viseli a szívén az érdekeidet. Légy óvatosabb a kapcsolataidban. Adj időt magadnak, hogy átgondold, mit teszel, cselekedj aszerint, amit teljes mértékben helyesnek, elfogadhatónak tartasz.

a negyedik vonal ————

Jól mennek a dolgok, szépen követed a Ji csing által javasolt magasztosabb alapelveket. Ne hagyd, hogy a siker tudata támadóvá, netán igazságosztóvá alakítson. Haladj apró léptekkel, szerényen.

az ötödik vonal —— ——

Jó ötleteid vannak, megfelelően állsz az ügyhöz, az idő viszont alkalmatlan a cselekvésre. Készítsd elő a magad számára az utat, vagyis foglakozz figyelmesen a részletekkel.

a hatodik vonal — —

Fájdalmas tapasztalatokra teszel szert, ha az erődet meghaladó vállalkozásba fogsz. Van valami, ami jelenleg megragadhatatlan, elérhetetlen a számodra.

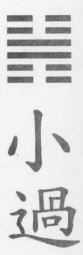

Sétáló meditáció

Ezt a tíz-tizenöt perces, méltán népszerű gyakorlatot otthon és házon kívül is elvégezheted.

Kezdj el sétálni, a figyelmed irányítsd a járásra. Egyszerűen tudatosítsd a tested mozgását, figyeld: amint egyik lábad a másik elé rakod. Most lassíts. Figyeld, miként mozog a tested. Kísérd figyelemmel azt is, milyen testi érzeteket kelt benned a séta. Menj lassabban, mint eddig..., minél lassabban jársz, annál könnyebb tudatosítani a sétálást. Lassíts addig a mértékig, ami ahhoz kell, hogy megfigyelhesd, miképpen emelkedik el a talpad és a lábad az egyes lépéseknél, és hogyan ér vissza a talajra. Érzékeld minden lépésnél ugyanezt a folyamatot. Amikor a gondolatod elkalandozik, finoman, kedvesen tereld vissza a sétára, azon belül a mozgásra. Végezd a gyakorlatot legalább öt percen keresztül.

Azután járkálj még kicsit, érzékeld milyen jó, hogy képes vagy járni, adj érte hálát. Ne feledd, hány ember életét teszi nehézzé tolókocsi, ágyhoz kötöttség. Általában magától értetődőnek vesszük a mozgáskészségünket. Mégsem árt néha visszafogni a tempót, és megköszönni a testnek, hogy számíthatunk rá.

fent: víz

lent: tűz

63

A beteljesedés

Isten
miriád álruhában
bújócskát játszik.

Megcsókolnak és közlik
Te vagy az –
S komolyan mondom, valóban az vagy!

Most
lényegtelen,
mit hiszel, mit érzel
valamiféle csodának.

Néha hatalmas
csodák szövetkeznek,
hogy megtörténjenek.
– Háfiz, perzsa költő

Ez a beteljesedés ideje. Minden olyan, amilyennek lennie kell. Olyasmit értél el, amiért meg-dolgoztál. Ez a harmónia és az egyensúly ideje; minden együttműködik. Számodra eszmé-nyiek a feltételek. A Ji csing azt tanácsolja, használd ki okosan e kedvező időt, de ne feledd: ami keletkezik, az el is múlik, s egyszer minden véget ér, a jó időszak is.

Beteljesült valami, elégedett vagy, de azért továbbra is az igaz szellemi alapelvekhez hű-en kellene élned! Az ember időnként hajlamos megfeledkezni arról, hogyan jutott el a cél-hoz, s öntéltté válik. Jelen időszakban sok egyéb mellett sikeres vizsgákat tehetsz, újabb fo-kozatokat érhetsz el, élvezheted és örömmel nyugtázhatod mindazt, aminek sikeresen a vé-gére jártál. Az eredmények hatására se térj le eddigi ösvényedről, mert csak az igaz úton várható a következő valódi lehetőség felbukkanása!

Ez a beteljesülés útmutatóul szolgál a serdülőkor hátralévő szakaszához, különösen, ha felteszed magadnak a 63. hexagram ismertetése után, valamint az alábbiakban felsorolt kér-déseket, és megfontoltan felelsz rájuk. Legközelebb mit szeretnél elérni, megtapasztalni? Szeretnél tenni valamit még annak érdekében, hogy tökéletesen felkészülhess a felnőtt élet-re, amikor majd a magad ura leszel? Milyen terveid vannak? A hexagram ugyanis többek között azt jelzi, hogy most kiválóan felkészülhetsz a jövődre. Miután alaposan felkészültél, nagy idők részese lehetsz.

az első vonal ——— ———

Elérkezett a figyelmes felkészülés és a fejlődés ideje. Amennyiben körültekintő vagy, a most elkezdett kapcsolat, terv megvalósul, és örömteli eredményre vezet.

a második vonal —— ——

Egy apró, időleges tétovaság tart vissza a haladástól. Ne sürgesd! A bizonytalanság elmúlik, és a megfelelő időben ismét mozgásba lendülnek a dolgok.

a harmadik vonal ———————

A siker rád vár, de nem könnyű elérni. Még mindig fontos az óvatosság, a figyelmed tovább-ra is összpontosítsd erősen a jövőbeni céljaidra. Ez a vonal elárulja, hogy terveid és céljaid másokra is hatással lesznek, tehát nem hagyhatod ki a számításból az érintetteket.

a negyedik vonal —— ——

Valószínűleg mások rejtett ármánykodása (hátsó szándéka) okoz gondot. Esetleg te nehez-telsz titkon a többiekre. Igyekezz türelmesen viszonyulni a veled igazságtalanul bánó sze-mélyekhez, találj módot a megbékélésre. Szabadulj meg neheztelő gondolataidtól. Ez a vo-

A beteljesedés

nal ehelyütt arra is utalhat, hogy megbízhatatlan emberektől reméltél segítséget. Engedd útjukra őket, te pedig bízz az önállóságodban.

az ötödik vonal ——————

Célba értél, illetve a közelében vagy. Hála a többiek és a felsőbb erő közreműködésének, a siker kézzelfogható közelségbe került. Örvendezz az eredménynek a társaiddal együtt.

a hatodik vonal —— ——

Valamilyen terv vagy kapcsolat befejezéséhez értél. Az életedben minden megváltozik. Ideje felkészülni az újrakezdésre.

Érdemes megfontolni,

mit tervezel a középiskola/főiskola befejezése után? Külföldi utazásra, továbbtanulásra, munkahelyre vágysz, más városba szándékozol költözni? Van átfogó elképzelésed arról, hogy hosszabb távon, mit akarsz elérni? Van dédelgetett terved? Néha az ember meggondolja magát. Jogunkban áll és lehetőségünk is van rá, hogy felülvizsgáljuk, majd sutba dobjuk a legkedvesebb elképzeléseinket. Mielőtt azonban ezt tennéd, gondold át az ábrándjaidat, terveidet, szándékaidat és céljaidat. Szenvedélyesen érdeklődsz-e valami iránt? A kérdésekre adott őszinte válaszok révén tudatosabban haladhatsz a jövőd irányába, s a jövő is tehet végre néhány lépést feléd.

Az élet meglepetések sorozata.
– **Ralph Waldo, Emerson amerikai esszéista, költő**

fent: tűz

lent: víz

64

A változás az élet törvényszerűsége

Messze valahol, az éjszaka mögött
sápadt hajnal dereng.
– Rupert Brooke, angol költő

Új ciklus kezdődik. A hexagram a Ji csing utolsó jós ábrája, s arra emlékeztet, hogy ahányszor valami véget ér, valami új kezdődik. Ilyenkor sokan érzünk zavart és kétségeket. Szorongunk, vajon mit tartogat a jövő? Kapaszkodj a bizalomba, bízz benne, hogy a létezés és a változások természetes körforgásával, a beteljesedést követő újrakezdés felé tartasz. Igazság szerint naponta újrakezdünk mindent, hiszen mindegyik napnak megvan a külön kezdete, közepe és vége. Az életünk szintén az újrakezdések és befejezések sorozata. Hol tartasz abban a ciklusban, aminek kapcsán kérdést intéztél a Ji csinghez? Éppen megpróbálod átugrani a közepét, mert időnap előtt a végére akarsz érni? Figyeld meg, hogy múltbeli befejezések hogyan vezettek el az új dolgokhoz – miként idézik elő ma is valami új kezdetét!

A változás az élet törvényszerűsége

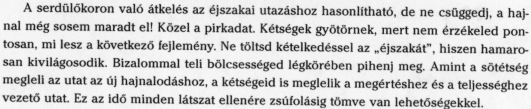

A serdülőkoron való átkelés az éjszakai utazáshoz hasonlítható, de ne csüggedj, a hajnal még sosem maradt el! Közel a pirkadat. Kétségek gyötörnek, mert nem érzékeled pontosan, mi lesz a következő fejlemény. Ne töltsd kételkedéssel az „éjszakát", hiszen hamarosan kivilágosodik. Bizalommal teli bölcsességed légkörében pihenj meg. Amint a sötétség meglei az utat az új hajnalodáshoz, a kétségeid is meglelik a megértéshez és a teljességhez vezető utat. Ez az idő minden látszat ellenére zsúfolásig tömve van lehetőségekkel.

A tini kor vége hasonló a napszakváltáshoz: tekintheted az éjszaka utolsó fázisának, a derengés előtti pillanatnak, amikor a kamasz életből a felnőtt létbe – a sötétségből a napvilágra lépsz. E korszak lehetőségei hevesen és szakadatlanul ostromolnak minden tizenévest. Jó tudni, hogy a kamaszkori sötétben tapogatódzásnak hamarosan vége, és a mögötted álló évek „sötétségének" hamarosan nyoma sem marad; meghatározó élmény, kihat az életed további részére.

az első vonal —— ——

Ne cselekedj elhamarkodottan! Jól ráéreztél arra, mit akarsz, de még nem állt össze előtted az egész kép (még nem pirkad), még nem tudhatod, mekkora a játéktered. Mihelyt fény derül a helyzetre (nagyobb látószögű képet kapsz), tudni fogod, mi a teendőd.

a második vonal ———

Mostanában célszerű volna rendkívül óvatosnak lenni. Egy lehetőség elérhetővé válik számodra, de az idő nem megfelelő az alkalom megragadására. Várj türelemmel. Várd meg a napfelkeltét.

a harmadik vonal —— ——

Ne engedd, hogy mások belehajszoljanak egy döntésbe. Szánj időt rá, és gondold végig a dolgot. A saját eszedre hallgatva tudsz helyesen dönteni.

a negyedik vonal ———

Hatalmasat fejlődhetsz, ha nem hagyod, hogy a helyzet, esetleg az emberek kibillentsenek a lelki egyensúlyodból. A pirkadat előtti sötétség néha annyira sűrű és átható, hogy azt hihetnénk, soha nem ér véget, s emiatt beleugrunk a gyors megoldások csapdájába. Biztos lehetsz benne, hogy a fény számodra is elérhető, és a nehézségeid lassacskán megoldódnak. Addig viszont őrizd meg belső függetlenséged, s amennyiben ez sikerült, más szintén sikerül majd.

az ötödik vonal — —

Megtetted! A saját utadat járod! A türelem rózsát terem. Érdemes az alapelveidhez híven élned.

a hatodik vonal ———

Amikor rád köszönt a siker, mint most például, akkor sem szabad megfeledkezni a többiekről. Őrizd meg belső függetlenséged, és bánj elnéző türelemmel az általad választott a szellemi irányvonalat felfogni képtelen értetlenkedőkkel. Ne szálljon a fejedbe a dicsőség, őrizd meg az önuralmad, s a boldogság hosszasan vendégeskedik majd nálad.

Érdemes megfontolni!

A Ji csing arra tanítja az embert, hogy érdemes a középutat választani, és fölösleges túlzottan belebonyolódni az élet drámájába. Túlságosan sűrűn hagyjuk magunkat megtéveszteni az események sodrában — a mai nagy esemény holnapra már „szörnyűvé" változhat, ha nem fogjuk fel a tényt, hogy mindennek megvannak az időbeli korlátai. Ismersz valakit (esetleg te magad vagy az), aki folyton-folyvást belebonyolódik valamilyen hatalmas drámába?

Miguel Ruiz *A négy egyezség* című könyvében sokat ír arról, miért fontos kivonni magunkat a drámai életvitel körforgásából, amelyben mindössze a fölösleges nehézségeket állandósíthatjuk. Az élet soha nem fenékig tejföl, és soha nem maga a pokol — nem jó, és nem rossz, hanem inkább e kettő keveréke, s ami még ennél is fontosabb: folyton változik! A jó nem tart örökké, a rossznak is vége szakad előbb-utóbb. Gondolkodj el az alábbi történet értelmén. Hogyan segít minket a középút követése abban, hogy a változásokkal együtt haladhassunk?

Hol volt, hol nem volt, élt egyszer egy vénséges vén kínai parasztember. A földjén éldegélt a egyetlen fiával és egyetlen lovával. Az öreg a fiú és a ló nélkül képtelen lett volna megművelni a földet, de nevezetes bölcs hírében állott, a tanácstalanok a világ négy sarkából eljöttek az útmutatásaiért. Történt egyszer, hogy a vénember lova megbokrosodott, elvágtatott, színét se látták többé. Apa és fia mindent tűvé tettek a ló után, keresték a hegyekben és a síkságon, de sehol nem akadtak a nyomára. A ló úgy eltűnt, mint a kámfor.

Amikor a szomszédai rájöttek, hogy az öreg elvesztette az egyetlen lovát, mind átjöttek hozzá egy részvétlátogatásra. Szánakoztak:

— Nagyon sajnáljuk, hogy elszökött a lovad, öreg. Mit lesz most?

— Kettesben a fiaddal nem bírtok ekkora földdel, te öreg, kellene szerezned egy új lovat! Ló nélkül, ajaj, micsoda rossz hír!

Az öreg meglepő közömbösséggel hallgatta őket egy darabig, majd amikor elunta a sopánkodást, így szólt

— Jó hír, rossz hír! Ki tudja?

A szomszédok nem értették, mire véljék a választ, de mert az öregnek elege lett a sajnálkozásból és nem volt hajlandó velük zokogni, hazamentek. Néhány nap múlva elterjedt a hír, hogy az elveszett ló hazatért, sőt, egy vadlovat is hozott magával! Tehát az öregnek immár két lova volt. Megörültek a szomszédok a szerencsés fordulatnak, boldogan átszaladtak az öreghez, hogy gratuláljanak:

— Öreg, örömmel hallottuk a jó hírt. Lám csak, már két lovad van!

Az öreg közömbösen rájuk nézett, s csak ennyit mondott:

— Jó hír, rossz hír! Ki tudja?

A szomszédok most még annyira sem értették az öreget, mint korábban. Mélységesen tisztelték, de nem értették, miért nem örvendezik, s miért nem izgatott, holott kétségkívül váratlan szerencse érte.

A következő napon mit hallottak? Hát, hogy az öreg paraszt fia megpróbálta betörni a vadlovat, de az levetette a hátáról. A fiú eltörte a lábát. A szomszédok ismét egymásnak adták a vén gazda portájának kilincsét.

— Jó öreg, a fiad szomorú balesetéről már igazán be kell látnod, hogy rossz hír!

— Mihez kezdesz nélküle, ki dolgozik a földeken, amíg fölépül a fiad?

— Mindenben az ő erejétől függtél! Mi lesz most veled?

— Ez aztán a rossz hír!

Ám az öregen a kétségbeesés legkisebb jele sem látszott, amikor végigmérte őket, és higgadtan így felet:

— Jó hír, rossz hír! Ki tudja?

A szomszédok teljesen összezavarodtak. Végképp nem értették az aggastyánt. Szétszéledtek, még épp idejében hazaértek ahhoz, hogy a fiaikat odakísérhessék a falujukba érkezett toborzók elé. S bizony, a katonaság egy rettenetes harchoz besorozta a környék összes fiatal férfiját. A szülők feldúltan tűrték a dolgot, de sajgott a szívük, mert jól tudták, hogy a háborúból sok fiatal nem fog visszatérni. Az öreg paraszt fiát a törött lába miatt természetesen nem vitték el katonának. Amikor a szomszédok erre rájöttek, nagyon megörültek, hogy legalább egy legény maradt a faluban. Örömükben ismét átrohantak az öreghez, hogy gratuláljanak a szerencséjéhez.

Mind ott tolongtak a portáján, majd ezt mondták neki:

— Öreg, most már igazán beláthatnád, hogy hihetetlen szerencse ért, ez aztán a jó hír!

Ám az öreg nem zökkent ki az egykedvűségéből, amikor ráfelelt:

— Hát ti sohasem tanultok semmit? Jó hírek, rossz hírek? Ki tudhatja?

Táblázat hexagram-azonosításra

felső ▸	Csien	Csen	Kán	Ken	Kun	Szun	Li	Tüi
TRIGRAMOK	☰	☳	☵	☶	☷	☴	☲	☱
alsó ▾	Menny	Mennydörgés	Víz	Hegy	Föld	Szél	Tűz	Tó
Csien ☰ Menny	1	34	5	26	11	9	14	43
Csen ☳ Mennydörgés	25	51	3	27	24	42	21	17
Kán ☵ Víz	6	40	29	4	7	59	64	47
Ken ☶ Hegy	33	62	39	52	15	53	56	31
Kun ☷ Föld	12	16	8	23	2	20	35	45
Szun ☴ Szél	44	32	48	18	46	57	50	28
Li ☲ Tűz	13	55	63	22	36	37	30	49
Tüi ☱ Tó	10	54	60	41	19	61	38	58

Kiindulópontok

Szétrobbanó csillagok vagyunk – de a lényegünk érintetlen. Némelyikünk részecskeként teljes erejéből törekszik kifelé, egyre távolabbra, messzebbre. Mások, emlékezvén a jó öreg gravitációs vonzásra, vissza akarnak hullani a Földre – vissza akarnak jutni az anyaölbe. Az ellentétes vonzás mindig jelen van. A kettő eggyé akar válni, az egy osztódásra vágyik, azután egyesülésre... hogy virulása sokasággá ossza.

– Shannon King, amerikai költő

www.edesviz.hu

A sorsalakítás művészete

- Részletes információk és érdekességek újdonságainkról
- Cikkek és egyéb publikációk sikerszerzőinktől
- Teljes könyvválasztékunk bemutatása
- Előzetesek több hónapos távlatra
- Riportok és beszélgetések sztárokkal és közéleti személyiségekkel az aktuális eseményekről, az ezotériához fűződő kapcsolatukról és legkedvesebb olvasmányaikról
- Ezoterikus magazin
- Édesvíz C@fe
- Online áruház, ajándékozás
- Könyvtár
- Programajánló
- Zsibvásár
- Társkereső
- Játék
- Tizenévesek te@háza

Online könyváruházunkban egyedülállóan kedvezményes vásárlási lehetőséget biztosítunk valamennyi termékünkre. Az interneten rendelt könyveket három munkanapon belül utánvéttel postázzuk.

Szeretettel várjuk folyamatosan megújuló honlapunkon!

Édesvíz Könyvesboltok

Édesvíz Könyvesbolt és FENG SHUI Szaküzlet
1122 Budapest, Városmajor u. 3/A.
Telefon: 212-8315
Nyitva tartás: hétfőtől péntekig 10–18 óráig

Vörös Oroszlán Könyvesbolt és Könyvklub
1088 Budapest, Bródy Sándor u. 44.
Telefon: 266-3778
Nyitva tartás: hétfőtől péntekig 10–19 óráig

Édesvíz Könyvesbolt
1088 Budapest, Rákóczi út 27/B.
Nyitva tartás: hétfőtől péntekig 10–18 óráig

Aranykor Könyvesbolt
1053 Budapest, Ferenczy István u. 28.
Telefon: 318-1007 fax: 266-1970
Nyitva tartás: hétfőtől péntekig 10–19 óráig
szombaton 10–14 óráig
Email: aranykor1@edesviz.hu

Édesvíz Nagykereskedés viszonteladóknak
1134 Budapest, Szabolcs u. 4.
Postacím: Bp. 114., Pf. 664.
Telefon: 320-3642 Telefon/Fax: 320-3648
Nyitva tartás: hétfőtől csütörtökig 8–16 óráig
pénteken 8–14 óráig

Édesvíz Csomagküldő Szolgálat
Postacím: Bp. 114., Pf. 664.
Tel: 320-3642 Fax: 320-3648
Email: edesviznagyker@mail.datanet.hu

Szegedi Édesvíz Könyvklub
6722 Szeged, Tisza Lajos krt. 73.
Telefon: 06-62/329-533
Nyitva tartás: hétfőtől péntekig 10–18 óráig

Édesvíz Ezoterikus Könyvesbolt
és Könyvklub

TERMÉKEINK:
- A teljes Édesvíz-könyvkínálat mellett egyéb ezoterikus kiadványok széles választéka
- Relaxációs CD-k és audiokazetták
- Ezoterikus videokazetták
- Ezoterikus segédeszközök: kártyák, ingák, kövek, kristályok, füstölők, gyertyák, illóolajok, illatszerek, amulettek, feng shui eszközök, díszítő kiegészítők

SZOLGÁLTATÁSAINK:
- Rendszeres feng shui szaktanácsadás
- Horoszkópelemzés
- Tarot-kártya vetés
- Aura-szóma konzultáció
- Szerdánként előadások
- Író-olvasó találkozók
- Könyvbemutatók
- Klubprogramok (Asztrálutazás klub, Hiperaktív gyermekek szüleinek klubja, Égi üzenetek klub)
- Képzőművészeti kiállítások

Az aktuális programokról bővebb felvilágosítást adunk a lenti telefonszámon és címen. Ha folyamatosan szeretne tájékoztatást kapni a klubéletről, kérje ingyenes szórólapunkat a következő telefonszámon: *320-3642 (Édesvíz Nagykereskedés).*
Amennyiben az interneten kér tájékoztatást, azt a következő e-mail címen jelezze felénk: *edesviznagyker@mail.datanet.hu.* Megrendelése után minden hónapban elküldjük önnek rendezvényeink listáját és aktuális szórólapunkat! Honlapunkon is tájékozódhat a programokról, sőt itt a már lezajlott előadásokról is olvashat érdekességeket, előadókkal készített interjúkat, előzeteseket: *www.edesviz.hu.*

SZERETETTEL VÁRJUK SZELLEMI MŰHELYÜNKBEN!
1088 BUDAPEST, BRÓDY SÁNDOR U. 44. TEL.: 266-3778
NYITVA TARTÁS: HÉTFŐTŐL PÉNTEKIG 10–19 ÓRÁIG

Édesvíz Könyvesbolt és Feng Shui Szaküzlet

A feng shui nem csupán térrendezés, és nem egyszerűen elvont filozófia. Több ezer éves kultúra, amely kölcsönhatásban áll különböző tudományterületekkel és filozófiai rendszerekkel.

Amennyiben ezeken a területeken alapvető műveltséggel rendelkezünk vagy annak megszerzésére törekszünk, lehetővé tesszük, hogy kimondottan a saját egyéniségünkhöz mérten alakítsuk otthonunkat és életvitelünket. Különösen fontos figyelembe vennünk a pszichológiai, asztrológiai és természetgyógyászati törvényszerűségeket. Ha ez megtörténik, a feng shui életünk szerves részévé válik, s kiváltja mindazokat a pozitív hatásokat, amelyek útmutatásainak követésekor jelentkeznek.

A könyvesboltunkban található Édesvíz-könyvek többek között a feng shuihoz kapcsolódó tudományterületek és filozófiai rendszerek megismerését hivatottak szolgálni. E kötetek segítségével feltárhatjuk a természet és a lélek törvényszerűségeiről szóló, divatokon és korokon túlmutató tudást, megismerhetjük a feng shui valódi arcát.

Szeretettel várjuk a könyvbarátokat és a feng shui szerelmeseit Magyarország első feng shui könyvesboltjában! Feng shui könyvek és eszközök nagy választékával állunk az érdeklődők rendelkezésére, de természe-tesen minden egyéb témakörben megjelent kiadványunk is megtalálható üzletünkben.

1122 Budapest, Városmajor u. 3/A.
Telefon: 212-8315
Nyitva tartás:
hétfőtől péntekig 10–18 óráig